JN059410

教科書ガイド

三省堂版

精選 古典探究

古文編 第一部

TEXT BOOK GUIDE

文研出版

はしがき

本書は、三省堂発行の教科書「精選 古典探究 古文編」の「第一部」に準拠した教科書解説書として編集されたものです。

教科書内容がスムーズに理解できるよう工夫されています。

予習や復習、試験前の学習にお役立てください。

本書の特色

●冒頭解説

本書は、教科書の流れにしたがって構成しています。それぞれ、各単元の冒頭の〔○○とは〕で、学習にあたっての予備知識となるような事柄(作品と作者など)を解説しています。

●教材解説

まず段落ごとの〔大意〕を簡潔にまとめています。

〔品詞分解／現代語訳〕では、教科書の原文を単語単位に分け、品詞名・種類・活用形を下記の略符号で原文右に示し、原文左には、適宜必要な言葉を補って現代語訳を示しています。また、〔語句の解説〕として、重要語句や文法上特におさえておきたい箇所についての解説や、脚問に対する解答(例)も加えています。

品詞分解の略符号

1 品詞名
(名詞・形容詞・形容動詞・動詞は省略)
連体＝連体詞　副＝副詞
接＝接続詞　感＝感動詞
助動＝助動詞　補動・補＝補助動詞

2 活用の種類
四＝四段　上一＝上一段
上二＝上二段　下一＝下一段
下二＝下二段
カ変・サ変・ナ変・ラ変＝変格
ク・シク＝形容詞
ナリ・タリ＝形容動詞

3 活用形
未＝未然形　用＝連用形
終＝終止形　体＝連体形
已＝已然形　命＝命令形

4 助動詞の意味
使＝使役　尊＝尊敬　受＝受身

●**課題・語句と表現**

教科書教材末に提示されるそれぞれの課題に対しては、解答(例)、考え方や取り組み方などを示しています。

なお、前記以外に、「**学びを広げる**」にも適宜解説を設けています。

可＝可能　**自**＝自発　**打**＝打消
過＝過去　**詠**＝詠嘆　**完**＝完了
強＝強意　**存**＝存続　**推**＝推量
定＝推定　**意**＝意志　**勧**＝勧誘
命＝命令　**仮**＝仮定　**婉**＝婉曲
当＝当然　**適**＝適当　**伝**＝伝聞
禁＝禁止　**不**＝不可能　**願**＝願望
比＝比況　**例**＝例示　**断**＝断定
存在＝存在　**事推**＝事実推量
過推＝過去推量　**現推**＝現在推量
過婉＝過去婉曲　**現婉**＝現在婉曲
過原＝過去の原因推量
現原＝現在の原因推量
反仮＝反実仮想　**打推**＝打消推量
打意＝打消意志　**打当**＝打消当然

5 助詞の分類

格助＝格助詞　**副助**＝副助詞
係助＝係助詞　**終助**＝終助詞
接助＝接続助詞　**間助**＝間投助詞

6 その他

尊＝尊敬　**謙**＝謙譲　**丁**＝丁寧
(代)＝代名詞　**(枕)**＝枕詞
(音)＝音便　**(連語)**　**(語幹)**
(係)……**(結)**＝係り結び　など

目次

古典を読むということ

竹西《たけにし》寛子《ひろこ》

教科書P.8～11

●教材のねらい

・筆者のいう「古典を読むことの意味」を理解する。

●主　題

古典を読む意味を説き、それが今後いかに自分の日本語の運用に直結しうるか、また、古典を読むときのあるべき姿勢を述べる。

●段　落

意味と内容から三つの段落に分ける。

一　教p.8・1～6　過去を知ることの意味

二　教p.8・7～p.10・9　古典を読むことの意味

三　教p.10・10～p.11・6　古典を読むときの姿勢

段落ごとの大意と語句の解説

第一段落　教8ページ1～6行

今を今として成立させている過去を知ろうとすることは、今後をどう選択するかに直結しているという意味で生産的である。

教8ページ

6生産的《せいさんてき》　直接新しいものをつくり出すことにつながる様子。

第二段落　教8ページ7行～10ページ9行

日本人の感受性の歴史をたどるには文学作品を読むとよい。古典を読むことの意味は、日本語の歴史を知ることだと言いかえられ、それは今後の自分の日本語の運用の仕方に直結する。

教10ページ

6侮《あなど》り難《がた》い　軽く見ることはできない。

第三段落　教10ページ10行～11ページ6行

古典は、自分の力に応じて素直に親しみ、古文や古語に語らせるように読む姿勢がよいが、それは決して易しくない。

「今をよりよく知ろうとして……生産的な行為のはずである」(8・4～6)とほぼ同じ内容で、古典を読むことの意義について述べている部分を探し、筆者の考えをまとめてみよう。

解答例　日本語の今を今として成り立たせている過去を知ろうとすることは、今後の自分の日本語の運用に直結しうる行為である。

古典を読むことによって私たちは過去のどのようなことを知ることができるか、またそれがどうして古典を学ぶ意味になるか、話し合ってみよう。

考え方　筆者は、古典を読む意味をどう述べているか、それは何に直結しうるのか、これらの点をおさえて意見を出し合ってみよう。

一　説話

●説話とは

「説話」とは神話・伝説・昔話など人々の間に語り伝えられてきた話の総称で、冒頭が「今は昔」「いづれの頃のことにか」などで始まり、結末が「限りなし」「かく伝へたるとや」などで終わる、口承性を持った文学である。この単元で扱う『十訓抄《じっきんしょう》』『宇治拾遺《うじしゅうい》物語』『古今著聞集《ここんちょもんじゅう》』はみなこのジャンルの作品である。

『十訓抄』は鎌倉時代初期の一二五二（建長《けんちょう》四）年成立。三巻。編者は六波羅《ろくはら》二臈左衛門《にろうざえもん》入道といわれる。十か条の教訓を掲げ、それぞれの教訓を守った例、背いた例を和漢に求め、約二百八十編の説話をその例証として記しているが、儒教道徳を基盤としていて、調子は低く通俗的である。『宇治拾遺物語』も鎌倉時代初期の成立であるが編者は未詳である。十五巻。百九十七話からなり、仏教説話や昔話・笑話などが収められている。教訓めいた色あいは薄く、滑稽さや登場人物の魅力が前面に出ていて、当時の庶民の生活や意識を窺《うかが》い知ることができる。『古今著聞集』は一二五四（建長六）年成立。編者は橘成季《たちばなのなりすえ》。二十巻。七百余話からなり、神祇《じんぎ》・釈教・武勇・馬芸・祝言・偸盗《ちゅうとう》・飲食《おんじき》などさまざまな分野の話が網羅されており、王朝懐古の情が含まれている。

博雅《はくが》の三位《さんみ》と鬼の笛　［十訓抄《じっきんしょう》］

教科書P.14～15

【大　意】　1　教14ページ1～6行

博雅の三位が、月明かりの夜に朱雀《すざく》門の前で笛を吹いていると、自分と同じ姿をした男が笛を吹いているのに出会う。その男の吹く笛の音色はすばらしく、二人は言葉も交わさずに月の夜ごとに行き合って笛を吹くことが幾夜にもなった。

【品詞分解／現代語訳】

博雅　の（格助）　三位、月　の（格助）　明かかり（ク・用）　ける（助動・過・体）　夜、直衣　にて（格助）、朱雀門　の（格助）　前　に（格助）　遊び（四・用）　て（接助）、夜もすがら（副）　笛　を（格助）

博雅の三位が、月の明るかった夜に、直衣姿で、朱雀門の前で管弦を楽しんで、一晩中笛をお吹きになった

吹か（四・未）　れ（助動・尊・用）　ける（助動・過・体）　に、（接助）　同じ（シク・体）　さま　に（格助）　直衣　着（上一・用）　たる（助動・存・体）　男　の（格助）、笛　吹き（四・用）　けれ（助動・過・已）　ば（接助）、誰　なら（助動・断・未）

ところ、（自分と）同じように　直衣を着ている男が、笛を吹いたので　誰であろうと

助動・推・体　格助　四・体　接助　(代)　格助　格助　(代)　格助　格助　ク・用　ク・用　下二・用　助動・過・已　接助
む と 思ふ ほどに、その 笛 の 音、この 世 に たぐひなく めでたく 聞こえ けれ ば、
思っていると、その笛の音が、この世に比類がないほど美しく聞こえたので、

シク・用　接助　四・用　接助　上一・用　助動・過・已　接助　副　上一・未　助動・打・体　助動・断・用　助動・過・終　(代)　係助　格助
あやしく て、近寄り て 見 けれ ば、いまだ 見 ぬ 人 なり けり。我 も もの を
不思議に思って、近寄って見たところ、まだ見たことのない人であった。(博雅は)自分も何も言わ

係助　四・未　助動・打・用　(代)　係助　四・体　ク・終　副　格助　助動・比・用　格助　格助　四・用　接助　四・体
も 言は ず、かれ も 言ふ こと なし。かく の ごとく、月 の 夜ごと に 行きあひ て 吹く
ず、その人も何も言わない。このように、月の夜のたびに行き合って(共に笛を)吹くことが、

格助　四・用　助動・完・終
こと、夜ごろ に なり ぬ。
幾夜にもなった。

語句の解説 1

教14ページ

1**遊《あそ》びて**　管弦を楽しんで。

＊「遊ぶ」＝ここでは、管弦を楽しむ、の意。

1**＊夜《よ》もすがら**　一晩中。

3**めでたく**　美しく。

＊「めでたし」＝美しい。すばらしい。立派である。

4**あやしくて**　不思議に思って。

＊「あやし」＝不思議だ。奇妙だ。他に、「身分が低い」という意味もある。

6**＊夜《よ》ごろ**　幾夜。

「……ごろ」＝概数を表す。

【大　意】　2　教14ページ7～11行

笛を交換してみるとすばらしい笛であった。その後、月の美しい夜になると行き合って笛を吹いたが、「返してもらおう。」と相手が言わなかったので、そのままずっと博雅のものとなった。博雅が亡くなったのち、帝が当代の笛吹きたちにこの笛を吹かせたが、誰も博雅のような音を出せる者はいなかった。

【品詞分解／現代語訳】

(代)　格助　格助　格助　副　ク・用　助動・過・已　接助　格助　(代)　格助　下二・用　接助　四・用
か の 人 の 笛 の 音、ことに めでたかり けれ ば、試み に、かれ を 取り替へ て 吹き
その人の笛の音は、特に美しかったので、(博雅は)ためしに、その笛を(自分の物と)取り替えて吹いて

助動・過・已　接助　格助　ク・体　格助　助動・断・終　(代)　格助　副　格助　四・已　接助　四・用　接助
けれ　ば、世　に　なき　ほど　の　笛　なり。　そ　の　のち、なほなほ　月ごろ　に　なれ　ば、行きあひ　て
みたところ、この世にまたとないくらいの笛である。その後、やはり何か月にもわたって、(互いに)行き合っ

四・用　助動・過・已　接助　格助　格助　四・未　助動・意・終　格助　係助　四・未　助動・打・用　助動・過・已　接助　ク・用　下二・用　接助
吹き　けれ　ど、「もと　の　笛　を　返し取ら　む。」　と　も　言は　ざり　けれ　ば、長く　替へ　て
て吹いたけれど、「もとの笛を返してもらおう。」とも(相手が)言わなかったので、(そのまま)長く取り替

四・用　助動・完・用　助動・過・終　下二・用　接助　(代)　格助　格助　四・用　接助　格助　格助　四・未
やみ　に　けり。　三位　失せ　て　のち、帝、こ　の　笛　を　召し　て、時　の　笛吹きども　に　吹か
えたままになってしまった。博雅の三位が亡くなってのち、帝は、この笛をお取り寄せになって、当時の笛吹きたちに吹かせなさったけれど、

助動・使・未　助動・尊・已　接助　(代)　格助　格助　四・体　ク・用　助動・過・終
せ　らるれ　ど、そ　の　音　を　吹きあらはす　人　なかり　けり。
その音(=博雅が吹いたような音)を出せる人はいなかった。

語句の解説 2

7**かれ**　その笛。
10**やみにけり**　そのままになってしまった。
*「やむ」=終わる。そのままになる。
10**失《う》せて**　亡くなって。
*「失す」=亡くなる。

10**召《め》して**　お取り寄せになって。
*「召す」=ここでは、「取り寄す」の尊敬語。
11**吹《ふ》かせらるれど**　吹かせなさったが。
「せ」=使役の助動詞。
「らるれ」=尊敬の助動詞「らる」の已然形。
「ど」=逆接の接続助詞。

【大　意】　3　教15ページ1〜7行

浄蔵《じょうぞう》という者が博雅に劣らず笛をよく吹いたので、帝は、朱雀門の前で笛を吹くように命じる。浄蔵が月の夜に朱雀門の前で吹くと、門の楼の上でほめる声がしたので、この笛は鬼の笛だと帝はお知りになられた。その笛は「葉二《はふたつ》」と名づけられて天下第一の笛となった。

【品詞分解／現代語訳】

(代)　格助　格助　四・体　ク・体　ラ変・用　助動・過・終　四・用　接助　四・未　助動・使・用　補尊・四・体　接助　(代)
そ　の　のち、浄蔵　と　いふ　めでたき　笛吹き　あり　けり。　召し　て　吹か　せ　給ふ　に、か
その後、浄蔵という優れた笛吹きがいた。(帝はこれを)呼び寄せなさって吹かせなさったところ、あの

の三位に劣らざりければ、帝、御感ありて、「①この笛の主、朱雀門の辺りにて
博雅に劣らなかったので、帝は、感心なさって、「この笛の主は、朱雀門の辺りで(この笛を)手に入れたと聞いて

得たりけるとこそ聞け。浄蔵、この所に行きて、吹け。」と仰せられ
いる。浄蔵よ、この場所に行って、(笛を)吹け。」と仰せになられたので、

ければ、月の夜、仰せのごとく、かれに行きて、この笛を吹きけるに、かの門
(浄蔵は)月の夜に、(帝の)仰せのように、その場所に行って、この笛を吹いたところ、その門の楼の上

の楼上に、高く大きなる音にて、「なほ逸物かな。」と褒めけるを、かくと奏しけれ
で、高く大きな声で、「やはり群を抜いて優れたものだなあ。」とほめたところ、こういうことでしたと(帝に)申しあ

ば、初めて鬼の笛と知ろしめしけり。「葉二」と名づけて、天下第一の笛なり。

げたので、(帝は)初めて(この笛が)鬼の笛だったのだとお知りになった。「葉二」と名づけて、天下第一の笛(となったの)である。

語句の解説 3

教15ページ

1 **吹《ふ》かせ給《たまう》ふに**　吹かせなさったところ。
＊「給ふ」＝尊敬語。補助動詞で、使役の助動語「す」の連用形に付いている。

2 **御感《ぎょかん》ありて**　(帝が)感心なさって。
「御感」＝天皇・上皇などが物事に感心なさること。

3 **得《え》たりけるとこそ聞《き》け**　手に入れたと聞いている。
「こそ」＝係助詞。直下の「聞け」にかかって係り結びとなる。

3 **仰《おお》せられければ**　仰せになられたので。おっしゃったので。
＊「仰す」＝「言ふ」の尊敬語。
「られ」＝尊敬の助動詞。
「けれ」＝過去の助動詞。
「ば」＝順接の接続助詞。

4 **かれ**　かの場所の意。ここでは朱雀門のこと。

5 ＊**なほ《オ》**　やはり。

5 **逸物《いちもつ》**　優れたもの。逸品《いっぴん》。

5 **奏《そう》しければ**　(帝に)申しあげたので。

①　「この笛の主」とは誰のことか。

答　博雅の三位(源博雅)。

＊「奏す」＝「言ふ」の謙譲語。天皇や上皇に申しあげるの意。
6 知《し》ろしめしけり　（帝が）お知りになった。

＊「知ろしめす」＝「知る」の尊敬語。他に、お治めになる、という意味もある。

課題

一　博雅の三位が笛の名手であったことは、どのようなことからわかるか、説明してみよう。

解答例　○博雅の三位は、月の夜ごと朱雀門で笛を吹いていた。
○すばらしい笛を吹く男と知り合い、共に笛を吹き、その男の笛と取り替えた。
○博雅の三位の死後、取り替えた笛で、博雅と同じような美しい音を出せる笛吹きはいなかった。
以上から、博雅の三位が笛の名手だったとわかる。

二　「鬼の笛」（15・6）だとわかったいきさつを、順を追って整理してみよう。

解答例　①博雅の三位が、月明かりの夜に朱雀門で笛を吹いていた。
②出会った男が吹く笛は、この世に比類がないほど美しく聞こえた。
③笛を交換したところ、笛は博雅のものとなった。
④博雅の死後、誰も博雅のような音を出せる者はいなかった。
⑤浄蔵という男が、月の夜に朱雀門で笛を吹くと、ほめる声がした。
⑥鬼の笛だとわかった。

語句と表現

一　次の傍線部の用言を文法的に説明してみよう。

①月の明かりける夜、（14・1）
②得たりけるとこそ聞け。（15・3）
③高く大きなる音にて、（15・5）

解答　①ク活用形容詞「明かし」の連用形。
②ア行下二段活用動詞「得」の連用形。
③ナリ活用形容動詞「大きなり」の連体形。

小野篁《おののたかむら》、広才のこと

［宇治拾遺物語《うじしゅうい》］

教科書P.16〜17

【大　意】　**教16ページ1行〜17ページ5行**

内裏《だいり》に不可解な高札が立ち、その読み方を嵯峨《さが》天皇は篁に尋ねる。「読み解けはするものの、恐れ多い内容なので申しあげられない。」と返答すると、「構わぬから申せ。」と強いられる。篁が、天皇を呪咀《じゅそ》する内容だと説明すると、かえって高札の犯人ではないかと疑われる。天皇は子《ね》という字を十二書き並べ、「読め。」と命じる。篁が即座に読み解いたので、何のおとがめもなくて済んだ。

【品詞分解／現代語訳】

今は〔係助〕昔、小野篁と〔格助〕いふ〔四・体〕人おはし〔サ変・用〕けり。〔助動・過・終〕嵯峨の〔格助〕帝の〔格助〕御時に、〔格助〕内裏に〔格助〕札を〔格助〕立て〔下二・用〕
今となっては昔のことだが、小野篁という人がいらっしゃった。嵯峨の帝の御代に、(誰かが)内裏に札を立てたところ、

たり〔助動・完・用〕ける〔助動・過・体〕に、〔接助〕「無悪善」と〔格助〕書き〔四・用〕たり〔助動・存・用〕けり。〔助動・過・終〕帝、篁に、〔格助〕「読め。」〔四・命〕と〔格助〕仰せ〔下二・未〕られ〔助動・尊・用〕たり〔助動・完・用〕
(それには)「無悪善」と書いてあった。帝が、篁に、「読め。」と仰せになられたところ、

けれ〔助動・過・已〕ば、〔接助〕「読み〔四・用〕は〔係助〕読み〔四・用〕候ひ〔補丁・四・用〕な〔助動・強・未〕ん。〔助動・意・終〕されど、〔接〕恐れに〔助動・断・用〕て〔接助〕候へ〔補丁・四・已〕ば、〔接助〕え〔副〕申し〔四・用〕
「読むことは読みましょう。しかし、恐れ多いことでございますから、(その内容は)申しあげることは

候は〔補丁・四・未〕じ。」〔助動・打意・終〕と〔格助〕奏し〔サ変・用〕けれ〔助動・過・已〕ば、〔接助〕「ただ〔副〕申せ。」〔四・命〕と〔格助〕たびたび〔副〕仰せ〔下二・未〕られ〔助動・尊・用〕けれ〔助動・過・已〕ば、〔接助〕「さが
できかねます。」と申しあげたところ、「とにかく申せ。」と何回も仰せになられたので、「悪い性

なく〔ク・用〕て〔接助〕よから〔ク・未〕ん〔助動・推・終〕と〔格助〕申し〔四・用〕て〔接助〕候ふ〔補丁・四・終〕ぞ。〔係助〕されば、〔接〕君を〔格助〕呪ひ〔四・用〕参らせ〔補謙・下二・用〕て〔接助〕候ふ〔補丁・四・体〕なり。」〔助動・断・終〕
質(=嵯峨)がなくてよいであろうと申しております。だから、君(=帝)を呪い申しあげているのです。」

と〔格助〕申し〔四・用〕けれ〔助動・過・已〕ば、〔接助〕「①これ〔(代)〕は、〔係助〕おのれ〔(代)〕放ち〔四・用〕て〔接助〕は、〔係助〕誰〔(代)〕か〔係助(係)〕書か〔四・未〕ん。」〔助動・推・体(結)〕と〔格助〕仰せ〔下二・未〕られ〔助動・尊・用〕
と申しあげたところ、「これ(=札の文字)は、おまえ以外には、誰が書くというのか(、誰も書けまい)。」と仰せになられたので、

けれ〔助動・過・已〕ば、〔接助〕「されば〔接〕こそ、〔係助(係)〕申し〔四・用〕候は〔補丁・四・未〕じ〔助動・打意・終〕と〔格助〕は〔係助〕申し〔四・用〕て〔接助〕候ひ〔補丁・四・用〕つれ。」〔助動・完・已(結)〕と〔格助〕申す〔四・体〕に、〔接助〕
「だからこそ、申しあげますまいと申しておったのです。」と申しあげると、

帝、「さて、〔接〕何〔(代)〕も〔係助〕書き〔四・用〕たら〔助動・存・未〕ん〔助動・婉・体〕ものは、〔係助〕読み〔四・用〕て〔助動・強・未〕ん〔助動・推・終〕や。」〔係助〕と〔格助〕仰せ〔下二・未〕られ〔助動・尊・用〕けれ〔助動・過・已〕
帝は、「それでは、何でも書いてあるものは、読めると言うのか。」と仰せになられたので、

ば、〔接助〕「何〔(代)〕に〔助動・断・用〕て〔接助〕も〔係助〕読み〔四・用〕候ひ〔補丁・四・用〕な〔助動・強・未〕ん。」〔助動・意・終〕と〔格助〕申し〔四・用〕けれ〔助動・過・已〕ば、〔接助〕片仮名の〔格助〕子文字を〔格助〕
(篁が)「何であってもお読みいたしましょう。」と申しあげたところ、(帝は)片仮名の子(という)文字を十

四・未　助動・尊・用　補尊・四・用　接助　四・命　格助　下二・未　助動・尊・用　助動・過・已　接助　格助　格助
十二書か せ 給ひ て、「読め。」と 仰せ られ けれ ば、「ねこ の 子 の こねこ、しし
二書きなさって、「読め。」と仰せになられたので、（篁が）「猫の子の子猫、獅子の

格助　格助　格助　四・用　助動・完・用　助動・過・已　接助　四・未　助動・尊・用　補尊・四・用　接助　ク・用　接助　四・用
の 子 の こじし。」と 読み たり けれ ば、帝 ほほ笑ま せ 給ひ て、事 なく て やみ
子の子獅子。」と読んだので、帝はほほ笑みなさって、何のおとがめもなくて（こ

助動・完・用　助動・過・終
に けり。
の件は）終わりになった。

語句の解説

教16ページ

1 **おは《ワ》しけり**　いらっしゃった。

＊「おはす」＝サ変動詞。「あり」の尊敬語。いらっしゃる。

1 **御時《おおんとき》**　「おんとき」とも読む。御代《みよ》。時代。

1 **札《ふだ》**　立て札。

2 **仰《おお》せられたりければ**　仰せになられたところ。

＊「仰す」＝「言ふ」の尊敬語。

3 **読《よ》みは読《よ》み候《さぶら》ひ《イ》なん**　読むことは読みましょう。

＊「候ふ」＝丁寧の補助動詞。…です、…ます、の意。

「な」＝強意の助動詞「ぬ」の未然形。

「ん」＝意志の助動詞「ん」の終止形。

4 **え申《もう》し候《さぶら》は《ワ》じ**　申しあげることはできかねます。

＊「え……（打消）」＝不可能を表す。…できない。

5 **奏《そう》しければ**　申しあげたところ。

＊「奏す」＝「言ふ」の謙譲語。

5 **ただ申《もう》せ**　とにかく申せ。ここでの「ただ」は、命令・意志を表す語と呼応して、とにかく、の意。

6 **さがなくてよからん**　悪い性質がなくてよいだろう。「性《さが》」と「嵯《さ》峨《が》」を掛け、「嵯峨がいなくてよいだろう」の意を含む。

＊「よし」＝「善し」。「よから」はその未然形。

8 **呪《のろ》ひ《イ》参《まい》らせて**　呪い申しあげて。

＊「参らす」＝謙譲の補助動詞。お…申しあげる。

①　「これ」とは何か。

答　内裏に立てられた「無悪善」と書いてあった立て札。

教17ページ

1 **さて**　それでは。「さて」は接続詞。

1 **読《よ》みてんや**　読めると言うのか。読めると申すか。

「…てんや」で強い疑念を表す。

2 **読《よ》み候《さぶら》ひ《イ》なん**　お読みいたしましょう。「…なん」で「きっと…

してみせよう」という強い意志を表す。帝の疑念を受けて立つという気概。

課題

一 小野篁が嵯峨天皇に「え申し候はじ」(16・4)と言ったのはなぜか、説明してみよう。

解答例 恐れ多いことが書いてあり、それを読み解いてみせれば、おまえ以外にこんなことがわかる者がいるはずがない、ということで自分が犯人にされてしまう可能性がある、と思ったから。

二 「帝ほほ笑ませ給ひて、事なくてやみにけり」(17・4)から、嵯峨天皇のどのような心情が読み取れるか、話し合ってみよう。

考え方 自分の出題した片仮名の「子」十二文字を即座に読み解いて見せた篁の才のみごとさに、自分の疑念をさらりと捨てて「おとがめなし」とした帝の心の中を想像してみよう。また、そのような臣下を持った帝の気持ちはどのようであるか、あわせて考えてみよう。

語句と表現

一 次の傍線部の助動詞を文法的に説明してみよう。

①読みは読み候ひなん。(16・3)
②読みてんや。(17・1)

解答 ①強意の助動詞「ぬ」の未然形。
②強意の助動詞「つ」の未然形。

大江山　[古今著聞集《ここんちょもんじゅう》]

教科書P.18〜19

【大意】 教18ページ1〜8行

歌人として有名であった和泉式部《いずみしきぶ》が藤原保昌《ふじわらのやすまさ》と結婚して丹後《たんご》の国に下った後で、彼女の娘の小式部内侍《こしきぶのないし》が歌合の歌詠みに選ばれた。中納言藤原定頼《さだより》が内侍をからかって、「丹後の母上の所へおやりになった人は帰って参りましたか。」と声をかけると、内侍は定頼の袖をとらえて歌を詠む。その歌があまりにもみごとだったので、定頼は返歌もできずに逃げ去る。これ以降、内侍は歌人として世間の評判を得た。

【品詞分解／現代語訳】

和泉式部、保昌 が(格助) **妻 にて**(格助)**、丹後 に**(格助) **下り**(四・用) **ける**(助動・過・体) **ほど に**(格助)**、京 に**(格助) **歌合 あり**(ラ変・用) **ける**(助動・過・体) **に**(格助)**、**

和泉式部が、保昌の妻として、丹後の国に下っていたころに、京で歌合があったその時に、

小式部内侍、歌詠み に とら れ て 詠み ける を、定頼中納言、戯れ に 小式部内侍 に、「丹後
（格助　四・未　助動・受・用　接助　四・用　助動・過・体　接助　格助　格助）
小式部内侍が、歌人として選ばれて歌を詠んだが、定頼中納言が、からかって小式部内侍に、「丹後の

へ 遣はし ける 人 は 参り に たり や。」と 言ひ入れ て、局 の 前 を 通ら れ
（格助　四・用　助動・過・体　係助　四・用　助動・完・用　助動・完・終　係助　格助　下二・用　接助　格助　格助　四・未　助動・尊・用）
国へ（使者として）おやりになった人は、帰って参りましたか。」と言葉を投げかけて、部屋の前をお通りになられたところ、

ける を、小式部内侍、御簾 より 半ば 出で て、直衣 の ①袖 を ひかへ て、

（助動・過・体　接助　格助　下二・用　接助　格助　格助　下二・用　接助）

小式部内侍が、御簾から身体半分ほど乗り出して、（定頼の）直衣の袖を引きとどめて、

大江山 いくの の 道 の 遠けれ ば まだ ふみ も み ず 天の橋立
（格助　格助　ク・已　接助　副　係助　上一・未　助動・打・終）
大江山を越えて生野を通って行く道のりが遠いので、母のいる丹後の天の橋立には行っていませんし、また母からの手紙も見ておりませんよ。

と 詠みかけ けり。思はずに あさましく て、「こ は いかに。」と ばかり 言ひ て、返し に も 及ば
（格助　下二・用　助動・過・終　ナリ・用　シク・用　接助　（代）　係助　副　格助　副助　四・用　接助　格助　係助　四・未）
と（歌を）詠みかけた。（定頼は）思いがけず驚き茫然として、「これはどうしたことだ。」とだけ言って、返歌することもできないで、

ず、袖 を 引き放ち て 逃げ られ に けり。

（助動・打・用　格助　四・用　接助　下二・未　助動・尊・用　助動・完・用　助動・過・終）

袖を振り切ってお逃げになってしまわれた。


小式部、これ より 歌詠み の 世覚え 出で来 に けり。

（（代）　格助　格助　カ変・用　助動・完・用　助動・過・終）

小式部は、これ以降歌人としての世間の評判を得るようになった。

語句の解説

教18ページ

3 **遣《つか》は《ワ》しける人** （使者として）やった人。
＊「遣はす」＝「遣る」の尊敬語。

3 **参《まい》りにたりや** （帰って）参りましたか。
＊「参る」＝「行く」「来《く》」の謙譲語。ここでは、帰って来る、の意。
「や」＝疑問の係助詞。

3 ＊**局《つぼね》** 宮殿などの中で、それぞれ別に仕切られている部屋。

4 ＊**御簾《みす》** 貴人のいる部屋のすだれ。「み」は尊敬の接頭語。

① 誰が誰の「袖をひかへ」たのか。

答 小式部内侍が定頼中納言の「袖をひかへ」た。

6 **あさましくて** （意外なことに）驚きあきれて。

＊「あさまし」＝事の意外さに驚きあきれる感じをいう。

7 ＊**返《かえ》し** 返歌のこと。返し歌の略。当時は歌を詠みかけられたら、返歌をするのが常識であった。

課題

一 **定頼中納言が、「丹後へ遣はしける人は参りにたりや。」（18・3）と言ったのはなぜか、説明してみよう。**

解答例 母親の和泉式部は勅撰《ちょくせん》集にも入集する高名な歌人であったが、小式部内侍はまだ歌人としての評価を得ていないにもかかわらず歌合に召し出されることになったので、さぞ不安なことだろうと推量し、あたかも丹後にいる母親のもとへ使いを出して、助力（たとえば代作）を求めたかのように言って、からかってやろうと思ったから。

二 **「大江山……」（18・5）の歌について、**

①この歌に用いられている修辞法を説明してみよう。

解答例 掛詞―「いくの」は地名「生野」と「行く野」とが掛けられている。また「ふみ」には「踏み」（その地を踏む）と「文」（手紙）とが掛けられている。

②小式部内侍が定頼中納言に伝えたかったことは何か、話し合ってみよう。

考え方 定頼中納言のからかいの言葉から考えてみよう。その内容は「丹後（の母上のところに助力＝代作を求め）へおやりになった人は（その代作を持って）帰って参りましたか。」というものであることから、小式部内侍の和歌の技量が疑われていることがわかる。それに対して「丹後の天の橋立なんて行ったこともないし、まして手紙なんて見てもいません。」と詠んだのである。

語句と表現

一 **次の傍線部を文法的に説明してみよう。**

①丹後に下りけるほどに、（18・1）

②いくのの道の遠ければ（18・5）

解答 ①過去の助動詞「けり」の連体形。

②ク活用形容詞「遠し」の已然形の一部。

学びを広げる　和歌にまつわるエピソード

教科書P.20

次の和歌は、「大江山」の歌と同様に『小倉百人一首』に選ばれているものである。これらの中から一首を選び、その和歌にまつわるエピソードを調べて発表してみよう。

解答例 ①参議篁（小野篁）は、承和《じょうわ》元年（八三四）、遣唐副使に任ぜられたが、大使の命令に従わなかったために、隠岐国《おきのくに》（島根県）に流罪となった。その際に都の人々に送った歌である。

二　随筆（二）

徒《つれ》然《づれ》草《ぐさ》

兼好法師《けんこう》

教科書P.22～31

●『徒然草』とは

鎌倉時代後期の随筆。筆者は兼好法師（俗名は卜部《うらべ》兼好《かねよし》）。序と二百四十余段からなる。内容に応じて和漢混交文や和文を使いこなしており、その内容は、随想や説話など多岐にわたる。筆者の目は人間生活のあらゆる部分に向けられており、時と場合によって視点が変わる。それゆえ筆者の考え方は統一性に欠けるというような指摘もされるが、その矛盾こそが社会や人間の諸相に限りない興味を抱く筆者の、いつわりのない生活感情の流露といえる。人生訓や処世訓、芸術論や学問論を記した文章の根底には筆者個人の体験や思想に裏打ちされた独自の無常観があり、それがこの随筆の核となっている。

『徒然草』は中世から歌人・連歌師などに愛読され、作品中に点在するユーモアや美意識は中世的なものへの先駆をなし、「さび」の美的世界へも通じるものとなっている。なおこの作品は、平安時代中期成立の『枕草子《まくらのそうし》』（清少納言《せいしょうなごん》）、鎌倉時代初期成立の『方丈記《ほうじょうき》』（鴨長明《かものちょうめい》）とともに三大随筆に数えられている。

あだし野の露消ゆる時なく

【大　意】 教22ページ1行～23ページ7行

人の世は無常であるが、かえってそのためにしみじみとした情趣が感じられるものだ。人は長生きすると、老いた醜い姿をさらし、その上、生や世俗的な欲に執着し、ものの情趣もわからなくなるのはとても嘆かわしい。

【品詞分解／現代語訳】

あだし野　の（格助）　露　消ゆる（下二・体）　時　なく（ク・用）、鳥部山　の（格助）　煙　立ち去ら（四・未）　で（接助）　のみ（副助）、住み果つる（下二・体）　ならひ　なら（助動・断・未）　ば（接助）、

あだし野の露が消える時がなく、鳥部山の煙が立ち去らないでいるように、（人間が）この世の最後まで住み続ける習わしで

副　係助　ク・未　助動・推・体　係助　ク・体　係助(係)　シク・已(結)
いかにもののあはれもなからん。世は定めなきこそ、いみじけれ。
あるならば、どんなにか深い情趣もないであろう。この世は無常であるからこそ、すばらしいのだ。

ラ変・体　格助　上一・体　接助　副助　シク・体　係助　ク・終　格助　格助　四・用　格助　格助
命あるものを見るに、人ばかり久しきはなし。①かげろふの夕べを待ち、夏の②蟬の
命のあるものを見ると、人間ほど長生きするものはない。かげろうが(朝生まれて)夕べを待たず(死に)、夏の蟬が春や秋を

格助　四・未　助動・打・体　係助　ラ変・体　係助　終助　副　格助　四・体　副助　係助　ク・用(音)　ク・終
春秋を知らぬもあるぞかし。つくづくと一年を暮らすほどだにも、こよなうのどけし
知らない(で死ぬ)というようなこともあるのだよ。(それに比べると、人間が)しみじみと一年を暮らす間でさえも、この上もなくゆったりとし

間助　(連語)　シク・終　格助　四・未　接助　格助　四・終　接助　格助　格助　係助(係)　サ変・未
や。飽かず、惜しと思はば、千年を過ぐすとも、一夜の夢の心地こそせ
ているものであるよ。(それなのに)満足せず、(命が)惜しいと思うならば、千年を過ごすとしても、一晩の夢のような(はかない)気持ちがするであろう。

助動・推・已(結)　下二・未　助動・打・体　格助　ク・体　格助　下二・用　接助　(代)　係助(係)　サ変・未　助動・推・体(結)　ク・已　接助
め。住み果てぬ世に、醜き姿を待ちえて何かはせん。命長ければ
いつまでも住み続けることのできないこの世に、(生き長らえて)醜い姿を待ち迎えて何になろうか、いや、何にもならない。命が長いと恥(を

ク・終　ク・用　接助　格助　四・未　助動・打・体　格助　ナ変・未　助動・婉・体　係助(係)　ク・体　助動・推・已(結)
辱多し。長くとも四十に足らぬほどにて死なんこそ、めやすかるべけれ。
かくこと)も多い。長くとも四十(歳)に足りないくらいで死ぬのが、見苦しくないことであろう。

(代)　格助　上二・用　助動・完・已　接助　格助　上二・体　係助　ク・用　格助　四・未　助動・婉・体　格助
そのほど過ぎぬれば、かたちを恥づる心もなく、人に出で交じらはんことを
その年頃を過ぎてしまうと、容貌(の衰え)を恥じる心もなく、人の中に出て交際することを願い、

四・用　格助　格助　格助　サ変・用　接助　四・体　格助　上一・未　助動・婉・体　副助　格助　格助　四・用
思ひ、夕べの陽に子孫を愛して、さかゆく末を見んまでの命をあらまし、
(傾きかけた)夕日(のような老年)に子や孫をかわいがり、(子孫が)栄えていく将来を見届けるまでの命を期待し、

副　格助　四・体　副助　ク・用　係助　四・未　助動・打・用　四・体　係助(係)　シク・体(結)
ひたすら世をむさぼる心のみ深く、もののあはれも知らずなりゆくなん、あさましき。
もっぱら現世の名利を欲しがる心ばかり深く(なって)、ものの情趣もわからなくなってゆくのは、嘆かわしいことであるよ。

語句の解説

教22ページ

2**ならひ《イ》ならば**　習わしであるならば。
*「ならひ」＝習わし、世のさだめ、の意。

3***いかに**　どんなに、の意。状態や程度などを推測する副詞。

3***もののあは《ワ》れ**　物事にふれて起こるしみじみとした感情、情緒。

4**いみじけれ**　すばらしいのだ。直前の係助詞「こそ」を受けて係り結びになっている。
*「いみじ」＝すばらしい、すぐれている、の意。（善悪に関わらず）程度がはなはだしい、が原義。

5**人《ひと》ばかり久《ひさ》しきはなし**　人間ほど長生きするものはない。
*「久し」＝長い。

1・2　**「かげろふ」「蝉」は、何の例か。**

答　「かげろふ」「蝉」ともに、はかなく消えやすいものの例。

解説　ともに世の無常を表す例としてよく用いられる。

7**つくづくと**　しみじみと。もの思いにふけるさまを表す副詞。

8**こよなう《ノウ》のどけしや**　「こよなう」は「こよなく」のウ音便。
*「こよなし」＝この上もない、格別だ、の意。

9***飽《あ》かず**　満足せず。語構成は、動詞「飽く」の未然形＋打消の助動詞「ず」。

（第七段）

9**惜《お》しと思《おも》は《ワ》ば**　もし惜しいと思うのならば。
「惜し」＝惜しい。残念だ。
「思はば」＝未然形「思は」＋接続助詞「ば」で、仮定条件。

教23ページ

2**待《ま》ちえて**　待ち迎えて。
「待ちう」＝待っていて手に入れる。「待ち得」。

2**何《なに》かは《ワ》せん**　何になろうか、いや、何にもならない。
「かは」＝反語の係助詞。

3**めやすかるべけれ**　見苦しくないであろう。
*「めやすし」＝見苦しくない。感じがよい。

4***かたち**　容貌、容姿、の意。

4**人《ひと》に出《い》で交《ま》じらは《ワ》んこと**　人の中に出て交際すること。

5**さかゆく**　ますます栄える。いよいよ栄えていく。

5***末《すえ》**　ここでは、将来、未来、の意。

5**あらまし**　期待し。動詞「あらます」の連用形。
「あらます」＝期待する。予期する。

6**ひたすら**　もっぱら。いちずに。

6**世《よ》をむさぼる**　現世の名利を欲しがる。世俗的な欲望に執着する。
「むさぼる」＝執着する。多くを望む。

6**あさましき**　係助詞「なん」の結び。嘆かわしいことだ。
*「あさまし」＝ここでは、嘆かわしい、あまりのことだ、の意。

課題

一 **筆者が最もいいたかったことはどのようなことか、説明してみよう。**

解答例 世の中は無常であるからこそ、すばらしいのだということ。

語句と表現

一 **次の傍線部の助詞を文法的に説明してみよう。**

①鳥部山の煙立ち去らでのみ、(22・1)
②住み果つるならひならば、(22・2)
③千年を過ぐすとも、(23・1)
④命長ければ辱多し。(23・2)

解答 ①「で」は打消の接続助詞。
②「ば」は順接の仮定条件を表す接続助詞。
③「とも」は逆接の仮定条件を表す接続助詞。
④「ば」は接続助詞。已然形＋「ば」で順接の確定条件を表す。ここでは、そのうちの恒時条件(…すると常に)。

二 **対句的な表現を抜き出してみよう。**

解答 ・あだし野の露消ゆる時なく↔鳥部山の煙立ち去らでのみ(教22ページ1行)
・かげろふの夕べを待ち↔夏の蟬の春秋を知らぬ(教22ページ6行)
・一年を暮らすほどだにも、こよなうのどけしや↔千年を過ぐすとも、一夜の夢の心地こそせめ(教22ページ8行)

悲田院の堯《ぎょう》蓮《れん》上《しょう》人《にん》は

【大　意】 **教24ページ1行～25ページ5行**

悲田院の堯蓮上人は、俗姓《ぞくしょう》は三浦某《みうらなにがし》という無双の武者であった。故郷の人が来て話をした折にその人が、「関東の人の言葉は信頼が置けるが、都の人の言葉には実がない。」と言った。上人は、都に長年住んだ経験を基にして、都の人と関東の人の「こと受け」(口先で引き受けること)について説明する。「心優しく情があるゆえきっぱりと断れず、心弱く請け合ってしまう都の人」と、「優しい心遣いがなく初めからいやと言ってしまう関東の人」の違いは、結果として「貧しいから不本意ながらも約束を破らざるを得ない都の人」と「富を背景としているので(きっぱりと断っても)信頼される関東の人」ということになるのだ、と。筆者はこの一言によって、関東なまりで言葉も荒く、仏典の理解なども浅いのでは、と思っていた上人に対して、その人間性に奥ゆかしさを感じた。

【品詞分解／現代語訳】

格助 係助 係助 格助 格助 係助 間助 ク・体 助動・断・終 格助 格助
悲田院の堯蓮上人は、俗姓は三浦の某とかや、双なき武者なり。故郷の人の
悲田院の堯蓮上人は、俗姓は三浦某とか(いって)、(以前は)並ぶもののない武士である。(その)故郷の人が来て、

四・用 接助 サ変・終 格助 接助 係助(係) 四・用 助動・完・体 係助 四・未 助動・可・已(結) 格助 係助
来たりて、物語すとて、「吾妻人こそ、言ひつることは頼まるれ、都の人は、
(いろいろの)話をするといって、「関東の人は、(いったん)言ったことは信頼できるけれど、都の人は、

副助 ク・用 接助 ク・終 格助 四・用 助動・過・体 接助 (代) 係助 副 係助 四・終 助動・現推・已
こと受けのみよくて、実なし。」と言ひしを、聖、「それはさこそ思すらめ
口先で引き受ける返事だけがよくて、誠実さがない。」と言ったところ、上人は、「あなたはそのようにお思いになっておられるだろうが、

接助 (代) 係助 格助 シク・用 四・用 接助 下二・用 接助 上一・用 補丁・ラ変・体 接助 格助 四・已(命) 助動・存・終 格助 係助
ども、己は都に久しく住みて、慣れて見侍るに、①人の心劣れりとは
私は都に長年住んで、(都の人と)慣れ親しんで見ますと、(都の)人の心が(関東の人に)劣っているとは思いま

四・用 補丁・ラ変・未 助動・打・終 副 ナリ・用 ラ変・体 格助 格助 四・体 格助
思ひ侍らず。なべて、心やはらかに、情けあるゆゑに、人の言ふほどのこと、
せん。一般に、(都の人は)心がおだやかで、思いやりがあるので、他人が頼んでくるほどのことは、

ク・用 (複)ク・用 接助 副 副 四・未 助動・打・用 ク・用 サ変・用 助動・完・終 サ変・未
けやけくいなびがたくて、よろづえ言ひ放たず、心弱くこと受けしつ。偽りせ
きっぱりと断ることができなくて、万事につけてはっきりと言い切ることができないで、気弱く受け合ってしまう。約束を破ろうと

助動・意・終 格助 係助 四・未 助動・打・已 接助 シク・用 四・未 助動・打・体 副助 ラ変・已 接助 副 四・未
んとは思はねど、乏しく、かなはぬ人のみあれば、おのづから、本意通ら
は思わないのだが、貧乏で、思うようにならない人ばかりがいるので、自然と、思ったことがその通りに

助動・打・体 ク・体 助動・推・終 係助 (代) 格助 助動・断・已 接助 副 係助 格助 ク・用 下二・用
ぬこと多かるべし。吾妻人は、我が方なれど、げには、心の色なく、情けおくれ、
ならないことが多いのだろう。関東の人は、私の故郷(の人)であるけれど、実を言うと、優しい心がなく、人情味が乏しく、

副 ナリ・体 助動・断・已 接助 格助 感 格助 四・用 接助 四・用 助動・完・終 四・用 ナリ・已
ひとへにすくよかなるものなれば、初めよりいなと言ひてやみぬ。にぎはひ、豊かなれ
ひたすら気強い(＝一本気な)人々であるので、(頼まれ事も)最初からいやだと言ってそれきりにしてしまう。富み栄えて、豊かなので、

ば《接助》、人 に《格助》 は《係助》 頼ま《四・未》 るる《助動・受・体》 ぞ《係助》 かし《終助》。」 と《格助》 ことわら《四・未》 れ《助動・尊・用》 侍り《補丁・ラ変・用》 し《助動・過・体》 こそ《係助》、こ《(代)》 の《格助》 聖、声

他人からは信頼されるのだよ。」と道理を説かれました(そのことによって)、(今までは)この上人は、

うちゆがみ《四・用》、荒々しく《シク・用》 て《接助》、聖教 の《格助》 細やかなる《ナリ・体》 理 いと《副》 わきまへ《下二・未》 ず《助動・打・用》 も《係助》 や《係助》 と《格助》 思ひ《四・用》 し《助動・過・体》 に《接助》、

発音がなまっていて、荒っぽくて、仏典の細かな道理などそんなにわかってもいないだろうと思っていたが、

こ《(代)》 の《格助》 一言 の《格助》 のち、心にくく《ク・用》 なり《四・用》 て《接助》、多かる《ク・体》 なか に《格助》 寺 を《格助》 も《係助》 住持せ《サ変・未》 らるる《助動・尊・体》 は《係助》、かく《副》 やはらぎ《四・用》

この一言(を聞いた)のちは、奥ゆかしく(思うように)なって、たくさんの僧がいるなかでも一寺を管理なさっているのは、このように柔軟である

たる《助動・存・体》 ところ あり《ラ変・用》 て《接助》、そ《(代)》 の《格助》 益 も《係助》 ある《ラ変・体》 に《助動・断・用》 こそ《係助(係)》 と《格助》 おぼえ《下二・用》 侍り《補丁・ラ変・用》 し《助動・過・体(結)》。

ところがあって、そのおかげもあるのだろうと思われました。

(第一四一段)

語句の解説

教24ページ

1 **双《そう》なき** 並ぶものがない。(天下)無双の。

＊「双なし」＝二つとない、の意で、この上なくすばらしいという気持ちを表す。

2 **＊物語《ものがたり》す** 話をする。世間話をする。

2 **頼《たの》まるれ** 信頼できるけれど。

＊「頼む」＝ここは信用する、信頼するの意。「るれ」＝可能の助動詞「る」の已然形。上に係助詞「こそ」があり、それを受けて已然形で結んではいるが、「、」(読点)でまだ文が続いているので、文脈上逆接で訳す。

3 **それはさこそ思《おぼ》すらめども** あなたはそのようにお思いになっておられるだろうが。

「それ」＝あなた。

＊「思す」＝「思ふ」の尊敬語。お思いになる。「らめ」＝現在推量の助動詞「らむ」の已然形。

4 **慣《な》れて見侍《みはべ》るに** 慣れ親しんで見ますと。

＊「侍り」＝～ます。～(で)ございます。丁寧の意を表す補助動詞。

① 「人」とはどこの人を指すか。

答 「都の人」(「吾妻人」に比べての「都の人」の意)。

5 **＊なべて** 一般に。全て。あらゆる。＝おし並《な》べて。

7**いなびがたくて**　断ることができないで。
＊「いなぶ」＝「否ぶ」。断る。拒否する。
「いなびがたし」＝断ることができない。（動詞＋形容詞）
8**え言《い》ひ《イ》放《はな》たず**　はっきりと言い切ることができないで。
＊「え……（打消）」＝不可能の意を表す。…できない。
11**＊本意《ほい》**　思ったこと。かねてからの願い。目的。

教25ページ

1**＊ひとへ《エ》に**　ひたすらに。いちずに。むやみに。
1**すくよかなるもの**　気強い（＝一本気な）人々。
＊「すくよかなり」＝まじめだ。無愛想だ。
2**ことわられ**　道理を説明なさり。
＊「ことわる」＝「理る」と書く。「事《こと》」を「割《わ》る」の意。ことがらの是非を言い分ける。説得する。
「れ」＝尊敬の助動詞「る」の連用形。
3**＊理《ことわり》**　道理。ここでは仏教の理論のこと。
3**いとわきまへ《エ》ずもや**　そんなにわかってもいないのではないか。
「いと……打消語」で「あまり（そんなに）…ない」の意となる。
4**心《こころ》にくくなりて**　奥ゆかしく（思うように）なって。
＊「心にくし」＝奥ゆかしい。何となく心ひかれる。
5**＊益《やく》**　効果。おかげ。
5**おぼえ侍《はべ》りし**　思われました。
＊「おぼゆ」＝感じる。自然に（そのように）思われる。

課題

一　**「吾妻人」「都の人」について、「故郷の人」「堯蓮上人」はそれぞれどのように評価しているか、整理してみよう。**

解答例　○「故郷の人」の見方…「吾妻人」は言ったことが信用できる。「都の人」はこと受け（口先で引き受けること）だけはよいが誠実さがない。
○「堯蓮上人」の見方…「吾妻人」は優しい心がなく人情味が乏しい。気が強く最初からきっぱり断るので信頼を受けることになる。「都の人」は気持ちが柔和で人情味に富むので人の頼みをきっぱりと断ることができない。貧乏で生活が不如意なため約束が果たせず、そのために不誠実なようにとられる。

二　**筆者の堯蓮上人に対する思いはどのように変化したか、まとめてみよう。**

解答例　○はじめ…言葉になまりがあって、荒っぽくて、仏典の詳しい道理はあまりわかっていないのではなかろうか、と思っていた。
○一言を聞いたのち…その人柄が奥ゆかしく（思われるように）なる。人情味があるからこそ、多くの僧がいる中で、一寺の住職をもしているのだと思われた。

語句と表現

一　**次の傍線部の「こそ」の結びを文法的に説明してみよう。**

①**吾妻人こそ、言ひつることは頼まるれ、都の人は、**（24・2）

②それはさこそ思すらめども、(24・3)
③その益もあるにこそとおぼえ侍りし。(25・5)

考え方 係り結びの基本は、上にある係助詞を受けて、「ぞ・なむ・や・か」の結びは連体形に、「こそ」の結びは已然形になることである。が、「こそ」の場合には、已然形で結んでもその文が「句点」(。)で止まらずに、「読点」(、)で下に続いた場合には「逆接」となる(「語句の解説」参照)。また、結びが「省略」されて文がそのまま続いたり、接続助詞につながって係り結びが「消滅」する(結びの流れ)こともある。

解答 ①「頼まるれ、」の「るれ」(可能の助動詞「る」の已然形)で結んではいるが、「読点」で文が下に続いているので逆接となる用法である。
②「思すらめ」の「らめ」は現在推量の助動詞「らむ」の已然形で「こそ」の結びとなる語だが、逆接の接続助詞「ども」に続いて、文がそのまま続いている。「結びの流れ」である。
③本来は「あるにこそあらめ」などとなる文脈だが、「あらめ」自体が省略され、結びは省略されている。

世に従はん人は

【大　意】 1 教26ページ1〜7行

世間の動きに順応して生きていくためには、時機を知らなければならない。ただし、生《しょう》・住・異・滅という変化は、時機のよしあしに関係なく、少しの間も停滞することなくやって来るので、必ず成し遂げようと思うことは、時機のよしあしを言ってはならない。

【品詞分解／現代語訳】

格助　四・未　助動・意・体　係助　副　格助　四・終　助動・当・終　シク・体　係助　格助　格助　係助
世に従はん人は、まづ機嫌を知るべし。ついで悪しきことは、人の耳にも
世間の動きに順応して生きていこうとする人は、まず物事を行うのに適当な時機を知るべきである。時機が悪いことは、(それを聞く)人の耳にも逆

四・用　格助　係助　四・用　接助　(代)　格助　四・未　助動・打・終　ナリ・語幹　格助　格助　下二・終　助動・当・体　助動・断・終
逆ひ、心にも違ひて、そのことならず。①さやうの折節を心得べきなり。
らい、(人の)気持ちにも背いて、その(しようとした)ことが成就しない。そういう時機を理解すべきである。

接　格助　下二・用　四・用　ナ変・体　副助　格助　四・未　助動・打・用　シク・終　格助　接助　四・体
ただし、病をうけ、子産み、死ぬることのみ、機嫌をはからず、ついで悪しとて止む
ただし、病気にかかり、子どもを産み、死ぬことだけは、時機(のよしあし)を考慮せず(やって来て)、時機が悪いからといって中止になる

こと なし〔ク・終〕。生・住・異・滅 の〔格助〕 移り変はる〔四・体〕、まこと の〔格助〕 大事 は〔係助〕、猛き〔ク・体〕 河 の〔格助〕 みなぎり〔四・用〕 流るる〔下二・体〕 が〔格助〕

ことはない。物が生じ、存続し、変化し、滅び去ることの移り変わる、真の大事は、勢いの激しい河が満ちあふれて流れるようなものだ。

ごとし〔助動・比・終〕。しばし〔副〕 も〔係助〕 滞ら〔四・未〕 ず〔助動・打・用〕、ただちに〔副〕 行ひゆく〔四・体〕 もの なり〔助動・断・終〕。されば〔接〕、真俗 に〔格助〕 つけ〔下二・用〕 て〔接助〕、必ず〔副〕

少しの間もとどまることなく、すぐに進行するものなのである。そうだから、仏道修行上のことや俗世間上のことでも、

果たし遂げ〔下二・未〕 ん〔助動・意・終〕 と〔格助〕 思は〔四・未〕 ん〔助動・婉・体〕 こと は〔係助〕、機嫌 を〔格助〕 言ふ〔四・終〕 べから〔助動・命・未〕 ず〔助動・打・終〕。とかく〔副〕 の〔格助〕 もよひ なく〔ク・用〕、

必ず成し遂げようと思うようなことは、時機（のよしあし）を言ってはならない。あれこれ準備などせず、

足 を〔格助〕 踏みとどむ〔下二・終〕 まじき〔助動・打当・体〕 なり〔助動・断・終〕。

足踏みをしてとどまってはいけないのである。

語句の解説 1

教26ページ

1 **ついで悪《あ》しきこと**　時機が悪いこと。

＊「ついで」＝序列、順序、の意だが、ここでは「機嫌」（＝物事を行うのに適当な時機）と同義に用いられている。

＊「悪し」＝悪い、の意。本質的に悪いことに対する、積極的な否定の評価を表す。対 よし

1 **人《ひと》の耳《みみ》にも逆《さか》ひ《イ》**　人の耳にも逆らい。人が聞いて不愉快に思うということ。

「逆ふ」＝逆らう、背く、の意。

2 **心《こころ》にも違《たが》ひ《イ》て**　「耳にも逆ひ」と同格で、「人の」は「心」にも係り、「人の心にも違ひて」となる。

＊「違ふ」＝背く、反対する、の意。

2 **ならず**　成就しない。

「なる」＝成就する、実現する、の意。

① 「さやうの折節」とはどういう意味か。

答 物事を行うのにふさわしい時機。

2 **折節《おりふし》**　時、時機、の意。この語も「機嫌」「ついで」とほぼ同義で用いられている。

3 **病《やまい》をうけ、子産《こう》み、死《し》ぬることのみ**　「病をうくること、子産むこと、死ぬることのみ」の「こと」の繰り返しを避けた表現となっている。

4 **止《や》むことなし**　中止になることはない。

＊「止む」＝中止になる。

4 **猛《たけ》き河《かわ》**　勢いの激しい河。

＊「猛し」＝勢いが盛んだ、の意。

5ただちに行《おこな》ひ《イ》ゆくものなり　生・住・異・滅といった四相の変化は、人の都合などお構いなしに進行していくものだ、ということ。「ただちに」＝すぐに。即刻。

5されば　副詞「さ」＋ラ変動詞「あり」の已然形「あれ」＋接続助詞「ば」＝「さあれば」の変化したもの。そうだから。

7＊とかく　あれやこれや、なんのかんのと、の意。

7足《あし》を踏《ふ》みとどむまじきなり　実行を躊躇《ちゅうちょ》してはいけないということ。「まじ」＝打消当然の助動詞。…てはいけない。

【大　意】　2　教26ページ8行〜27ページ3行

四季の移り変わりは、その季節のうちに次の季節が兆しているから変化が速い。四季の変化には定まった順序があるが、人間の死は順序もなく、思いがけずやって来るものなのである。

【品詞分解／現代語訳】

春 暮れ〔下二・用〕 て〔接助〕 のち 夏 に〔格助〕 なり〔四・用〕、夏 果て〔下二・用〕 て〔接助〕 秋 の〔格助〕 来る〔カ変・体〕 に〔助動・断・用〕 は〔係助〕 あら〔ラ変・未〕 ず〔助動・打・終〕。春 は〔係助〕 やがて〔副〕 夏 の〔格助〕 気 を〔格助〕 もよほし〔四・用〕、夏 より〔格助〕 すでに〔副〕 秋 は〔係助〕 通ひ〔四・用〕、秋 は〔係助〕 すなはち〔副〕 寒く〔ク・用〕 なり〔四・用〕、十月 は〔係助〕 小春 の〔格助〕 天気、草 も〔係助〕 青く〔ク・用〕 なり〔四・用〕、梅 も〔係助〕 つぼみ〔四・用〕 ぬ〔助動・完・終〕。木の葉 の〔格助〕 落つる〔上二・体〕 も〔係助〕、まづ〔副〕 落ち〔上二・用〕 て〔接助〕 芽ぐむ〔四・体〕 に〔助動・断・用〕 は〔係助〕 あら〔ラ変・未〕 ず〔助動・打・終〕。下 より〔格助〕 きざし〔四・用〕 つはる〔四・体〕 に〔格助〕 堪へ〔下二・未〕 ず〔助動・打・用〕 して〔接助〕 落つる〔上二・体〕 なり〔助動・断・終〕。迎ふる〔下二・体〕 気、下 に〔格助〕 設け〔下二・用〕 たる〔助動・存・体〕 ゆゑ に〔格助〕、待ち取る〔四・体〕 ついで 甚だ〔副〕 速し〔ク・終〕。生・老・病・死 の〔格助〕 移り来たる〔四・体〕 こと、また〔副〕 ②これ〔代〕 に〔格助〕

春が終わってのちに夏になり、夏が終わって秋が来るのではない。春はすぐに夏の気配を引き起こし、夏(のうち)からすでに秋は入り交じり、秋はただちに寒くなり、十月は(来るべき春を思わせる)小春の天気で、草も青くなり、梅もつぼみをつけてしまう。木の葉が落ちるのも、まず(葉が)落ちて芽を出し始めるのではない。(古い葉の)下から芽ばえる(その力)に耐え切れないで(葉が)落ちるのである。変化の時を用意して待つ生気を、内部に用意しているので、待ち受け(て交替す)る順序が非常に速いのである。生・老・病・死が(人の上に)次々とやって来ることは、またこれ(＝四季の移り

過ぎ	たり。	四季	は	なほ	定まれ	る	ついで	あり。	死期	は	ついで	を	待た	ず。	死	は	前
上二・用	助動・存・終		係助	副	四・已(命)	助動・存・体		ラ変・終		係助		格助	四・未	助動・打・終		係助	

変わり)にまさっている。四季(の変化)はそれでもやはり定まった順序がある。(しかし人の)死ぬ時期は順序を待たない。死は前からだ

より	しも	来たら	ず、	かねて	後ろ	に	迫れ	り。	人皆	死	ある	こと	を	知り	て、	待つ	こと、
格助	副助	四・未	助動・打・用	副		格助	四・已(命)	助動・存・終			ラ変・体		格助	四・用	接助	四・体	

けやって来るとは限らず、あらかじめ背後に迫っているのである。人は皆死のあることを知りながら、(その死を)待つ

しかも	急なら	ざる	に、	おぼえ	ず	して	来たる。	沖	の	干潟	遥かなれ	ども、	磯	より	潮	の
副	ナリ・未	助動・打・体	格助	下二・未	助動・打・用	接助	四・終		格助		ナリ・已	接助		格助		格助

ことは、それほどまで切迫して(いると思って)いないうちに、(死は)思いがけずにやって来る。(それはちょうど)沖の干潟は遥かに遠いけれども、(後ろの)磯

満つる	が	ごとし。
上二・体	格助	助動・比・終

から潮が満ちてくるようなものである。

(第一五五段)

語句の解説 2

8 ***やがて** すぐに、ただちに、の意。

8 **夏《なつ》の気《き》をもよほ《オ》し** 夏の気配を引き起こし。

「気」＝気配、雰囲気、の意。

「もよほす」＝引き起こす、誘う、の意。

9 **秋《あき》は通《かよ》ひ《イ》** 秋は入り交じり。

「通ふ」＝入り交じる、の意。

9 ***すなは《ワ》ち** ただちに。即座に。前出の「やがて」の類義語だが、「やがて」より時間的な余裕やへだたりがなく、切迫している。

10 **芽《め》ぐむ** 芽を出し始める。

11 **下《した》に設《もう》けたるゆゑ《エ》に** 内部に用意してあるので。

「下」＝内部、内側、の意。

「設く」＝前もって用意する、準備する、の意。

「ゆゑ」＝ここは接続助詞的な用法で、…ので、の意。

---

② 「これ」とは何を指すか。

答 四季の移り変わり。

13 **これに過《す》ぎたり** これ(＝四季の移り変わり)にまさっている。

「に」＝比較の基準を表す格助詞。

「過ぐ」＝(他に比べて)まさる、の意。

13 ***なほ《オ》** それでもやはり。

教27ページ

1 **前《まえ》よりしも来《き》たらず** 前からだけやって来るとは限らず。

「しも……(打消)」＝限定的な否定を表す。

1 **かねて** ここでは、あらかじめ、前もって、の意。

2 **急《きゅう》ならざるに** 切迫して(いると思って)いないうちに。

「急なり」＝ここでは、切迫しているさま、の意。

「に」＝時間を表す格助詞。逆接の接続助詞ともとれる。

2 **おぼえずして**　思いがけずに。

＊「おぼゆ」＝自然に思われる。思い及ぶ。

2 **沖《おき》の干潟《ひかた》……満《み》つるがごとし**　潮が遠くまで引いているので、まだ潮は満ちてこないだろうと干潟に出ていると、いつの間にか後ろの磯から潮が満ちてくるようなものだ、ということ。

課題

一　「機嫌を言ふべからず」（26・6）とあるが、その理由を説明してみよう。

考え方　筆者は、「まづ機嫌を知るべし。」（教26ページ1行）、「機嫌を言ふべからず。」（教26ページ6行）と、一見矛盾した考えを述べている。これはどのような立場の違いから述べられたものかに着目してまとめるとよいだろう。

解答例　世間の動きに順応して生きていくには、「機嫌」（＝時機）のよしあしを知ることが必要で、それをわきまえなければ物事は成就しない。しかし、生・住・異・滅という変化、特に「死期」は時機に関係なくやって来るので、成し遂げたいと思うことがあれば、時機のよしあしを問わず、実行しなければできなくなってしまうから。

二　筆者は「沖の干潟遥かなれども、磯より潮の満つるがごとし」（27・2）という比喩をとおして、どのようなことをいおうとしているか、話し合ってみよう。

考え方　「死」を「潮」にたとえ、「死は前よりしも来たらず、かねて後ろに迫れり」ということを説明しようとしていることに着目しよう。

解答例　人は「死」というものを遠い将来のことと考えがちだが、実は「死」の兆しは徐々に用意されていて、それは背後から迫ってくる（突然やって来る）のだということ。

語句と表現

一　次の傍線部を文法的に説明してみよう。

① **そのことならず。**（26・2）

② **さやうの折節を心得べきなり。**（26・2）

③ **しかも急ならざるに、**（27・2）

解答　①ラ行四段活用動詞「なる」の未然形。

②断定の助動詞「なり」の終止形。

③ナリ活用形容動詞「急なり」の未然形活用語尾。

花は盛りに

【大　意】　1　教28ページ1〜7行

花は盛りの時、月は曇りのない時ばかりを見るものではない。むしろ花が散り、月が傾くところに、それよりも深い趣がある。

【品詞分解／現代語訳】

花 は(係助) 盛りに(ナリ・用)、月 は(係助) 隈なき(ク・体) を(格助) のみ(副助) 見る(上一・体) もの かは(係助)。雨 に(格助) 対ひ(四・用) て(接助) 月 を(格助) 恋ひ(上二・用)、

(桜の)花は盛りのさまだけを、月は曇りのないものだけを見るものであろうか、いや、そうではない。雨に向かって月を恋い慕い、

垂れこめ(下二・用) て(接助) 春 の(格助) 行方 知ら(四・未) ぬ(助動・打・体) も(係助)、なほ(副) あはれに(ナリ・用) 情け深し(ク・終)。咲き(四・用) ぬ(助動・強・終) べき(助動・推・体) ほど

簾を垂れて(家の中に)ひきこもって春が暮れてゆくのを知らない(でいる)のも、やはりしみじみとして趣が深いものだ。今にも咲きそうな頃の梢、

の(格助) 梢、散りしをれ(下二・用) たる(助動・完・体) 庭 など(副助) こそ(係助(係))、見どころ 多けれ(ク・已(結))。歌 の(格助) 詞書 に(格助) も(係助)、「花見 に(格助) まかれ(四・已(命))

(花が)散ってしおれた(花びらが点々とある)庭などにこそ、見る価値が多いのである。歌の詞書にも、「花見に参りましたところ、

り(助動・完・用) ける(助動・過・体) に(接助)、早く(副) 散り過ぎ(上二・用) に(助動・完・用) けれ(助動・過・已) ば(接助)」と(格助) も(係助)、「障る(四・体) こと あり(ラ変・用) て(接助) まから(四・未) で(接助)」

すでにすっかり散ってしまっていたので」とも、「都合の悪いことがあって(花を見に)参りませんで」

など(副助) も(係助) 書け(四・已(命)) る(助動・存・体) は(係助)、「花 を(格助) 見(上一・用) て(接助)」と(格助) 言へ(四・已(命)) る(助動・存・体) に(格助)

なども書いてあるのは、「花を見て」と言っているのに

劣れ(四・已(命)) る(助動・存・体) こと かは(係助)。花 の(格助) 散り(四・用)、月 の(格助) 傾く(四・体) を(格助) 慕ふ(四・体) 習ひ は(係助)、さる(連体) こと なれ(助動・断・已) ど(接助)、ことに(副)

劣っているだろうか、いや、劣ってはいない。花が散り、月が(西に)沈んでいくのを恋い慕うならわしは、もっともなことであるが、とりわけ

①かたくなる(ナリ・体) 人 ぞ(係助(係))、「こ(代) の(格助) 枝、か(代) の(格助) 枝 散り(四・用) に(助動・完・用) けり(助動・過・終)。今 は(係助) 見どころ なし(ク・終)。」など(副助) は(係助)

ものの情緒を解さない人は、「この枝も、あの枝も散ってしまった。今は(もう)見る価値がない。」などと

言ふ(四・終) める(助動・婉・体(結))。

言うようである。

語句の解説 1

教28ページ

1 隈《くま》なきをのみ　曇りのないものだけを。

＊「隈なし」＝ここでは、曇りがない、陰がない、の意。

1ものかは《ワ》　一語の反語の終助詞ともとれる。
2あはれに《ワ》情け《なさ》深し《ぶか》　しみじみとして趣深い。
「あはれなり」＝ここでは、しんみりとして趣深い、しみじみと情緒がある、の意。
2咲《さ》きぬべきほどの　今にも咲きそうな頃の。
「ぬ」＝強意の助動詞。「ぬべし」の形で用いられると強意の意になる。
3まかれりけるに　参りましたところ。
＊「まかる」＝ここでは、「行く」の丁寧語で、参ります、の意。

4早《はや》く　完了や過去の助動詞を伴うと、すでに、とっくに、の意になる。
4＊障《さわ》る　ここでは、都合が悪い、差し支える、の意。
6さること　ここでは、もっともなこと、そうあるべき当然なこと、の意。

答 **①** 「かたくなる人」とは、どのような人か。
情緒や風情を解さない人。愚かで教養のない人。

【大　意】　2　教28ページ8～11行
どんなことも、初めと終わりに趣があるものだ。男女の恋も逢って契りを結ぶのだけがよいというものではない。逢わないで終わってしまったつらさを思うことなどこそ、恋の情緒を味わうということだ。

【品詞分解／現代語訳】

よろづ　の　こと　も、初め　終はり　こそ　をかしけれ。男女　の　情け　も、ひとへに　逢ひ見る　を
の＝格助　も＝係助　こそ＝係助(係)　をかしけれ＝シク・已(結)　の＝格助　も＝係助　ひとへに＝副　逢ひ見る＝上一・体　を＝格助
どんなことも、(その盛りよりも)初めと終わりこそ趣が深いものである。男女の恋も、ただひたすら逢って契りを結ぶのだ

ば　言ふ　もの　かは。逢は　で　やみ　に　し　憂さ　を　思ひ、あだなる　契り　を
ば＝係助　言ふ＝四・体　かは＝係助　逢は＝四・未　で＝接助　やみ＝四・用　に＝助動・完・用　し＝助動・過・体　を＝格助　思ひ＝四・用　あだなる＝ナリ・体　を＝格助
けを(恋と)いうものであろうか、いや、そうではない。逢わないで終わってしまったつらさを思い、はかない約束を嘆き、

かこち、長き　夜　を　ひとり　明かし、遠き　雲居　を　思ひやり、浅茅　が　宿　に　昔　を　しのぶ　こそ、
かこち＝四・用　長き＝ク・体　を＝格助　明かし＝四・用　遠き＝ク・体　を＝格助　思ひやり＝四・用　が＝格助　に＝格助　を＝格助　しのぶ＝四・体　こそ＝係助(係)
長い夜を独りで明かし、はるか遠い空(の下にいる恋人)を思いやり、荒れはてた住まいで昔(の恋人との思い出)を思い慕う

色　好む　と　は　言は　め。
好む＝四・終　と＝格助　は＝係助　言は＝四・未　め＝助動・推・已(結)
ことこそ、(本当に)恋の情緒を味わうことといえよう。

語句の解説 2

8 **をかしけれ**《オ》　趣が深いものである。

＊「をかし」＝ここでは、趣がある、の意。

8 **男女**《おとこおんな》**の情け**《なさ》　男女の恋愛。男女の情愛。

8 **ひとへに**《エ》　ひたすら。いちずに。

8 **逢ひ見る**《あイみ》　ここでは、男女が逢い、関係を結ぶ意。単に、対面する、の意ではない。

9 **やみにし**　終わってしまった。

「やむ」＝ここでは、終わる、の意。

9 **憂**《う》**さ**　つらさ。

9 **あだなる契**《ちぎ》**りをかこち**　はかない約束を嘆き。

＊「あだなり」＝ここでは、はかないさま、誠意がないさま、の意。

＊「かこつ」＝ここでは、嘆く、の意。

10 **しのぶ**　思い慕う。懐かしむ。

【大　意】　3　教28ページ12行～29ページ3行

満月で曇りのない月の姿を眺めるよりも、明け方の月や雲に隠れている月など、しみじみとした趣のある月の姿がいろいろある。そういう情緒を解する友がいたらなあと、都が恋しく思われる。

【品詞分解／現代語訳】

望月 の（格助） **隈なき**（ク・体） **を**（格助） **千里 の**（格助） **外 まで**（副助） **眺め**（下二・用） **たる**（助動・存・体） **より**（格助） **も、**（係助） **暁 近く**（ク・用） **なり**（四・用） **て**（接助） **待ち出で**（下二・用） **たる**（助動・完・体）

満月で曇りなく照っているのを千里のはるか遠くまで眺めているよりも、明け方近くになって出るのを待った（末にようやく出た月）

が、（格助） **いと**（副） **心深う、**（ク・用（音）） **青み**（四・用） **たる**（助動・存・体） **やうに**（助動・比・用） **て、**（接助） **深き**（ク・体） **山 の**（格助） **杉 の**（格助） **梢 に**（格助） **見え**（下二・用） **たる、**（助動・存・体） **木 の**（格助） **間 の**（格助）

が、たいそう趣深く、青みを帯びているようで、深い山の杉の梢に見えている（様子）、木の間からもれる月の

影、 うちしぐれ（下二・用） **たる**（助動・存・体） **群雲隠れ の**（格助） **ほど、 またなく**（ク・用） **あはれなり。**（ナリ・終） **椎柴・白樫 など**（副助） **の、**（格助） **濡れ**（下二・用） **たる**（助動・存・体）

光、さっと時雨を降らせているひとかたまりの雲に隠れている（月の）様子は、この上もなくしみじみとした趣がある。椎柴・白樫などの、濡れている

やうなる（助動・比・体） **葉 の**（格助） **上 に**（格助） **②きらめき**（四・用） **たる**（助動・存・体） **こそ、**（係助（係）） **身 に**（格助） **しみ**（四・用） **て、**（接助） **心あら**（ラ変・未） **ん**（助動・婉・体） **友 もがな**（終助） **と、**（格助）

ような葉の上に（月の光が）きらめいているのは、心にしみて、情緒を解する友がいたらいいのになあと、

都 恋しう（シク・用（音）） **覚ゆれ。**（下二・已（結））

都が恋しく思われる。

語句の解説 3

12 **望月《もちづき》** 満月。
12 **千里《ちさと》の外《ほか》** はるか遠くの所。はるか彼方《かなた》。
12 **待《ま》ち出《い》でたる** 下に「月」を補って訳す。
「待ち出づ」＝出てくるのを待つ。
13 **心深う《こころふこう》** 趣深く。「心深く」のウ音便。

教29ページ

1 **＊影《かげ》** 月光。月の光。
1 **群雲隠れ《むらくもがく》** ひとかたまりの雲に隠れること。
1 **またなく** この上なく。

2 「きらめきたる」の主語は何か。

答 月の光。

2 **心《こころ》あらん友《とも》** 情緒を解する友。
「心あり」＝ここでは、情緒を解する、風流心のある、の意。
「ん」＝婉曲の助動詞「ん（む）」の連体形。
3 **恋しう覚ゆれ《こいシュウおぼ》** 恋しく思われる。「恋しう」は「恋しく」のウ音便。
「覚ゆ」＝（自然に）思われる。

【大意】 4 教29ページ4～15行

月や花を見るには、目で見るのではなく、心でその情緒を味わうべきである。情緒を解する人は楽しむ様子もあっさりしているのに、片田舎の人はしつこくおもしろがり、どんなものも離れて見ることがない。

【品詞分解／現代語訳】

すべて、月・花をば、さのみ目にて見るものかは。春は家を立ち去らでも、月の
副　格助　係助　副　副助　格助　上一・体　係助　係助　格助　四・未　接助　係助　格助
総じて、月や花を、そのように目ばかりで見るものであろうか、いや、そうではない。春は（桜を見るために）家から出て行かなくても、

夜は閨のうちながらも思へるこそ、いと頼もしう、をかしけれ。
係助　格助　接助　係助　四・已(命)　助動・存・体　係助(係)　副　シク・用(音)　シク・已(結)
（秋の）月の夜は寝室の中にいるままでも（花や月のことを）思っていることこそ、たいそう期待ができて、趣が深いものである。

③**よき人は、ひとへに好けるさまにも見えず、興ずるさまもなほざりなり。**
ク・体　係助　副　四・已(命)　助動・存・体　格助　係助　下二・未　助動・打・用　サ変・体　係助　ナリ・終
情緒を解する人は、いちずに風流にふけっている様子にも見えないで、楽しむ様子もあっさりしている。

片田舎 の〔格助〕 人 こそ〔係助(係)〕、色濃く〔ク・用〕 よろづ は〔係助〕 もて興ずれ〔サ変・已(結)〕。花 の〔格助〕 もと に〔格助〕 は〔係助〕、ねぢ寄り〔四・用〕 立ち寄り〔四・用〕、あからめ
片田舎の人に限って、しつこく何事をもおもしろがるものだ。(桜の)花の下には、にじり寄り近寄り、よそ見もせず

も〔係助〕 せ〔サ変・未〕 ず〔助動・打・用〕 まもり〔四・用〕 て〔接助〕、酒 飲み〔四・用〕 連歌 し〔サ変・用〕 て〔接助〕、果て は〔係助〕、大きなる〔ナリ・体〕 枝、心なく〔ク・用〕 折り取り〔四・用〕
にじっと見つめて、酒を飲み連歌をして、ついには、大きな枝を、思慮分別もなく折り取っ

ぬ〔助動・完・終〕。泉 に〔格助〕 は〔係助〕 手足 さし浸し〔四・用〕 て〔接助〕、雪 に〔格助〕 は〔係助〕 下り立ち〔四・用〕 て〔接助〕 跡 つけ〔下二・用〕 など〔副助〕、よろづ の〔格助〕 もの、
てしまう。(夏には)泉の中に手足を突っ込んで、(冬には)雪の上に下り立って足跡をつけるなどして、どんなものも、

よそながら〔副〕 見る〔上一・体〕 こと なし〔ク・終〕。
離れたままで見るということがない。

(第一三七段)

語句の解説 4

4 **すべて**　総じて。一般に。

4 **さのみ**　そのようにばかり。そうむやみに。

5 **閨《ねや》のうちながら**　寝室の中にいるままで。

「閨」＝寝室。

「ながら」＝動作・状態の継続を表す接続助詞。その状態のままで。

5 **頼《たの》もしう《シュウ》**　「頼もしく」のウ音便。

「頼もし」＝ここでは、期待できる、の意。

③ 「よき人」とは、どのような人か。

答　情緒を解する人。教養のある人。

6 **ひとへ《エ》に好《す》けるさま**　いちずに風流にふけっている様子。

「ひとへに」＝いちずに。ひたすら。

「好く」＝風流にふける。強く興味をもつ。

6 ＊**なほ《オ》ざりなり**　ここでは、特別に意にとめないさま、の意。あっさりしている様子。

9 **あからめもせず**　よそ見もせずに。

＊「あからめ」＝よそ見。「傍目」と書く。

10 **まもりて**　じっと見つめて。

＊「まもる」＝ここでは、目をそらさずに見続ける、じっと見つめる、の意。

12 **泉《いずみ》には……跡《あと》つけなど**　「泉」は夏を、「雪」は冬を表している。つまり、「片田舎の人」は一年を通じて、しつこい上に無風流であることをいっている。

課題

一 筆者は、どのような状態の月・花・恋に魅力を感じているか、説明してみよう。

解答例 満月であったり、花が咲き誇っていたり、恋人と相思相愛であったりという最も盛んな状態でなく、その前やあとの完全でないもの、部分的なものの、しみじみとした情緒を心で味わう点。

二 情趣を味わう態度として、筆者はどのような態度を肯定し、どのような態度を否定しているか、まとめてみよう。

解答例 むやみに風流ぶることもなく、あっさりした楽しみ方をする態度を肯定し、しつこく何事にもおもしろがって、身近で見たり、直接触れたりする、無風流な楽しみ方を否定している。

語句と表現

一 次の傍線部の助詞を文法的に説明してみよう。

①障ることありてまからで（28・4）
②心あらん友もがなと、（29・2）
③閨のうちながらも思へるこそ、（29・5）

解答 ①打消を表す接続助詞。
②願望を表す終助詞。
③動作・状態の継続を表す接続助詞。

参考　玉勝間《たまかつま》　兼好《けんこう》法師が詞《ことば》のあげつらひ　本居宣長《もとおりのりなが》

教科書P.31

【大意】 教31ページ

兼好法師は、『徒然草』に「桜の花は満開に咲いているさまだけを、月は雲がかかっていないさまだけを眺めるものではない。」と書いているが、これは、利口ぶった心によるわざと構えたような風情であって、本当の風流心ではない。兼好法師が言う言葉には、この類のことが多い。総じて、ふつうの人が願う心情と違っていることを風流とするのは、作為的なものが多い。人の心情は、うれしいことは心に深く感じないが、思い通りにならないことは心に深く感じる。だから、思い通りにならないことをよんだ歌には趣が深いものが多いのであって、思い通りにならないことを風流であるといって願うのは、人の本当の感情ではない。

【品詞分解／現代語訳】

兼好法師 が(格助) 徒然草 に(格助)、「花 は(係助) 盛りに(ナリ・用)、月 は(係助) 隈なき(ク・体) を(格助) のみ(副助) 見る(上一・体) もの かは(係助)。」と(格助) か(係助(係)) 言へ(四・已(命))

兼好法師の『徒然草』に、「桜の花は満開に咲いているさまだけを、月は雲がかかっていないさまだけを眺めるものだろうか、いや、そうでは

助動・存・体(結) 係助 ナリ・用 終助 係助 格助 格助 係助 ナリ・体 係助 ク・体 格助 上一・用

る は、いかに ぞ や。いにしへ の 歌ども に、花 は 盛りなる、月 は 隈なき を 見

ない。」とか言っているのは、どんなものだろうか。昔の歌々に、 桜の花は満開に咲いているのを、 月は雲がかかっていないのを眺めた

助動・完・体 格助 係助 格助 格助 係助 格助 四・用 格助 係助 格助 四・用 接 四・用 四・体

たる よりも、花 の もと に は 風 を かこち、月 の 夜 は 雲 を いとひ、あるは 待ち 惜しむ

歌よりも、 花の下では風(が吹くの)を嘆き、月の(出ている)夜は雲(が月にかかるの)を嫌い、あるいは(桜の花が咲き、月が出るのを)

格助 四・已(命) 助動・完・体 係助 ク・用 接助 ク・体 係助 副 連体 格助 ク・体 係助 係助

心づくし を 詠め る ぞ 多くて、心深き も、ことに さる 歌 に 多かる は、みな 花 は 盛り

待ち(、桜の花が散り月が隠れるのを)惜しむやるせない気持ちをよんだ歌が多くて、 趣が深い歌も特にそういう歌に多いのは、 みな桜の花は満開に咲いて

格助 ナリ・用 上一・未 助動・願・用 係助 ク・未 助動・婉・体 格助 四・体 格助 ナリ・体 接助 係助(係) 副

を のどかに 見 まほしく、月 は 隈なから ん こと を 思ふ 心 の せちなる から こそ、さ

いるのをのんびりと眺めたく、 月は雲に隠れていないことを願う気持ちが切実であるからこそ、 そう

係助 副 ラ変・未 助動・打・体 格助 四・用 助動・完・体 助動・断・已(結) (代) 格助 格助 係助(係) 格助 格助 四・用 格助

も え あら ぬ を 嘆き たる なれ。いづこ の 歌 に かは、花 に 風 を 待ち、月 に

はあり得ないのを嘆いたのである。 どこの歌に、 桜の花に風(が吹くの)を待ち、月に

格助 四・用 助動・完・体 係助 ラ変・未 助動・推・体(結) 接 (代) 格助 格助 四・已(命) 助動・存・体 助動・例・体 係助 格助

雲 を 願ひ たる は あら ん。 さるを、かの 法師 が 言へ る ごとくなる は、人 の

雲(がかかるの)を願ったものがあるだろうか、いや、そんな歌はない。それなのに、あの法師が言っているようなことは、 人の

格助 四・用 助動・存・体 格助 格助 格助 助動・断・用 接助 格助

心 に 逆ひ たる、後 の 世 の さかしら心 の 作りみやび に して、まこと の みやび心

心情に逆らっている、 後世の利口ぶった心(が原因)の わざと構えた風情であって、 本当の風流心ではない。

助動・断・用 係助 ラ変・未 助動・打・終 (代) 格助 格助 四・已(命) 助動・存・体 (代) 格助 ク・終 副 シク・体

に は あら ず。かの 法師 が 言へ る ことども、この たぐひ 多し。みな 同じ

あの法師が言っている言葉は、 この類(のこと)が多い。 すべて同じ

助動・断・終 副 副 格助 格助 四・体 格助 四・已(命) 助動・存・体 格助 格助 サ変・体 係助 係助(係)

こと なり。すべて なべて の 人 の 願ふ 心 に 違へ る を、みやび と する は、作りこと ぞ

ことである。 総じて、ふつうの人が願う心情と違っていることを、 風流とするのは、 わざと構えたことが多い

（ク・用　助動・詠・体(結)　格助　四・已(命)　助動・完・体　格助　四・体　係助　ク・未　接助　四・未　助動・打・体　格助　四・体　副助）
多かりける。恋に、逢へるをよろこぶ歌は、心深からで、逢はぬを嘆く歌のみ
のだよ。恋愛で、(恋人に)逢ったのを喜ぶ歌は趣が深くなくて、逢わないのを嘆く歌ばかり多くて、

（ク・用　接助　ク・体　係助　上一・未　助動・婉・体　格助　四・体　接助　助動・断・終　格助　係助　シク・体　係助　副）
多くして、心深きも、逢ひ見んことを願ふからなり。人の心は、うれしきことはさ
趣が深いのも、(恋人と)契りを結ぶことを願うからである。人の心情(というもの)は、うれしいことは、それほど

（副助　ク・用　係助　下二・未　助動・打・体　助動・断・用　接助　副　格助　四・未　助動・打・体　係助　ク・用　格助　四・用）
しも深くはおぼえぬものにて、ただ心にかなはぬことぞ、深く身にしみ
深くは感じないものであって、ただ自分の思い通りにならないことは、深く身にしみて感じる

（接助　係助　下二・体　助動・断・已　接助　副　シク・体　格助　四・已(命)　助動・完・体　格助　係助　ク・体　係助　ク・用　接助）
てはおぼゆるわざなれば、すべて、うれしきを詠める歌には、心深きは少なくて、
ものであるから、総じて、うれしいことをよんだ歌には、趣が深いものが少なくて、

（格助　四・未　助動・打・体　格助　下二・用　助動・完・体　格助　ナリ・体　係助　ク・体　終助　終助　接）
心にかなはぬ筋をかなしみ憂へたるに、あはれなるは多きぞかし。しかりとて、
思い通りにならないことを憂い悲しんだ歌に、しみじみと趣があるものが多いのだよ。だからといって、

（シク・用　シク・体　格助　上二・用　助動・存・終　格助　四・未　助動・仮・体　係助　格助　格助　助動・断・未　助動・推・已　係助）

わびしくかなしきを、みやびたりとて願はんは、人のまことの情ならめや。

寂しく悲しいことを、風流であるといって願うとしたら、(それは)人の本当の感情であろうか、いや、そうではない。

語句の解説

教31ページ

1 **花《はな》は盛《さか》りに**　桜の花は満開に咲いているさまだけを。単に「花」というときは、平安時代初期までは「梅」、それ以降は「桜」をさすことが多い。

1 **月《つき》は隈《くま》なきをのみ**　月は雲がかかっていないさまだけを。「隈なし」は、陰や欠点が全くない様子を表す。①「光が届かないところがない」、②「抜かりがない」、③「残すところがない」の意味をもち、ここでは①の意味で使われている。

2 **いかにぞや**　どんなものだろうか。「や」は疑問の係助詞。

4 **待《ま》ち惜《お》しむ心《こころ》づくしを詠《よ》めるぞ多《おお》くて**　待ち惜しむやるせない気持ちをよんだ歌が多くて。桜の花や月の何を待ち、何を惜しむのかを考えて、「桜の花が咲き月が出るのを待ち、桜の花が散り月が隠れるのを惜しむ」と解釈する。また、「心づくし」は「さまざまに気をもむこと、もの

思いをすること」の意味。「よめる」の後には「歌」が省略されており、係助詞「ぞ」の結びは流れている。

4 **心《こころ》 深《ふか》きも**　趣が深い歌も。
「心深き」の後には「歌」が省略されている。

5 **さる歌《うた》**　そういう歌。
「さる」は「花のもとには風をかこち、月の夜は雲をいとひ、あるは待ち惜しむ心づくしを詠める」の部分をさす。

6 **せちなるからこそ**　切実であるからこそ。
「せちなり」は「切なり」で、心に強く感じる様子や、心にいちずに思う様子を表す。

6 **さもえあらぬを**　そうはあり得ないのを。
「さ」は桜の花は満開で、月は雲に隠れていないことをさす。「え」は呼応の副詞で、下に打消の語句を伴って不可能の意味を表す。

8 **かの法師《ほうし》**　あの法師。
兼好法師のこと。9行目も同様。

8 **後《のち》の世《よ》の**　後世の。

作者が研究対象としていた『古事記』や『万葉集《まんようしゅう》』の時代に対して、兼好法師の『徒然草』の時代は「後の世」にあたるということ。作者の時代に対しての「後の世」ではない。

14 **ただ心《こころ》にかなは《ワ》ぬことぞ**　ただ自分の思い通りにならないことは。
「ぞ」は係助詞。係り結びの法則により文末は連体形になるはずだが、「おぼゆるわざなれば、」と文が続くため結びが流れている。

15 **おぼゆるわざなれば**　感じるものであるから。
「わざ」には①「おこない」、②「ありさま」、③「仕事」、④「仏事」、⑤「方法」などの意味がある。ここでは②の意味。

15 **心《こころ》 深《ふか》きは少《すく》なくて**　趣が深いものが少なくて。
「心深き」の後に「もの」が省略されている。16行目の「かなしみ憂へたる」「あはれなる」の後も「歌」「もの」が省略されている。

17 **人《ひと》のまことの情《こころ》ならめや**　人の本当の感情であろうか、いや、そうではない。「や」は反語の係助詞。係助詞の文末用法である。

方《ほう》丈《じょう》記《き》

鴨《かもの》長《ちょう》明《めい》

教科書P.32〜39

●『方丈記』とは

随筆。筆者は鴨長明で、建暦《けんりゃく》二年(一二一二)に成立。全一巻。内容は大きく二つに分けられ、前半は、人の世の無常を河の流れによせて詠嘆的に語り始め、その裏づけとして筆者が見聞した天変地異や社会変動による悲惨な状況が克明に描き出されている。後半は、日野山に入るまでの経緯と、日野山の庵《いおり》での生活、そこで到達した心境が描かれている。教科書に採られている「ゆく河の流れ」「安元の大火」は前半に、「日野山の閑居」は後半に収められている。

文体は和漢混交文で、漢文・対句・比喩の多用が特色としてあげられる。また、優れた自照(＝自分自身を客観的に観察すること)文学としても名高い。

ゆく河の流れ

【大　意】 1　教32ページ1〜9行

流れゆく河の水は絶えることがないが、それはもとの水ではない。できては消える水の泡も長くとどまった例はない。世の中にいる人と住まいもまた同じである。都にある家もいつまでもあるように見えるが、実際は新しかったり小さな家になったりしている。そこに住む人も同じで、いずれも水の泡に似ている。

【品詞分解／現代語訳】

ゆく(四・体)　河　の(格助)　流れ　は(係助)　絶え(下二・未)　ず(助動・打・用)　して(接助)、しかも(接)　もと　の(格助)　水　に(助動・断・用)　あら(補・ラ変・未)　ず(助動・打・終)。

流れゆく河の流れは絶えることなく、それでいて(その水は)もとの水ではない。

淀み　に(格助)　浮かぶ(四・体)　うたかた　は(係助)、かつ(副)　消え(下二・用)　かつ(副)　結び(四・用)　て(接助)、久しく(シク・用)　とどまり(四・用)　たる(助動・存・体)　例　なし(ク・終)。

(流れの)淀みに浮かぶ水の泡は、一方では消えまた一方では(新しく)できて、長い間(同じ場所に)とどまっている例はない。

世の中　に(格助)　ある(ラ変・体)　人　と(格助)　栖　と(格助)、また(副)　かく(副)　の(格助)　ごとし(助動・比・終)。

世の中に存在する人と住まい(の様子)も、またこのようなものである。

たましき の(格助) 都 の(格助) うち に(格助)、棟 を(格助) 並べ(下二・用) 甍 を(格助) 争へ(四・已(命)) る(助動・存・体)、高き(ク・体) いやしき(シク・体) 人 の(格助) 住まひ は(係助)、

玉を敷いたように美しく立派な都の中に、棟を並べて瓦屋根(の高さや立派さ)を競っている、身分の高いあるいは身分の低い人の住まいは、

世々 を(格助) 経(下二・用) て(接助) 尽きせ(サ変・未) ぬ(助動・打・体) もの なれ(助動・断・已) ど(接助)、これ(代) を(格助) まこと か(係助) と(格助) 尋ぬれ(下二・已) ば(接助)、昔 あり(ラ変・用)

幾世代たってもなくならないものであるけれども、これを本当(にそう)かと調べてみると、昔あった家は

し(助動・過・体) 家 は(係助) まれなり(ナリ・終)。あるいは(連語) 去年 焼け(下二・用) て(接助) 今年 作れ(四・已(命)) り(助動・完・終)。あるいは(連語) 大家 滅び(上二・用) て(接助) 小家

めったにない。ある家は去年焼けて今年造ったものである。ある家は大きな家が滅んで小さな家となって

と(格助) なる(四・終)。住む(四・体) 人 も(係助) ①これ(代) に(格助) 同じ(シク・終)。所 も(係助) 変はら(四・未) ず(助動・打・用) 人 も(係助) 多かれ(ク・已) ど(接助)、古 見(上一・用) し(助動・過・体) 人

いる。(そこに)住む人もこれと同じである。場所も変わらず人も多いけれど、(私が)昔会った人は二、三十人

は(係助) 二、三十人 が(格助) 中 に(格助) わづかに(ナリ・用) 一人 二人 なり(助動・断・終)。朝 に(格助) 死に(ナ変・用) 夕べ に(格助) 生まるる(下二・体) ならひ、ただ(副) 水

の中で僅かに一人二人である。朝に死ぬ人がいるかと思えば夕方に生まれる人がいるというこの世の常は、

の(格助) 泡 に(格助) ぞ(係助(係)) 似(上一・用) たり(助動・存・用) ける(助動・詠・体(結))。

全く水の泡とよく似ていることだ。

語句の解説 1

教32ページ

1 **ゆく河《かわ》の流《なが》れは……もとの水《みず》にあらず**　次の文と対になっている。また、「…ずして、しかも」は漢文訓読表現。

*「絶ゆ」＝ここでは、とだえる、とぎれる、尽きる、の意。

1 **うたかた**　水の泡。多く、はかなく消えやすいことのたとえに用いられる。

2 **例《ためし》なし**　例はない。

*「例」＝例、前例、の意。

2 **世《よ》の中《なか》にある人《ひと》と栖《すみか》と**　「人と」と「栖と」は対になっている。よって、上の「世の中にある」は両方に係る。

3 **かくのごとし**　このようなものである。「かく」は、前の二文を指す。つまり、世の中に存在する人と住まいも、絶えることはないが刻々と変化しており、この世に現れたかと思うとたちまち消えてゆく。まるで河の流れや水の泡のようなものだ、ということ。

4 **たましきの**　玉を敷いたように美しく立派な。「都」に係る修飾語。

4**高《たか》きいやしき人《ひと》**　「高き」「いやしき」とも、「人」に係る修飾語。
「高し」＝身分が高い、高貴だ、の意。
＊「いやし」＝身分が低い、の意。
5**世々《よよ》を経《へ》て**　幾世代たって。
＊「経《ふ》」＝ここでは、時がたつ、時間が過ぎる、の意。
5**尽《つ》きせぬもの**　なくならないもの。
「尽きす」＝下に打消の語を伴い（ここでは、打消の助動詞「ず」の連体形「ぬ」）、なくなる、尽きる、の意。
5**これ**　人の住まいが幾世代たってもなくならないということ。
5**尋《たず》ぬれば**　調べてみると。
「尋ぬ」＝ここでは、調べる、追求する、の意。
6**あるいは**　語構成は、ラ変動詞「あり」の連体形「ある」＋上代の間投助詞「い」＋係助詞「は」。代名詞的に用いられ、ある人は、あるものは、と訳す。『方丈記』にはしばしば用いられている。

①　「これ」とは何を指すか。

答　家が焼けたり、滅んだりしてずっと同じ状態ではないこと。

7**所《ところ》も変《か》は《ワ》らず人《ひと》も多《おお》かれど**　場所も同じ京の都の中で、人も相変わらず多くて、少しも変わったようには見えないけれど、ということ。
7**古《いにしえ》　見《み》し人《ひと》**　昔会った人。
「古」＝昔、以前、の意。
「見る」＝会う、対面する、の意。
7**二《に》、三十人《さんじゅうにん》が中《なか》に**　二、三十人の中で。
「が」＝連体修飾を表す格助詞。…の。
8**わづ《ズ》かに**　ほんの少し、僅かに、の意。副詞的用法。副詞ととってもよい。
8**＊ならひ《イ》**　ここでは、世の常、きまり、の意。
8**ただ水《みず》の泡《あわ》にぞ似《に》たりける**　「朝に死に夕べに生まるるならひ」が、水の泡が「かつ消えかつ結」ぶことに似ている、ということ。
「ただ」＝ここでは、まるで、全く、ちょうど、の意。

【大　意】　**2**　**教33ページ1〜5行**

人はどこから来て、どこへ行くのだろうか。住まいは仮の宿であるのに、誰のために何のために心を悩ませ、目を喜ばせるのか。人とその住まいが無常を競うさまは、朝顔とその上に置く露と同じで、きわめてはかないものにすぎない。

【品詞分解／現代語訳】

知ら(四・未)　**ず**(助動・打・終)、**生まれ**(下二・用)　**死ぬる**(ナ変・体)　**人**、**いづ方**(代)　**より**(格助)　**来たり**(四・用)　**て**(接助)、**いづ方**(代)　**へ**(格助)　**か**(係助(係))　**去る**(四・体(結))。**また**(接)　**知ら**(四・未)　**ず**(助動・打・終)、

（私には）わからない、生まれて（そして）死ぬ人は、どこから来て、どこへ去っていくのか。またわからない、

仮の宿り、誰がためにか心を悩まし、何によりてか目を喜ばしむる。

（の＝格助／誰＝代／が＝格助／に＝格助／か＝係助／を＝格助／悩まし＝四・用／何＝代／に＝格助／より＝四・用／て＝接助／か＝係助（係）／を＝格助／喜ば＝四・未／しむる＝助動・使・体（結））

（無常ではかないこの世の）一時の住まいに（すぎないのに）、（いったい）誰のために心を悩ませ、何を根拠として（家などを建てて）目を喜ばせるのか。

その主と栖と無常を争ふさま、いはば朝顔の露に異ならず。あるいは②露落ちて③花残れり。残るといへども朝日に枯れぬ。あるいは花しぼみて露なほ消えず。消えずといへども夕べを待つことなし。

（そ＝代／の＝格助／と＝格助／と＝格助／を＝格助／争ふ＝四・体／いはば＝副／の＝格助／に＝格助／異なら＝ナリ・未／ず＝助動・打・終／あるいは＝連語／落ち＝上二・用／て＝接助／残れ＝四・已（命）／り＝助動・存・終／残る＝四・終／と＝格助／いへ＝四・已／ども＝接助／に＝格助／枯れ＝下二・用／ぬ＝助動・完・終／あるいは＝連語／しぼみ＝四・用／て＝接助／なほ＝副／消え＝下二・未／ず＝助動・打・終／消え＝下二・未／ず＝助動・打・終／と＝格助／いへ＝四・已／ども＝接助／を＝格助／待つ＝四・体／なし＝ク・終）

その（家の）主人と住まいとが（互いに）無常を競うさまは、言ってみれば朝顔（の花）と（その上に置く）露（との関係）と変わりがない。あるものは露が（先に）落ちて花が残っている。残っているといっても朝日に（あたると）枯れてしまう。あるものは花が（先に）しぼんで露はまだ消えないでいる。（しかし）消えないといっても夕方まで残ることはない。

語句の解説 2

教33ページ

1 **知《し》らず、……いづ方《かた》へか去《さ》る**　漢文訓読で用いられる倒置法による強調表現。文頭の語「知らず」を強調している。

2 **仮《かり》の宿《やど》り**　一時的な住まい。

「宿り」＝家、住まい、の意。

2 **誰《た》がためにか心《こころ》を悩《なや》まし**　誰のために心を悩ませ。

「誰《だれ》」＝誰。「が」という助詞を伴って用いられている。

「が」＝連体修飾の格助詞。

「か」＝係助詞だが、結びは流れている。

2 **何《なに》によりてか目《め》を喜《よろこ》ばしむる**　立派な家を建てて目を喜ばせても何になるのか、ということ。

「よる」＝「因る」で、基づく、根拠にする、の意。

3 **無常《むじょう》を争《あらそ》ふさま**　どちらが先に消えていくかを、まるで競うように滅んでしまうさま、ということ。

＊「無常」＝仏教語で、この世の万物は、生滅転変し続けて、一瞬も同じ状態ではない、ということ。

3 **いはば**《ワ》　言ってみれば。言うならば。多く下に「ごとし」「異ならず」を伴う。

3 **朝顔《あさがお》の露《つゆ》**　朝顔の花とその上に置いた露。「朝顔」は「栖」の、「露」は「主」のたとえ。

3 **異《こと》ならず**　変わりがない。異ならない。

「異なり」＝他とは異なっている、違っている、の意。

2・3　「露」「花」は、それぞれ何の比喩か。

答
「露」＝人(主)。
「花」＝住まひ(栖)。

課題

一 「人」と「栖」に対する筆者の考え方をまとめてみよう。

考え方 「人」は「うたかた」「露」に、「栖」は「ゆく河」「花」にたとえられていることに着目してまとめる。

解答例 人と栖は、「うたかた」と「ゆく河」、あるいは「露」と「朝顔」の関係と同じで、はかなく無常なものである、という考え方。

二 筆者が考える「無常」の例に加えることができる具体的な事例を、身近なところから探してみよう。

解答例 仲が良かった人と疎遠になったり、あまり話したことがなかった人と仲良くなったりする人間関係。引退するスポーツ選手や芸能人がいる一方、新しくデビューする人がいること。

語句と表現

一 次の傍線部を文法的に説明してみよう。

①またかくのごとし。(32・3)
②古見し人は(32・7)
③ただ水の泡にぞ似たりける。(32・8)
④目を喜ばしむる。(33・2)

4 **朝日《あさひ》に枯《か》れぬ**　朝日にあたると枯れてしまう。
4 ***なほ《オ》**　ここでは、やはり、まだ、依然として、の意。

解答 ①比況の助動詞「ごとし」の終止形。
②過去の助動詞「き」の連体形。
③詠嘆の助動詞「けり」の連体形で係助詞「ぞ」の結び。
④使役の助動詞「しむ」の連体形で係助詞「か」の結び。

二 対句的な表現を抜き出してみよう。

解答 ・ゆく河の流れは—淀みに浮かぶうたかたは
・かつ消え—かつ結びて
・もとの水にあらず—久しくとどまりたる例なし
・人と—栖と
・棟を並べ—甍を争へる　・高き—いやしき
・去年焼けて—今年作れり　・大家滅びて—小家となる
・所も変はらず—人も多かれど　・朝に死に—夕べに生まるる
・いづ方より来たりて—いづ方へか去る
・誰がためにか心を悩まし—何によりてか目を喜ばしむる
・主と—栖と　・露落ちて—花残れり
・花しぼみて—露なほ消えず
・残るといへども朝日に枯れぬ—消えずといへども夕べを待つことなし

安元《あんげん》の大火

【大　意】　1　教34ページ1〜3行

安元三年の四月二十八日、都の東南より火が出て西北に広がり、最後には朱雀門、大極殿、大学寮、民部省などまで移り、一夜にして灰になってしまった。

【品詞分解／現代語訳】

去にし〔連体〕 **安元三年四月二十八日** **か**〔係助〕 **と**〔格助〕 **よ**〔終助〕。**風** **激しく**〔シク・用〕 **吹き**〔四・用〕 **て**〔接助〕 **静かなら**〔ナリ・未〕 **ざり**〔助動・打・用〕 **し**〔助動・過・体〕 **夜、戌の時**

去る安元三年四月二十八日であったろうか。風が激しく吹いて騒がしかった夜、午後八時

ばかり〔副助〕、**都** **の**〔格助〕 **東南** **より**〔格助〕 **火** **出で来**〔カ変・用〕 **て**〔接助〕 **西北** **に**〔格助〕 **至る**〔四・終〕。**果て** **に**〔格助〕 **は**〔係助〕、**朱雀門、大極殿、大学寮、民部省**

ごろ、都の東南から火が出て西北に広がった。しまいには、朱雀門、大極殿、大学寮、民部省

など〔副助〕 **まで**〔副助〕 **移り**〔四・用〕 **て**〔接助〕、**一夜** **の**〔格助〕 **うち** **に**〔格助〕 **塵灰** **と**〔格助〕 **なり**〔四・用〕 **に**〔助動・完・用〕 **き**〔助動・過・終〕。

などまで（火が燃え）移って、一夜のうちに灰になってしまった。

語句の解説 1

教34ページ

1**去《い》にし**　去る。

連体詞。もとは、動詞「いぬ」の連用形「いに」＋過去の助動詞「き」の連体形「し」＝「いにし」。

1…**かとよ**　…であったろうか。

疑問の係助詞「か」＋引用の格助詞「と」＋詠嘆の終助詞「よ」。

【大　意】　2　教34ページ4行〜35ページ3行

火元は、樋口富小路とかいうことだ。乱れ吹く風にあおられて、扇を広げたように移っていく。その中にいた人々は生きた心地もしなかっただろう。火に焼かれなかった人々も、家財などを持ち出す暇もなく、どんな宝も灰になってしまった。都の三分の一に被害が及んだという。これほど危険な都に家を作ることに、財産を費やし、心を悩ますのは、この上なくつまらないことである。

【品詞分解／現代語訳】

係助 格助 係助 間助 格助 四・已(命) 助動・完・体 格助 カ変・用 助動・完・用 助動・過・体 格助
火元 は 樋口富小路 と か や。舞人 を 宿せ る 仮屋 より 出で来 たり ける と
出火元は樋口富小路とかいうことだ。舞人を泊めていた仮の小屋から(火が)出てきてしまったという。

係助 四・体 格助 副 四・体 格助 格助 下二・用 助動・完・体 格助 助動・比・用 格助 四・用
なん。吹き迷ふ 風 に とかく 移りゆく ほど に、扇 を 広げ たる が ごとく 末広 に なり
吹き乱れる風のために(炎が)あちこちと移っていく間に、扇を広げたように末広がりになってしまった。

助動・完・終 ク・体 係助 格助 四・用 ク・体 係助 副 格助 格助 下二・用 助動・存・終 格助
ぬ。遠き 家 は 煙 に むせび、近き あたり は ひたすら 炎 を 地 に 吹きつけ たり。空 に
遠くにある家は煙にむせぶようであり、近い所はただもう炎を地に吹きつけている。空に

係助 格助 下二・用 助動・存・已 接助 格助 格助 サ変・用 接助 ク・用 助動・断・体 格助 格助 下二・未
は 灰 を 吹きたて たれ ば、火 の 光 に 映じ て あまねく 紅 なる 中 に、風 に 堪へ
は　灰を吹き上げていたので、(その灰が)火の光に映って一面に赤くそまっている中に、風にたえ

助動・打・用 四・未 助動・受・用 助動・完・体 四・体 格助 助動・比・用 接助 格助 下二・用 接助 四・終 (代)
ず 吹き切ら れ たる 炎、飛ぶ が ごとく して、一、二町 を 越え つつ 移りゆく。そ
られないで　吹きちぎられた炎が、飛ぶようにして、一、二町を越えながら(燃え)移ってゆく。その

格助 格助 ラ変・未 助動・推・終 係助 (連語) 格助 四・用 接助 四・用 (連語) 格助
の 中 の 人、現し心 あら ん や。あるいは 煙 に むせび て 倒れ臥し、あるいは 炎 に
中の人は、どうして生きた心地がしただろうか(、いや、しなかっただろう)。ある人は煙にむせて倒れ臥し、ある人は炎に

下二・用 接助 副 ナ変・終 (連語) 副 下二・体 接助 格助 下二・体 格助 四・未
まぐれ て たちまちに 死ぬ。あるいは 身 一つ からうして 逃るる も、資財 を 取り出づる に 及ば
目がくらんで　すぐさま死ぬ。ある人は体一つでやっとのことで逃げるが、家財を取り出すまではできない。

助動・打・終 副 格助 四・用 助動・完・用 助動・過・終 (代) 格助 副 終助 (代) 格助
ず。七珍 万宝 さながら 灰燼 と なり に き。そ の 費え、いくそばく ぞ。そ の
すばらしく珍しい宝物がそっくり灰や燃えかすになってしまった。その損害は、どれほど多かったことか。その

格助 下二・用 助動・完・終 副 (代) 格助 下二・用 四・体 格助 四・未 助動・打・終 副 格助
たび、公卿 の 家 十六 焼け たり。まして、①そ の ほか 数へ 知る に 及ば ず。すべて、都 の
(火事の)とき、公卿の家が十六焼けてしまった。まして、その他(の焼けてしまった家)は数えて知ることもできない。全部で、都の

うち 三分が一 に 及べ り と ぞ。男女 死ぬる 者 数十人、馬牛 の たぐひ 辺際 を 知ら ず。

格助 四・已（命） 助動・完・終 格助 係助 ナ変・体 格助 格助 四・未 助動・打・終

うちの三分の一に（火事が）及んだということである。男女の死者は数十人、馬牛などは際限がわからない。

人 の 営み みな おろかなる 中 に、さしも 危ふき 京中 の 家 を つくる とて、財 を 費やし 心 を 悩ます こと は、すぐれて あぢきなく ぞ 侍る。

格助 副 ナリ・体 格助 副 ク・体 格助 格助 四・終 格助 格助 四・用 格助 四・体 係助 副 ク・用 係助（係） 補丁・ラ変・体（結）

人間の行いは みなどれもおろかなものである中で、それほどまで危険な都の中に家を作ろうとして、財産を費やし 心を悩ますようなことは、このうえなくつまらないことでございます。

語句の解説 2

4 **とかや** …とかいうことだ。不確実な伝聞の内容を示す言い方。

4 **出《い》で来《き》たりけるとなん** 出てきてしまったという。「なん」のあとに、「いふ」「いへる」などの結びの語が省略されている。

6 **遠《とお》き家《いえ》は煙《けぶり》にむせび** 遠くにある家は煙にむせび。「むせぶ」の主語は「（遠き）家」であるので、擬人法となっている。続く「近きあたりは…吹きつけたり」の部分と対句の関係にある。

7 **風《かぜ》に堪《た》へ《エ》ず** 風にたえられないで。動詞「堪ふ」は、①「我慢する」、②「もちこたえる」、③「すぐれている」などの意味がある。ここでは②。

9 **現《うつ》し心《ごころ》あらんや** 生きた心地がしただろうか（、いや、しなかっただろう）。「や」は反語。

9 **あるいは…** ある人は…。「あるいは煙に…、あるいは炎に…」の形で、この一文が対句になっている。さらに、次の行にある「あるいは身一つからうして…」の部分も、煙や炎に飲み込まれた人とかろうじて逃れた人との対比になっていて、対句である。

11 ＊**さながら** すべて。そっくり。

11 **いくそばくぞ** どれほど多かったことか。「いくそばく」は、数・量・程度のいずれにも用いる。

1 「そのほか」とは何を表しているか。

答　十六の公卿の家の他の焼けてしまった家。

13 **辺際《へんざい》を知《し》らず**　際限がわからない。

「辺際」は、「際限」の意味。際限がわからない、数えきれないということ。

教35ページ

3 **すぐれてあぢ《ジ》きなく**　このうえなくつまらない。

「すぐれて」は、程度がひどい様子。

＊「あぢきなし」＝形容詞。無益でつまらない様子。

課題

一　**下図(35・「安元の大火」参考地図)を参考にして、火がどのように燃え広がったか、確認してみよう。**

考え方　本文中から、方角や場所を示す言葉を拾い出す。「都の東南より火出で来て西北に至る。果てには、朱雀門、大極殿、大学寮、民部省などまで移りて」「火元は樋口富小路」とあるので、地図の該当する箇所を確かめていくとよい。

二　**筆者は、火事の中で人々がどのような状態であったと考えているか、まとめてみよう。**

解答例　煙にむせて倒れ臥す人、炎に目がくらんですぐさま死ぬ人、体一つでやっとのことで逃げる人などがおり、生きた心地がしなかっただろうと考えている。

三　**「すぐれてあぢきなくぞ侍る」(35・3)に表れている筆者の考えについてどう思うか、話し合ってみよう。**

考え方　筆者が何について「このうえなくつまらないこと」だと考えているのかを、最後のまとまりからとらえて話し合う。筆者は、人間の行いはみなどれもおろかなものとしたうえで、その中でも、この火事にみられるように危険な都の中に家を作ろうとして、財産を費やし心を悩ますようなことは、このうえなくつまらないことだと述べている。

語句と表現

一　**次の傍線部の過去の助動詞の違いを文法的に説明してみよう。**

① **一夜のうちに塵灰となりにき。**(34・3)

② **仮屋より出で来たりけるとなん。**(34・4)

解答　①過去の助動詞「き」の終止形。過去に自分が経験したことを回想して言うときに用いられる。

②過去の助動詞「けり」の連体形。他から伝聞した過去のことを回想して言うときに用いられる。

学びを広げる　随筆と記録――『百練抄《ひゃくれんしょう》』との読み比べ

教科書P.36～37

【大　意】　教 36ページ1行～37ページ2行

二十八日に、樋口富小路付近から火が起こった。大極殿、小安殿、青龍・白虎楼、応天・会昌・朱雀門、大学寮、神祇官の八神殿、真言院、民部省、式部省、南門、大膳職、勧学院等は消失し、大内裏は難を逃れた。この他、公卿の家が十家余り灰となった。皇居の閑院の近くにも火が迫り、天皇は正親町邦綱卿の邸宅にお出ましになった。東は富小路、西は朱雀の西、南は樋口、北は二条まで燃え広がり、数えきれないほどの人家が焼けた。世にもまれな火災である。

【書き下し文】

❶廿八日《にじゅうはちにち》、亥《い》の刻《とき》に火《ひ》樋口《ひぐち》富小路《とみのこうじ》より起《お》こる。❷火焔《かえん》飛《と》ぶがごとし。❸八省《はっしょう》の大極殿《だいこくでん》、小安殿《しょうあんでん》、青龍《しょうりゅう》・白虎楼《びゃっころう》、応天《おうてん》・会昌《かいしょう》・朱雀門《すざくもん》、大学寮《だいがくりょう》、神祇官《じんぎかん》八神殿《はっしんでん》、真言院《しんごんいん》、民部省《みんぶしょう》、式部省《しきぶしょう》、南門《なんもん》、大膳職《だいぜんしき》、勧学院等《かんがくいんなど》、地《ち》を払《はら》ひ《イ》て焼亡《しょうぼう》す。❹大内《おおうち》其《そ》の難《なん》を免《まぬか》る。❺此《こ》の外《ほか》、公卿《くぎょう》の家十余家《いえじゅうよか》灰燼《かいじん》と為《な》る。❻皇《こう》居閑院近々《きょかんいんちかぢか》に依《よ》る。❼主上《しゅじょう》腰輿《たごし》に駕《か》し、正親町邦綱卿《おおぎまちくにつなきょう》の第《だい》に行幸《みゆき》す。❽凡《およ》そ東《ひがし》は富小路《とみのこうじ》の東《ひがし》を限《かぎ》りとし、西《にし》は朱雀《すざく》の西《にし》を限《かぎ》りとし、南《みなみ》は樋口《ひぐち》を限《かぎ》りとし、北《きた》は二条《にじょう》を限《かぎ》りとす。❾凡《およ》そ百八十余町《ひゃくはちじゅうよちょう》なり。❿此《こ》の中人家幾万家《うちじんかいくまんか》を知《し》らず。⓫希代《きだい》の火災《かさい》なり。⓬近年連々火事《きんねんれんれんかじ》・変異《へんい》有《あ》り。⓭果《は》たして此《か》くのごとし。

【現代語訳】

❶二十八日、午後十時ごろに火が樋口富小路より起こる。❷火炎は飛ぶようであった。❸八省の大極殿、小安殿、青龍・白虎楼、応天・会昌・朱雀門、大学寮、神祇官の八神殿、真言院、民部省、式部省、南門、大膳職、勧学院等、地を払い焼け失せた。❹大内裏はその難を免れた。❺この他、公卿の家十家余りが塵灰となった。❻皇居の閑院の近くまで(火が)迫った。❼天皇は腰輿に乗り、正親町邦綱卿の邸宅にお出ましになった。❽およそ東は富小路の東まで、西は朱雀の西まで、南は樋口まで、北は二条まで(燃え広がった)。❾およそ百八十余町である。❿この中で、人家は何万家であるか数えきれないほどである。⓫世にもまれな火災である。⓬近年、続いて火事・天変地異がある。⓭果たしてこの通りである。

語句の解説

教36ページ

❶**亥刻《いノとき》**　午後十時頃。また、その前後の二時間のこと。

❸**八省《はっしょう》**　律令制で、太政官に置かれた八つの中央行政官庁。中務《なかづかさ》

省・式部省・治部省《じぶ》・民部省・兵部省《ひょうぶ》・刑部省《ぎょうぶ》・大蔵省・宮内省《くない》。

❸**小安殿**《しょうあんでん》　天皇が執務する殿舎。

❸**青龍**《しょうりゅう》・**白虎楼**《びゃっころう》　大内裏の四楼のうちの二つ。青龍楼は東南、白虎楼は西南に位置していた。

❸**応天**《おうてん》・**会昌**《かいしょう》・**朱雀門**《すざくもん》　応天門は大内裏の南面正門、会昌門は中門、朱雀門は大内裏南面中央にある正門である。

❸**神祇官八神殿**《じんぎかんはっしんでん》　神祇官西院にある天皇守護の八神を祀る神殿。

❸**真言院**《しんごんいん》　大内裏中和院の西にあった修法所。

❸**式部省**《しきぶしょう》　朝廷の儀礼・儀式、文官の選任などを司る役所。

❸**南門**《なんもん》　ここでは大極殿の南門のこと。

❸**大膳職**《だいぜんしき》　宮中の会食の料理などを司る役所。

❸**勧学院**《かんがくいん》　大学寮に学ぶ藤原氏一門の子弟の寄宿舎。

❹**大内**《おおうち》　大内裏のこと。

❻**皇居閑院**《こうきょかんいん》　藤原冬嗣《ふゆつぐ》が建てた邸宅が起源となる、平安京二条大路の南、西洞院の西にあった邸宅。平安時代末期から鎌倉時代中期にかけて里内裏《さとだいり》(＝仮の皇居)が置かれた。

❼**主上**《しゅじょう》　天皇。

❼**腰輿**《たごし》　二人で轅《ながえ》を手で腰の辺りに持ち添えて運ぶ乗り物。

❼**正親町邦綱**《おおぎまちくにつな》　藤原邦綱(一一二二～一一八一)のこと。

❼**第**《だい》　邸宅のこと。

『百練抄』は、公家の日記を抜粋し編集した文章であり、そこには次のような安元の大火についての記録が残されている。次の二点に留意して、随筆『方丈記』との書きぶりの違いはどのようなところにあるか、話し合ってみよう。

①『方丈記』に書かれていて、『百練抄』に書かれていないこと。

②随筆と記録が伝えようとしていることの主眼。

考え方　①で比較して挙げたことが、②を考える手がかりとなる。

解答例　①・その夜の天気の様子。

・火元が「舞人を宿せる仮屋」であったこと。

・家が燃える具体的な様子。

・火事の中にいる人々の具体的な様子。

・「現し心あらんや」「いくそばくぞ」といった筆者の思い。

・「人の営み」に関する筆者の考え方。

②随筆である『方丈記』では、火が燃え広がっていく様子を詳細に描いて、住居に費用を使い、心を悩ませることのばかばかしさや、人のはかなさを述べている。随筆においては、起こったことを筆者の目を通じて詳細にありのままに描くことを通して、人間の営みや心のありようについての考え方を表現することを主眼としているといえる。記録である『百練抄』では、火災の起こった日時や影響のあった家屋、延焼範囲、公人である天皇の行動が列挙されており、筆者の意見や火事の細かい描写はない。記録においては、主観をできるだけ排除して、事実を正確に書き残すことを主眼としているといえる。

日野山の閑居

【大 意】 1 教37ページ1〜9行

六十歳という晩年になって仮の庵《いおり》を作った。その庵は広さが一丈四方、高さは七尺にも足りない小さなものであり、組み立てが簡単で、いつでも他の場所へ移せるものであった。

【品詞分解／現代語訳】

ここに 六十 の 露 消えがた に 及び て、さらに 末葉 の 宿り を 結べ る こと あり。
接 格助 格助 四・用 接助 副 格助 格助 四・已(命) 助動・完・体 ラ変・終

さて六十歳の露(のようにはかない命)が消えそうな頃に至って、新たに晩年の住居を構えたことがある。

いは ば 旅人 の 一夜 の 宿り を 作り、老い たる 蚕 の 繭 を 営む が ごとし。これ を 中ごろ
四・未 接助 格助 格助 格助 四・用 上二・用 助動・完・体 格助 格助 四・体 格助 助動・比・終 (代) 格助

言うならば旅人が一晩(泊まるため)の住居を作り、年老いた蚕が(自分の身を入れる)繭を作るようなものである。これを三十歳まで住ん

の 栖 に 比ぶれ ば、また 百分 が 一 に 及ば ず。とかく いふ ほど に、齢 は 歳々 に 高く、
格助 格助 下二・已 接助 副 格助 格助 四・未 助動・打・終 副 四・体 格助 係助 格助 ク・用

だ家に比べると、やはり百分の一(の広さ)にも及ばない。あれやこれやと言ううちに、年齢は年々高く(なり)、

栖 は 折々 に 狭し。そ の 家 の ありさま 世 の 常 に も 似 ず。広さ は わづかに 方丈、
係助 副 格助 ク・終 (代) 格助 格助 格助 格助 係助 上一・未 助動・打・終 係助 ナリ・用

住まいはその(移り住む)たびごとに狭くなる。その家の様子は世間並み(の家)とは似ていない。広さはやっと一丈四方、

高さ は 七尺 が うち なり。所 を 思ひ定め ざる が ゆゑ に、地 を 占め て 造ら ず。
係助 格助 助動・断・終 格助 下二・未 助動・打・体 格助 格助 格助 下二・用 接助 四・未 助動・打・終

高さは七尺以内である。(住む)場所を(どこと)思い定めないから、土地を自分のものとして(所有して)造る(よう

土居 を 組み、打覆 を 葺き て、継ぎ目ごと に 掛金 を 掛け たり。もし 心 に かなは ぬ
格助 四・用 格助 四・用 接助 格助 格助 下二・用 助動・存・終 副 格助 四・未 助動・打・体

な)ことはしない。土台となる材木を組み、簡単な屋根を葺いて、(材木の)継ぎ目ごとに掛金を掛けてある。もし気に入らないことがあれば、

こと あら ば、やすく ①ほか へ 移さ ん が ため なり。そ の 改め作る こと、いくばく の
ラ変・未 接助 ク・用 格助 四・未 助動・意・体 格助 助動・断・終 (代) 格助 四・体 副 格助

簡単に他(の場所)へ移そうとするためである。その(建物を)建て直すことに、どれほどの面倒が

煩ひ　か(係助(係))　ある。(ラ変・体(結))　積む(四・体)　ところ　わづかに(ナリ・用)　二両、車　の(格助)　力　を(格助)　報ふ(四・体)　ほか　に(格助)　は(係助)、さらに(副)　他　の(格助)　用途
あるだろうか(、いや、ありはしない)。(その資材を車に)積む場合たった(荷車)二台分、車を使っての運搬に対する報酬を支払う以外には、全く他の費用はいら
いら(四・未)　ず(助動・打・終)。
ない。

語句の解説 1

教37ページ

1**ここに**　さて。そこで。話題の転換に用いる語。

1**露消《つゆき》えがた**　露(のようにはかない命)が消えそうな頃。

「露」＝はかない命のたとえ。

「消えがた」＝いまにも消えそうな頃。「がた」は、およそ…の頃、の意を表す接尾語。

1＊**さらに**　ここでは、新たに、改めて、の意。

2**いは《ワ》ば**　「言ふ」の未然形＋「ば」で、仮定条件を表す。言うならば。たとえば。下の「ごとし」と呼応している。

2**営《いとな》むがごとし**　作るようなものだ。

「営む」＝ここでは、作る、整える、の意。

3**とかくいふ《ウ》ほどに**　あれやこれやと言ううちに。

「とかく」＝ここでは、あれやこれやと、なにやかや、の意。

4**折々《おりおり》に**　そのたびごとに、だんだん、の意。

4**世《よ》の常《つね》**　ここでは、世間並み、普通、の意。

4**わづ《ズ》かに**　副詞的用法で、やっと、かろうじて、の意。副詞ととってもよい。

5**ゆゑ《エ》**　ここでは順接の接続助詞的に用いて、…から、…のため、の意。

5**地《ち》を占《し》めて**　土地を自分のものとして。

「占む」＝ここでは、自分のものとする、所有する、の意。

6**心《こころ》にかなは《ワ》ぬ**　気に入らない。

＊「かなふ」＝ここでは、適合する、ぴったり合う、の意。「心にかなふ」で、気に入る、の意になる。

7**やすく**　簡単に。

＊「やすし」＝「易し」と書き、簡単だ、容易だ、の意。

8**いくばくの煩《わずらイ》ひかある**　どれほどの面倒があるだろうか、いや、ありはしない。

＊「いくばく」＝ここでは、どのくらい、どれほど、の意。

「煩ひ」＝ここでは、面倒、苦労、の意。

「か」＝疑問・反語の係助詞。ここでは反語を表す。

9**さらに他《た》の用途《ようどう》いらず**　全く他の費用はいらない。

「さらに……(打消)」＝全く。決して。

❶「ほかへ移さん」とは、何を移すのか。

答　住まい。

【大　意】　2　教38ページ1～9行

庵の東には庇《ひさし》を作り、南には竹の簀子《すのこ》を敷き、その西側に閼伽棚《あかだな》もある。室内には阿弥陀如来《あみだにょらい》や普賢菩薩《ふげんぼさつ》の絵像、法華経《ほけきょう》を置き、東の端に寝床もしつらえた。西南には和歌や管絃《かんげん》などの書を入れた革張りの籠や、琴・琵琶《びわ》などの楽器が置いてある。

【品詞分解／現代語訳】

いま[副] 日野山 の[格助] 奥 に[格助] 跡 を[格助] 隠し[四・用] て[接助] のち、東 に[格助] 三尺余り の[格助] 庇 を[格助] さし[四・用] て[接助]、柴 折り[四・用] くぶる[下二・体] よすが と[格助] す[サ変・終]。

いま日野山の奥に世を捨てて隠れてから、(庵の)東側に三尺余りの庇を作って、(炊事などのために)柴を折って燃やすのに便利な場所とする。

南、竹 の[格助] 簀子 を[格助] 敷き[四・用]、そ[(代)] の[格助] 西 に[格助] 閼伽棚 を[格助] 作り[四・用]、北 に[格助] 寄せ[下二・用] て[接助] 障子 を[格助] 隔て[下二・用] て[接助] 阿弥陀 の[格助] 絵像 を[格助] 安置し[サ変・用]、そば に[格助] 普賢 を[格助] 画き[四・用]、前 に[格助] 法華経 を[格助] 置け[四・已(命)] り[助動・存・終]。

南側には、竹の簀子を敷き、その(簀子の)西側に閼伽棚を作り、(室内には)北側に寄せて衝立を間に置いて阿弥陀如来の絵像を安置し、そばに普賢菩薩(の絵像)をかかげ、(その)前に法華経を置いている。

東 の[格助] 際 に[格助] 蕨 の[格助] ほとろ を[格助] 敷き[四・用] て[接助] 夜 の[格助] 床 と[格助] す[サ変・終]。

東の端にワラビの穂先が伸びて開いたものを敷いて夜の寝床とする。

西南 に[格助] 竹 の[格助] 吊り棚 を[格助] 構へ[下二・用] て[接助] 黒き[ク・体] 皮籠 三合 を[格助] 置け[四・已(命)] り[助動・存・終]。

西南に竹の吊り棚を組み立てて作って黒い革張りの籠三箱を置いてある。

すなはち[接]、和歌・管絃・『往生要集』 ごとき[助動・例・体] の[格助] 抄物 を[格助] 入れ[下二・用] たり[助動・存・終]。

そこで(それらには)、和歌・管絃(に関する書物)・『往生要集』のようなものの抜き書きを入れてある。

傍ら に[格助] 琴・琵琶、おのおの[副] 一張り を[格助] 立つ[下二・終]。

そばに琴・琵琶、それぞれ一張りを立てる。

いはゆる[連体] 折琴、継琵琶、これ[(代)] なり[助動・断・終]。

世間でよく言われるところの折り琴、継ぎ琵琶が、これである。

仮 の[格助] 庵 の[格助] 有様 かく[副] の[格助] ごとし[助動・例・終]。

仮の庵の様子はこのよう(なもの)である。

語句の解説 2

教38ページ

1 **跡《あと》を隠《かく》してのち**　世を捨てて隠れてから。

「跡を隠す」＝ここでは、世を捨てて隠れる、俗世間を離れて隠《いん》遁《とん》する、の意。

1 **庇《ひさし》をさして**　庇を作って。

「さす」＝ここでは、設ける、作る、の意。

2 **＊よすが**　ここでは、手段、便宜、の意。（柴を折って燃やすのに）便利な場所、と訳した。

2 **北《きた》に寄《よ》せて障子《しょうじ》を隔《へだ》てて**　閼伽棚は南側の簀子の西側にある。その閼伽棚の北寄りに衝立《ついたて》を間に置いて、ということ。

3 **普賢《ふげん》を画《か》き**　ここでは、普賢（の絵像）をかかげ、ということ。

4 **竹《たけ》の吊《つ》り棚《だな》を構《かま》へ《エ》て**　竹の吊り棚を組み立てて作って。

「構ふ」＝ここでは、組み立てて作る、構築する、の意。

5 **すなはち《ワ》**　接続詞で、ここでは、そこで、そして、の意。

8 **かくのごとし**　このようである。漢文訓読調の表現。

【大　意】　3　教38ページ10行～39ページ7行

庵の辺りの様子は、南には懸樋《かけい》があり、林が近く、小道はまさきの蔓《かずら》で覆われている。谷は草が茂っているが、西方は開けて見晴らしがよい。春は藤、夏はホトトギス、秋はヒグラシ、冬は雪と、四季折々の感慨を呼びさますこともできる。気が進まなければ念仏や読経を怠るが、それを妨げる人もいない。必ずしも戒律を守ろうとするのではないが、心を惑わす環境がないので、戒律を破るはずがない。

【品詞分解／現代語訳】

そ[(代)] の[格助] 所 の[格助] さま を[格助] 言は[四・未] ば[接助]、南 に[格助] 懸樋 あり[ラ変・終]。岩 を[格助] 立て[下二・用] て[接助] 水 を[格助] ため[下二・用] たり[助動・存・終]。林 の[格助] 木

その（庵のある）場所の様子を言うならば、南に懸樋がある。（そこに）岩を（組み）立てて水をためてある。林の木が近い

近けれ[ク・已] ば[接助]、爪木 を[格助] 拾ふ[四・体] に[格助] 乏しから[シク・未] ず[助動・打・終]。名 を[格助] 音羽山 と[格助] いふ[四・終]。まさきの蔓、跡 埋め[四・已(命)] り[助動・存・終]。

ので、薪に用いる小枝を拾うのに不自由しない。（この辺りの山の）名を音羽山という。まさきの蔓が、（人が通った）跡を埋めている。

谷 しげけれ[ク・已] ど[接助]、西 晴れ[下二・用] たり[助動・存・終]。観念 の[格助] たより、なき[ク・体] に[助動・断・用] しも[副助] あら[ラ変・未] ず[助動・打・終]。春 は[係助]、藤波 を[格助]

谷は（木々が）茂っているが、西（の方）は見晴らしがよい。西方の極楽浄土を念じる行の手がかりが、ないわけではない。春は、藤の花房が風

見る[上一・終]。紫雲 の[格助] ごとく[助動・比・用] して[接助] 西方 に[格助] にほふ[四・終]。夏 は[係助]、郭公 を[格助] 聞く[四・終]。語らふごと[(連語)] に[格助] 死出 の[格助] 山路 を[格助]

に揺れるさまを見る。（それは）紫雲のようであって西の方に美しく照り映える。夏は、ホトトギス（の声）を聞く。（そのホトトギスが私に話しかけるように）鳴

契る。秋は、蜩の声耳に満てり。②空蟬の世を悲しむ楽と聞こゆ。冬は、雪を

くたびに冥途の道案内をしてくれるよう約束する。秋は、ヒグラシの声が耳にいっぱいになる。(その声は)はかないこの世を悲しむ音楽のように聞こえる。冬

あはれぶ。積もり、消ゆるさま、罪障にたとへつべし。

は、雪をしみじみと感慨深くめでる。(その雪が)積もり、消える様子は、きっと極楽往生の妨げとなる行為にたとえることができよう。

もし念仏もの憂く、読経まめならぬ時は、自ら休み、自ら怠る。妨ぐる人もなく、また恥づ

もし念仏(を唱えるの)がおっくうで、経文を読むことに集中できない時は、自分から休み、自分から怠ける。(それを)妨げる人もなく、また恥じなくて

べき人もなし。ことさらに無言をせざれども、独りをれば口業を修めつ

はならない人もいない。わざわざ無言の行をするのではないけれども、独りでいるのできっと言葉による罪を(犯さないように)修行

べし。必ず禁戒を守るとしもなくとも、境界なければ、何につけてか破らん。

することができる。必ずしも禁戒を守るということではなくても、(心を惑わす)環境がないので、何によって(禁戒を)破るだろうか(、いや、破るはずがない)。

語句の解説 3

11 **岩《いわ》を立《た》てて** 岩を(組み)立てて。(教38ページの復元想定図を参照するとわかりやすい。)

12 **乏《とも》しからず** 不自由しない。十分である。

「乏し」=ここでは、不自由である、不足している、の意。

14 **しげけれど** 茂っているが。

*「しげし」=ここでは、茂っている、密生している、の意。

14 **西晴《にしは》れたり** 木々が生い茂っている中、西の方角だけは広々として見晴らしがよいということ。

「晴る」=ここでは、見晴らしがよい、広々としている、の意。

15 **なきにしもあらず** ないわけではない。二重否定の強調表現。

「しも」=強意の副助詞。

16 **藤波《ふじなみ》** 藤の花房が風に揺れるさまを、波に見立てていう語。

教39ページ

1 **西方《さいほう》ににほふ《オウ》** 「西方」が浄土のある方向とされていたため、このように表現したもの。

*「にほふ」=ここでは、美しく照り映える、美しく輝く、の意。

1 **語《かた》らふ《ウ》ごとに** 鳴くたびに。「語らふごと」は、四段活用動詞「語らふ」の連体形「語らふ」+接尾語「ごと」。

「語らふ」=ここでは、話しかけるように鳴く、ということ。擬

人法。

2**耳《みみ》に満《み》てり**　至る所から聞こえて、耳にいっぱいになるようだ、ということ。

② **「空蟬《うつせみ》の世」とはどのような世か。**

答　はかないこの世。

解説　「空蟬」は、蟬の抜け殻のこと。転じて、はかないこの世、の意。

2**悲《かな》しむ楽《がく》と聞《き》こゆ**　悲しむ音楽のように聞こえる。

「と」＝比喩を表す格助詞。…のように。…のごとくに。

2**あは《ワ》れぶ**　ナリ活用形容動詞「あはれなり」の語幹「あはれ」＋接尾語「ぶ」の動詞化した語。「あはれむ」と同じで、(心にしみじみと感じて)めでる、の意。

3**たとへ《エ》つべし**　きっとたとえることができよう。

「つべし」＝確述の用法。「つ」は強意の助動詞で、「べし」の意(ここは可能)を強める。

4**もの憂《う》く**　おっくうで。

「もの憂し」＝ここでは、おっくうだ、気が進まない、の意。

4**読経《どきょう》まめならぬ**　経文を読むのに集中できない。

「読経」＝声に出して経文を読むこと。

＊「まめなり」＝ここでは、集中するさま、熱心だ、の意。

4**自《みずか》ら休《やす》み、自《みずか》ら怠《おこた》る**　「自ら」を繰り返して、自分の意志で、ということを強調している。

5**ことさらに**　わざわざ。副詞ととってもよい。

6**修《おさ》めつべし**　(犯さないように)修行することができる。

「修む」＝ここでは、学問や礼儀などを身につける意ととり、修行する、と訳した。

6**必《かなら》ず**　(下に打消や反語表現を伴って)必ずしも。

6**禁戒《きんかい》**　仏道修行者が守るべき戒め。

6**何《なに》につけてか破《やぶ》らん**　何によって破るだろうか、いや、破るはずがない。

「…につけて」＝…に関して。…によって。

「か」＝疑問・反語の係助詞。ここでは反語を表す。

課題

一 **庵に置いてあるものを参考にして、筆者がどのような生活をしていたか、説明してみよう。**

考え方　庵に置いてあったものを整理しよう。阿弥陀如来・普賢菩の絵像と法華経などは仏道修行に必要なもの、「蕨《わらび》のほとろ」を寝具にしていること、和歌・管絃の書物、琴・琵琶などは、趣味・風雅の道に必要なものである。

二 **筆者は四季の風物を何に結びつけて捉えているか、共通点をまとめてみよう。**

考え方　38ページ16行～39ページ3行の、「春は、藤波を見る。紫雲のごとくして西方ににほふ。夏は、郭公を聞く。語らふごとに死出の山路を契る。秋は、蜩の声耳に満てり。空蟬の世を悲しむ楽と聞こゆ。冬は、雪をあはれぶ。積もり、消ゆるさま、罪障にたとへつべし。」とある部分に注目して考えよう。

解答例 春は藤波に阿弥陀如来が来迎する時に乗るという紫雲を思い、夏はホトトギスの声に冥土の道案内を約束し、秋はヒグラシの声にこの世のはかなさを悲しみ、冬は積もっては消えてゆく雪に、極楽往生の妨げとなる罪を思っている。つまり、四季の風物もまた、仏道修行の手がかりとなるものとして捉えているのである。

三 筆者は、庵での生活のどのような点がよいと考えているか、説明してみよう。

考え方 第四段落を中心にまとめるのがよい。

解答例
・念仏や読経を休み怠っても、それをとがめる人もいなければ妨げる人もいない点。
・独りであるから言葉による罪を犯すこともないし、心を惑わす環境もないので禁戒を破ることもない点。
・自分の意志で、気ままに、そして気兼ねなく仏道を修行できる理想的な暮らしである点。

語句と表現

一 次の傍線部の接続助詞の違いを文法的に説明してみよう。

①いはば旅人の一夜の宿りを作り、(37・2)
②中ごろの栖に比ぶれば、(37・2)
③無言をせざれども、(39・5)
④守るとしもなくとも、(39・6)

解答 ①「いふ」の未然形について順接の仮定条件を表している。「いはば」で一語の副詞ともとれ、「言うならば」と、前に述べたことを言い換えている。
②「比ぶ」の已然形について順接の確定条件を表している。晩年の住居を三十歳まで住んだ家に比べると、という文脈である。
③逆接の確定条件で、無言の行をするのではない(＝無言の行をしていない)けれどもと、実際にしていないことを前提に述べている。
④逆接の仮定条件で、守るということが(仮に)なくてもと、仮定であることを表している。

三　物語　(一)

竹《たけ》取《とり》物語

教科書P.42～46

●『竹取物語』とは

作り物語(伝奇物語)で、作者未詳。平安時代前期(九世紀後半から十世紀初頭頃)に成立したと考えられる。内容は、かぐや姫の生い立ち、五人の貴公子と帝《みかど》の求婚、かぐや姫の昇天、という三段構成になっている。

かぐや姫の誕生から昇天という幻想的・空想的な伝奇物語であるが、中段には欺瞞《ぎまん》に満ちた貴族社会への風刺も見て取れ、全体に人間の真実の姿を追求している点に物語文学としての価値を見いだすことができる。

『源氏物語』にも「物語の出《い》で来はじめの祖《おや》」と記され、作り物語の元祖として高く評価されてきた。文章は漢文訓読の要素を残す、簡潔・素朴な和文体で、現存する最古の物語である。

かぐや姫の昇天

【大　意】　1　教42ページ1～8行

夜の十二時頃、家の辺りが明るくなり、大空から天人が下りて来て空中に立ち並んだ。それを見た警護の者たちは戦う気持ちも力もなくなり、ただ顔を見合わすばかりだった。

【品詞分解／現代語訳】

宵　うち過ぎ(上二・用)　て(接助)、子　の(格助)　時　ばかり(副助)　に(格助)、家　の(格助)　辺り、昼　の(格助)　明かさ　に(格助)　も(係助)　過ぎ(上二・用)　て(接助)　光り(四・用)　たり(助動・完・終)。

宵も過ぎて、夜の十二時頃に、(翁の)家の辺りは、昼の明るさにもまして光った。

望月　の(格助)　明かさ　を(格助)　十　合はせ(下二・用)　たる(助動・完・体)　ばかり(副助)　に(助動・断・用)　て(接助)、在る(ラ変・体)　人　の(格助)　毛　の(格助)　穴　さへ(副助)　見ゆる(下二・体)　ほど

満月の明るさを十合わせたほどであって、そこにいる人の毛の穴まで見えるくらいである。

なり。（助動・断・終）

大空 より（格助）、人、雲 に（格助） 乗り（四・用） て（接助） 下り来（カ変・用） て（接助）、土 より（格助） 五尺 ばかり（副助） 上がり（四・用） たる（助動・完・体） ほど に（格助）、
大空から、人が、雲に乗って下りて来て、地面から五尺くらい上がったあたりに、

立ち連ね（下二・用） たり（助動・存・終）。
立ち並んでいる。

内外 なる（助動・存在・体） 人 の（格助） 心ども、もの に（格助） 襲は（四・未） るる（助動・受・体） やうに（助動・比・用） て（接助）、あひ戦は（四・未） む（助動・意・体） 心
（これを見て、家の）内や外にいる（警護の）人々の心は、ものに襲われるよう（な気持ち）になって、戦い合おうとする心もなかった。

も（係助） なかり（ク・用） けり（助動・過・終）。

からうじて（副(音)） 思ひ起こし（四・用） て（接助）、弓矢 を（格助） 取り立て（下二・未） む（助動・意・終） と（格助） すれ（サ変・已） ども（接助）、手 に（格助） 力 も（係助）
やっとのことで心を奮い立たせて、弓矢を取り上げようとするけれども、手に力もなくなって、

なくなり（四・用） て（接助）、萎えかかり（四・用） たり（助動・存・終）。
ぐったりとして（物に）寄りかかっている。

中 に（格助） 心賢しき（シク・体） 者、念じ（サ変・用） て（接助） 射（上一・未） む（助動・意・終） と（格助） すれ（サ変・已） ども（接助）、
（その）中で気丈な者は、こらえて射ようとするけれども、

ほかざま へ（格助） 行き（四・用） けれ（助動・過・已） ば（接助）、荒れ（下二・用） も（係助） 戦は（四・未） で（接助）、心地 ただ（副） 痴れ（下二・用） に（格助） 痴れ（下二・用） て（接助）、まもり合へ（四・已(命)） り（助動・完・終）。
（矢は）あらぬ方へ行ったので、荒々しく戦うこともしないで、気持ちはすっかりぼんやりしてしまって、（互いに）顔を見合わせていた。

語句の解説 1

教42ページ

2 **在《あ》る人《ひと》** そこにいる人。
「在り」＝ここでは、その場にいる、居合わせる、の意。

2 **毛《け》の穴《あな》さへ《エ》見《み》ゆるほどなり** 尋常でない明るさだということ。
＊「見ゆ」＝ここでは、見える、の意。

4 **内外《うちと》なる人《ひと》** （家の）内や外にいる人。
「なり」＝存在の助動詞。…にいる。…にある。

4 **もの** ここでは、物の怪《け》・鬼神など、恐れの対象となる存在のこと。

4 **あひ《イ》戦《たたか》は《ワ》む《ン》心《こころ》** 戦い合おうとする心。
「む」＝意志の助動詞ととったが、婉曲ともとれる。

5 **弓矢《ゆみや》を取《と》り立《た》てむ《ン》** 弓矢を取り上げよう。弓矢を取って構えよう。
「取り立つ」＝ここでは、手に持つ、取り上げる、の意。

6 **萎《な》えかかりたり** ぐったりとして寄りかかっている。「萎えかかる」は、「萎ゆ」＋「かかる」の複合語。
「萎ゆ」＝ここでは、力がなくなってぐったりする、の意。

6 **念《ねん》じて** こらえて。
＊「念ず」＝ここでは、こらえる、我慢する、の意。

7 **ほかざま** よその方。あらぬ方。

7 **痴《し》れに痴《し》れて** 格助詞「に」を挟んで同じ動詞の連用形が繰り返されると、ただ…するばかりだ、といった強調表現となる。

「痴る」＝ここでは、愚かになる、ぼんやりとなる、の意。

8まもり合《あ》へ《エ》り　顔を見合わせていた。「まもり合ふ」は、「まもる」＋「合ふ」の複合語。

＊「まもる」＝目をそらさずに見続ける。じっと見つめる。

【大　意】　2　教42ページ9行～43ページ15行

天人の王と思われる人が翁《おきな》を呼び、かぐや姫を翁のもとに下したわけを話し、かぐや姫を早く返すように言うが、翁は承知しない。しかし、天人がかぐや姫を呼ぶと、閉めきった戸も格子もすっかり開き、かぐや姫は外に出てしまった。

【品詞分解／現代語訳】

四・已(命)　助動・存・体　係助　格助　ナリ・体　格助　係助　上一・未　助動・打・終　四・体　サ変・用
立て　る　人ども　は、装束　の　清らなる　こと、もの　に　も　似　ず。飛ぶ　車　一つ　具し
(空中に)立っている人たちは、衣装の華やかで美しいことは、他に比べるものがない。(空を)飛ぶ車を一つ伴っている。

助動・存・終　四・用　助動・存・終　(代)　格助　格助　格助　シク・体　格助　カ変・命　格助
たり。羅蓋　さし　たり。そ　の　中　に　王　と　おぼしき　人、家　に、「造麻呂、まうで来。」と
(その車には)薄絹を張った柄の長い傘をさしている。その中に(いる)王と思われる人が、家に(向かって)、「造麻呂、出て参れ。」と言うと、

四・体　接助　ク・用　四・用　助動・完・体　係助　格助　四・用　助動・完・体　サ変・用　接助　格助　四・已(命)
言ふ　に、猛く　思ひ　つる　造麻呂　も、もの　に　酔ひ　たる　心地　し　て、うつぶし　に　伏せ
勇ましく思っていた造麻呂も、何かに酔った気持ちがして、うつぶせに伏した。

助動・完・終　(連語)　(代)　ク・体　ナリ・体　格助　四・用　助動・過・体　格助　四・用　接助　(代)　格助　格助
り。いはく、「汝、幼き　人、いささかなる　功徳　を、翁　作り　ける　に　より　て、汝　が　助け　に
(王と思われる人が)言うことには、「おまえ、心幼き者よ、少しばかりの善行を、翁がなしたことによって、おまえの助けにというこ

格助　接助　格助　格助　接助　四・用　助動・過・体　接助　副　格助　副　格助　四・用　接助　格助
と　て、片時　の　ほど　と　て　下し　し　を、そこら　の　年ごろ、そこら　の　金　賜ひ　て、身　を
とで、(かぐや姫を)ほんのしばらくの間と思って(下界に)下したが、長い年月、多くの黄金をお与えになって、(おまえ

下二・用　助動・完・体　格助　助動・比(語幹)　四・用　助動・完・用　助動・存・終　係助　格助　四・用　補尊・四・已(命)　助動・完・用　助動・過・已
変へ　たる　が　ごと　なり　に　たり。かぐや姫　は、罪　を　作り　給へ　り　けれ
は)生まれ変わったようになっている。かぐや姫は、(天上世界で)罪を犯しなさったので、

接助　副　シク・体　(代)　格助　格助　副　サ変・用　助動・完・体　助動・断・終　格助　下二・用　助動・完・已　接助
ば、かく　いやしき　おのれ　が　もと　に、しばし　おはし　つる　なり。罪　の　限り　果て　ぬれ　ば、
このように身分の低いおまえの所に、しばらくいらっしゃったのだ。罪の償いの期間が終わったので、

副　下二・体　接助　係助　四・用　四・体　四・未　助動・打・体　助動・断・終　副　四・用　補謙・四・命　格助　四・終　下二・用
かく迎ふるを、翁は泣き嘆く、あたはぬことなり。はや返し奉れ。」と言ふ。翁答へ
こうして迎えるのに、翁は泣いて嘆く、(嘆いても、引き止めることは)できないことだ。早くお返し申しあげよ。」と言う。翁が答えて

接助　四・体　格助　四・用　補謙・四・体　格助　四・用　助動・完・終　格助　四・体　接助　シク・用
て申す、「かぐや姫を養ひ奉ること二十余年になりぬ。片時とのたまふに、あやしく
申しあげるには、「かぐや姫を養い申しあげることは二十年余りになりました。(それを)ほんのしばらくの間とおっしゃるので、

四・用　補丁・ラ変・用　助動・完・終　副　格助　格助　四・体　係助(係)　四・終　助動・現推・体(結)　格助　四・終
なり侍りぬ。また異所に、かぐや姫と申す人ぞおはしますらむ。」と言ふ。
疑わしくなりました。また別の所に、かぐや姫と申す人がいらっしゃるのでしょう。」と言う。

(代)　格助　サ変・体　係助　ク・体　格助　サ変・用　補尊・四・已　接助　副　下二・用　補尊・四・終　助動・打推・終　格助　四・已
「ここにおはするかぐや姫は、重き病をし給へば、え出でおはしますまじ。」と申せ
「ここにいらっしゃるかぐや姫は、重い病気にかかっていらっしゃるので、とても(外に)出ていらっしゃれないでしょう。」と申しあげ

接助　(代)　格助　係助　ク・用　接助　格助　格助　四・体　格助　下二・用　接助　感　ク・体
ば、その返り言はなくて、屋の上に飛ぶ車を寄せて、「いざ、かぐや姫。①きたなき所
ると、その返事はなくて、屋根の上に飛ぶ車を寄せて、「さあ、かぐや姫。(こんな)けがれた

格助　副　係助(係)　シク・用　サ変・未　助動・推・体(結)　格助　四・終　下二・用　助動・完・体　格助　副　副　四・用
に、いかでか久しくおはせむ。」と言ふ。立てこめたる所の戸、すなはち、ただ開き
所に、どうして長くいらっしゃるのですか(、いや、いらっしゃれるはずはありません)。」と言う。(すると)閉めきってあった所の戸が、即座に、すっかり開

格助　四・用　助動・完・終　係助　係助　ク・用　接助　四・用　助動・完・終　四・用　接助　上一・用　助動・存・体
に開きぬ。格子どもも、人はなくして開きぬ。嫗抱きてゐたるかぐや姫、外
いてしまった。格子なども、人がいなくて開いてしまった。(そして)嫗が抱いて座っているかぐや姫は、(嫗から離れて)

格助　下二・用　助動・完・終　副　下二・終　助動・打推・已　接助　副　四・用　接助　ラ変・終
に出でぬ。えとどむまじければ、たださし仰ぎて泣きをり。
外に出てしまった。(嫗は)とどめることができそうにないので、ただ(かぐや姫を)仰ぎ見てずっと泣いている。

語句の解説 2

9 清《きよ》らなること　華やかで美しいこと。
＊「清らなり」＝華やかで美しい。気品があって美しい。

9 ものにも似《に》ず　他に比べるものがない。たとえようがない。慣用表現「ものに似ず」を強めた言い方。

9 具《ぐ》したり　伴っている。

＊「具す」＝ここでは、伴う、従える、の意。

教43ページ

2**猛《たけ》く思《おも》ひ《イ》つる**　勇ましく(強気に)思っていた。
＊「猛し」＝ここでは、勇ましい、強気だ、の意。
3**いは《ワ》く**　言うことには。「いふ」の未然形「いは」に接尾語「く」が付いたもの。
4**そこらの年《とし》ごろ**　長い年月。
＊「そこら」＝数量の多いことを表す副詞。たくさん。数多く。
＊「年ごろ」＝ここでは、長年、多くの歳月、の意。
4**賜《たま》ひ《イ》て**　お与えになって。
「賜ふ」＝「与ふ」の尊敬語で、与える人を高める。
6**かくいやしき**　このように身分の低い。
＊「いやし」＝ここでは、身分・地位が低い、の意。
6**おは《ワ》しつるなり**　いらっしゃったのだ。
＊「おはす」＝「あり」「居《を》り」の尊敬語。いらっしゃる。
7**あたは《ワ》ぬことなり**　できないことだ。ただし、ふさわしくないことだ、とする解釈もある。
＊「あたふ」＝ここでは、できる、かなう、の意。多く下に打消の語を伴って、不可能の意を表す。
7**返《かえ》し奉《たてまつ》れ**　お返し申しあげよ。
＊「奉る」＝ここは謙譲の補助動詞で、お…申しあげる、の意。
8**のたま《モ》ふ《ウ》に**　おっしゃるので。
「のたまふ」＝「言ふ」の尊敬語。おっしゃる。

9**あやしくなり侍《はべ》りぬ**　疑わしくなりました。
＊「あやし」＝ここでは、疑わしい、不審だ、の意。
＊「侍り」＝丁寧の補助動詞。…ございます。…ます。
9**おは《ワ》しますらむ《ン》**　いらっしゃるのでしょう。
＊「おはします」＝本動詞で、「あり」「居《を》り」の尊敬語。いらっしゃる。
10**え出《い》でおは《ワ》しますまじ**　とても出ていらっしゃれないでしょう。
＊「え……(打消)」＝不可能の意を表す。…できない。
「おはします」＝ここは尊敬の補助動詞。…ていらっしゃる。
11**＊返《かえ》り言《ごと》**　返事。

① **「きたなき所」とは、どこのことか。**

答　地上の世界(人間世界)のこと。

12**いかでか久《ひさ》しくおはせ《ワ》む《ン》**　どうして長くいらっしゃるのか、いや、いらっしゃれるはずはない。
「いかでか」＝下に推量表現を伴って、疑問・反語を表す。ここでは反語。
13**すなはち《ワ》**　即座に。ただちに。
13**開《あ》きに開《あ》きぬ**　すっかり開いてしまった。前出の「痴れに痴れて」と同様の強調表現。
15**さし仰《あお》ぎて**　仰ぎ見て。ふり仰いで。
「さし」＝語調を整える接頭語。

【大　意】 3 教43ページ16行～44ページ8行

泣き伏す翁に、かぐや姫はせめて見送ってほしいと言うが、翁は私も一緒に連れて行ってほしいと懇願する。その姿に心が乱れたかぐや姫は、恋しく思う折々に見てほしいと、翁と媼《おうな》に、愛情のこもった手紙を書き残すのだった。

【品詞分解／現代語訳】

四・用 接助 四・已(命) 助動・存・体 格助 四・用 接助 四・体 (代) 格助 係助 助動・断・用 係助 ラ変・未

竹取 心 惑ひ て 泣き伏せ る 所 に 寄り て、かぐや姫 言ふ、「ここ に も、心 に も あら

竹取の翁が心を乱して泣き伏している所に寄って、かぐや姫が言うには、「私自身にも、本心でもなくこのようにおいと

接助 副 四・体 接助 四・未 助動・婉・体 格助 副助 四・用 補尊・四・命 格助 四・已 接助 副 シク・体 接助

で かく まかる に、昇ら む を だに 見送り 給へ。」と 言へ ども、「なにしに、悲しき に、

まするのですから、昇るのだけでもお見送りください。」と言うけれど、(翁は)「どうして、悲しいのに、

四・用 補謙・四・未 助動・意・体 (代) 格助 副 サ変・命 格助 接助 下二・用 接助 係助 四・用 補尊・四・体 係助 サ変・用 接助 上一・用

見送り 奉ら む。我 を いかに せよ と て、捨て て は 昇り 給ふ ぞ。具し て 率

お見送り申しあげましょうか(、お見送り申しあげることなどできません)。私をどのようにせよといって、見捨ててお昇りになるのですか。(私も)一緒に連れて

接助 サ変・未 終助 格助 四・用 接助 四・已(命) 助動・存・已 接助 四・用 助動・完・終 格助 四・用 接助 四・未

て おはせ ね。」と 泣き て 伏せ れ ば、②御心 惑ひ ぬ。「文 を 書き置き て まから

おいでになってください。」と泣き伏しているので、(かぐや姫も)お心が乱れてしまった。(かぐや姫は)「手紙を書き残しておい

助動・意・終 シク・未 助動・婉・体 下二・用 接助 上一・用 補尊・四・命 格助 接助 四・用 接助 四・体 係助 (代) 格助

む。恋しから む 折々、取り出で て 見 給へ。」と て、うち泣き て 書く 言葉 は、「こ の

とましましょう。恋しく思われるような折々に、取り出してご覧ください。」と言って、泣いて書く言葉は、「この国に

格助 下二・用 助動・完・体 格助 助動・断・未 接助 四・未 助動・使・用 補謙・四・未 助動・打・体 副助 ラ変・未 助動・意・終 上二・用

国 に 生まれ ぬる と なら ば、嘆か せ 奉ら ぬ ほど まで 侍ら む。過ぎ

生まれたということであるならば、(お二人を)嘆かせ申しあげない頃まで(おそばに)おりましょう。(罪の償

下二・用 助動・完・体 副 ク・用 係助(係) 下二・用 補丁・ラ変・已(結) 四・体 格助 格助 上一・用

別れ ぬる こと、かへすがへす 本意なく こそ おぼえ 侍れ。脱ぎ置く 衣 を 形見 と 見

いの期間が)過ぎ(このように)別れてしまうことは、返す返すも不本意に思われます。脱ぎ置く衣を(私の)形見とご覧ください。

給へ。[補尊・四・命] 月 の[格助] 出で[下二・用] たら[助動・完・未] む[助動・婉・体] 夜 は、[係助] 見おこせ[下二・用] 給へ。[補尊・四・命] 見捨て[下二・用] 奉り[補謙・四・用] て[接助] まかる、[四・体] 空 より[格助] も[係助]
月が出たような夜は、(私のおります)こちら(＝月)のほうをご覧ください。(お二人を)お見捨て申しあげて参り

落ち[上二・用] ぬ[助動・強・終] べき[助動・推・体] 心地 する。」[サ変・体] と[格助] 書き置く。[四・終]
ます、(途中の)空からも落ちてしまいそうな気持ちがします。」と書き置く。

語句の解説 3

16 **心惑《こころまど》ひ《イ》て**　心が乱れて。
＊「惑ふ」＝ここでは、心が乱れる、悲しむ、の意。

教44ページ

1 **＊まかる**　「行く」「去る」意の謙譲語。おいとまする。
1 **昇《のぼ》らむ《ン》をだに**　昇るのだけでも。
「だに」＝最低の限度を表す副助詞。せめて…だけでも。
1 **なにしに**　推量表現を伴い、反語の意を表す。どうして…か、いや…ない。結びは連体形。
2 **具《ぐ》して率《い》ておは《ワ》せね**　一緒に連れておいでになってください。
＊「率る」＝ここでは、連れる、伴う、の意。
「ね」＝上代の願望の終助詞。…てほしい。未然形に接続する。

答 ②　「御心」とは誰の心か。
かぐや姫の心。

3 **＊文《ふみ》**　手紙。
6 **おぼえ侍《はべ》れ**　思われます。
＊「おぼゆ」＝ここでは、思われる、感じられる、の意。
7 **見《み》おこせ給《たま》へ《エ》**　こちらのほうをご覧ください。
＊「見おこす」＝こちらのほうを見る。対 見遣《みや》る
7 **落《お》ちぬべき心地《ここち》する**　落ちてしまいそうな気持ちがします。
「ぬべし」＝「ぬ」は強意(確述)の用法で、「べし」の意を強める。…てしまいそうだ。きっと…てしまうに違いない。
「する」＝連体形止めで、詠嘆を表す。

【大　意】　4　教45ページ1〜9行

天人はかぐや姫に不死の薬を勧め、天の羽衣を着せようとする。かぐや姫はそれを押しとどめ、じれったがる天人をたしなめて、帝に手紙を書く。

【品詞分解／現代語訳】

天人 の[格助] 中 に[格助] 持た[四・未] せ[助動・使・用] たる[助動・存・体] 箱 あり。[ラ変・終] 天の羽衣 入れ[四・已(命)] り。[助動・存・終] また[接] ある[連体] は、[係助] 不死の薬
天人の中(のある者)に持たせている箱がある。(それには)天の羽衣が入っている。また別の(箱)には、不死の薬が

四・已(命)　助動・存・終　格助　四・体　助動・存在・体　四・命　ク・体　格助　四・用　助動・完・已
入れ　り。　一人　の　天人　言ふ、「壺　なる　御薬　奉れ。きたなき　所　の　もの　聞こし召し　たれ
入っている。　一人の天人が言うには、　「壺にあるお薬を召しあがれ。　けがれた所のものを召しあがったので、

接助　シク・未　助動・推・体　係助　格助　接助　四・用　助動・完・已　接助　副　下二・用　補尊・四・用　接助　副
ば、御心地　悪しから　む　もの　ぞ。」と　て、持て寄り　たれ　ば、いささか　なめ　給ひ　て、少し
お気持ちがきっと悪いにちがいありません。」と言って、(薬を)持ってそばに寄ったので、(かぐや姫は)ほんの少しおなめになって、(残り

格助　接助　四・体　格助　四・未　助動・意・終　格助　サ変・已　接助　ラ変・体　四・未　助動・使・未　助動・打・終　格助
形見　と　て、脱ぎ置く　衣　に　包ま　む　と　すれ　ば、在る　天人　包ま　せ　ず。御衣　を
の薬を)少し形見にと思って、脱ぎ置く着物に包もうとすると、　そこにいる天人が包ませない。　お召し物(＝

下二・用　接助　下二・未　助動・意・終　格助　サ変・終　(代)　格助　格助　副　四・命　格助　四・終　下二・用
取り出で　て　着せ　む　と　す。その　時　に、かぐや姫、「しばし　待て。」と　言ふ。「衣　着せ
天の羽衣)を取り出して(かぐや姫に)着せようとする。　その時に、　かぐや姫は、　「しばらく待ちなさい。」と言う。　「(天人が)羽衣

助動・完・体　係助　ナリ・用　四・体　助動・断・終　格助　四・終　四・終　助動・当・体　ラ変・用　助動・詠・終　格助
つる　人　は、③心異に　なる　なり　と　言ふ。もの　一言　言ひおく　べき　こと　あり　けり。」と
を着せた人は、　心が違う状態になるのだと言う。　一言言っておくべきことがありますよ。」と言って、

四・用　接助　四・終　ク・終　格助　四・用　補尊・四・終　四・未　助動・打・体　副
言ひ　て、文　書く。天人、「遅し。」と　心もとながり　給ふ。かぐや姫、「もの　知ら　ぬ　こと、な
手紙を書く。　天人は、「遅い。」とじれったがりなさる。　かぐや姫は、　「ものの情けを知らぬことを、お

四・用　終助　格助　接助　シク・用　ナリ・用　格助　四・用　補尊・四・終　下二・未　助動・打・体　助動・断・終
のたまひ　そ。」と　て、いみじく　静かに、おほやけ　に　御文　奉り　給ふ。慌て　ぬ　さま　なり。
っしゃらないで。」と言って、　たいそう静かに、　帝にお手紙を差しあげなさる。　慌てない様子である。

語句の解説 4

教45ページ

2 **壺《つぼ》なる御薬《おんくすり》 奉れ《たてまつ》**　壺にあるお薬を召しあがれ。

「なり」＝存在の助動詞。…にある。…にいる。

「奉る」＝ここは、「飲む」「食ふ」の尊敬語。召しあがる。

2 **聞《き》こし召《め》したれば**　召しあがったので。

*「聞こし召す」＝「飲む」「食ふ」の尊敬語。召しあがる。

3 **悪《あ》しからむ《ン》ものぞ**　きっと悪いにちがいありません。

*「悪し」＝ここでは、(気分・体調が)悪い、すぐれない、の意。

「ものぞ」＝名詞「もの」＋係助詞「ぞ」。推量の助動詞に付いて、強意を表す。きっと…にちがいない。

6 **衣着《きぬき》せつる人《ひと》**　羽衣を着せた人。主語は天人。着せる側から表現

したもの。

3 「心異になるなり」とはどういうことか。

答 心が普通と違った状態になる、つまり、地上の人間らしい感情をなくしてしまうということ。

7 **心《こころ》もとながり給《たまう》ふ** じれったがりなさる。

＊「心もとながる」＝ここでは、じれったがる、待ち遠しく感じる、の意。「心もとなし」に、接尾語「がる」（＝そのように感じる、の意）が付いて、動詞化したもの。

8 **もの知《し》らぬこと** ものの情けを知らぬこと。

「もの」＝ここでは、ものの情け、人情、といった意。

8 **なのたまひ《イ》そ** おっしゃいますな。

＊「な……そ」＝禁止を表す。…してくれるな。…するな。

8 **御文《おおんふみ》奉《たてまつ》り給《たまう》ふ** お手紙を差しあげなさる。

「奉る」＝「与ふ」の謙譲語で、差しあげる、の意。帝に対する敬意を表す。

【大　意】　5　教45ページ10行〜46ページ3行

かぐや姫は帝に手紙を書き、それに不死の薬を添えて、帝に差しあげさせた。天の羽衣を着せられると、かぐや姫は思い悩むことがなくなり、車に乗って天に昇ってしまった。

【品詞分解／現代語訳】

「かく　あまた　の　人　を　賜ひ　て、　とどめ　させ　給へ　ど、　許さ　ぬ　迎へ　まうで来　て、　取り率

副　副　格助　格助　四・用　接助　下二・未　助動・尊・用　補尊・四・已　接助　四・未　助動・打・体　カ変・用　接助　上一・用

「このようにたくさんの人をお遣わしになって、（私を）お引き止めなさいますが、（滞在を）許さない迎えがやって参りまして、（私を）捕

て　まかり　ぬれ　ば、　口惜しく　悲しき　こと。　宮仕へ　仕うまつら　ず　なり　ぬる　も、　かく

接助　四・用　助動・完・已　接助　シク・用　シク・体　四・未　助動・打・用　四・用　助動・完・体　係助　副

らえ連れて参ってしまいますので、残念で悲しいこと（です）。宮仕えをし申しあげずになってしまったのも、この

わづらはしき　身　に　て　侍れ　ば、　心得　ず　思し召さ　れ　つ　らめ　ども、　心強く

シク・体　助動・断・用　接助　ラ変・已　接助　下二・未　助動・打・用　四・未　助動・尊・用　助動・強・終　助動・現推・已　接助　ク・用

ように面倒な身の上でございますので、（帝は）きっと納得できないとお思いになっていらっしゃるでしょうが、（私が）強

承ら　ず　なり　に　し　こと、　なめげなる　者　に　思し召し　とどめ　られ　ぬる　なむ、　心

四・未　助動・打・用　四・用　助動・完・用　助動・過・体　ナリ・体　格助　四・用　下二・未　助動・尊・用　助動・完・体　係助（係）

情に（宮仕えを）お受けせずになってしまったことを、無礼な者とお心にとどめなさってしまうことが、心

（格助　四・用　補丁・ラ変・用　助動・完・体(結)　格助　接助）
に　とまり　侍り　ぬる。」　と　て、
残りでございます。」と書いて、

（係助　格助　接助　上一・体　係助(係)　格助　ナリ(語幹)　格助　下二・用　助動・詠・体(結)）
今　は　と　て　天の羽衣　着る　折　ぞ　④君　を　あはれ　と　思ひ出で　ける
今は(これでお別れ)と思って、天の羽衣を着る時に、あなた様のことをしみじみと思い出したことですよ。

（格助　接助　格助　下二・用　接助　下二・用　接助　四・未　助動・使・終　格助　四・用　接助　下二・終　四・用）
と　て、壺　の　薬　添へ　て、頭中将　呼び寄せ　て　奉ら　す。中将　に、天人　取り　て　伝ふ。中将　取り
と詠んで、(手紙に)壺の薬を添えて、頭中将を呼び寄せて(帝に)差しあげさせる。中将に、天人が(これを)取って渡す。中将が受け取る

（助動・完・已　接助　副　下二・用　補謙・四・用　助動・完・已　接助　格助　シク・終　シク・終　格助　四・用　助動・完・体）
つれ　ば、ふと　天の羽衣　うち着せ　奉り　つれ　ば、翁　を、いとほし、かなし　と　思し　つる
と、(天人はかぐや姫に)さっと天の羽衣をお着せ申しあげたので、(かぐや姫は)翁を、気の毒だ、いとしいとお思いになったことも消

（係助　下二・用　助動・完・終　(代)　格助　上一・用　助動・完・体　係助　四・用　助動・完・用　助動・過・已　接助　格助）
こと　も　失せ　ぬ。こ　の　衣　着　つる　人　は、もの思ひ　なくなり　に　けれ　ば、車　に
えてしまった。この羽衣を着た人は、思い悩むことがなくなってしまったので、(かぐや姫

（四・用　接助　副助　サ変・用　接助　四・用　助動・完・終）
乗り　て、百人　ばかり　天人　具し　て　昇り　ぬ。
は)車に乗って、百人ほどの天人を引き連れて(天に)昇ってしまった。

語句の解説 5

10 **賜《たま》ひ《イ》て**　お遣わしになって。およこしになって。

「賜ふ」＝ここでは、人をよこす、の意の尊敬語。お遣わしになる。

10 **とどめさせ給《たま》へ《エ》ど**　お引き止めなさいますが。

「させ給ふ」＝尊敬の助動詞「さす」の連用形＋尊敬の補助動詞「給ふ」で、最高敬語。

11 **取《と》り率《ゐ》て**　捕らえ連れて。「取る」は動詞に付いて、無理に何かを行うことを意味する。

「取り率る」＝無理に連れて行く。召し連れる。

11 **口《くち》惜《お》しく悲《かな》しきこと**　残念で悲しいこと。体言止めで、詠嘆の意を表している。

＊「口惜し」＝ここでは、残念だ、くやしい、の意。

11 **仕《つこ》う《ウ》まつらずなりぬる**　し申しあげずになってしまった。

＊「仕うまつる」＝ここでは、…申しあげる、の意。「為《す》」「行ふ」などの謙譲語で、文脈によっていろいろな意になる。

12 **思《おぼ》し召《め》されつらめども**　お思いになっていらっしゃるでしょうが。
*「思し召す」＝「思ふ」の尊敬語。お思いになる。
12 **心強《こころづよ》く承《うけたまわ》らず**　強情にお受けせず。
「心強し」＝強情だ。気が強い。
*「承る」＝「受く」の謙譲語。お受けする。ご承諾申しあげる。
13 **なめげなる者《もの》**　無礼な者。
*「なめげなり」＝無礼だ。礼儀知らずだ。
13 **心《こころ》にとまり侍《はべ》りぬる**　(私の)心にとどまってしまいました。心残りであるということ。

4　「君」とは誰か。
答　帝。

教46ページ
1 ***いとほ《オ》し**　ここでは、気の毒だ、かわいそうだ、の意。
1 ***かなし**　ここでは、いとしい、または、悲しい、の意。
2 **思《おぼ》しつること**　お思いになったこと。
*「思す」＝「思ふ」の尊敬語。お思いになる。

課題

一　**かぐや姫が人間世界に送られた事情と、天上世界に戻る理由を、それぞれまとめてみよう。**

考え方　「王とおぼしき人」の言葉、「汝《なんじ》、幼き人、……はや返し奉れ。」(教43ページ3～7行)からまとめる。

解答例　人間世界に送られた事情＝天上世界で犯した罪を償うため。天上世界に戻る理由＝犯した罪を地上の世界(＝人間世界)で償う期間が終わったため。

二　**天の羽衣を着ることによって、かぐや姫にどのような変化が起こったか、説明してみよう。**

解答例　泣き嘆く翁の姿に心乱れ、翁や嫗との別れを嘆き悲しんでいた気持ちや、帝に対する思いなど、人間らしい気持ちがなくなってしまった。

三　**天人と人間にはどのような違いがあるか、話し合ってみよう。**

考え方　時間の経過、地上という場のとらえ方、感情の有無といった点が相違点として挙げられるだろう。具体的な箇所を指摘しながら話し合うとよい。

語句と表現

一　**次の傍線部の敬語を文法的に説明してみよう。**

①**かぐや姫を養ひ奉ること**(43・8)
②**壺なる御薬奉れ。**(45・2)
③**おほやけに御文奉り給ふ。**(45・8)

解答　①謙譲の補助動詞「奉る」の連体形。…申しあげる。
②「飲む」「食ふ」の尊敬語「奉る」の命令形。召しあがれ。
③「与ふ」の謙譲語「奉る」の連用形。差しあげる。

伊《い》勢《せ》物語

教科書P.47～57

● 『伊勢物語』とは

歌物語。作者は諸説あるが未詳。九世紀後半に成立した原型が、十世紀中頃まで増補され、現在の形になったと考えられている。百二十余段の章段(約二百十首の歌を含む)からなり、各章段は和歌を中心とした短い独立した物語で、その内容は、さまざまな恋の物語が多く、他に男どうしの友情、主従の情愛、親子の真情を述べたものなどがあり、全体として在原業平《ありわらのなりひら》らしい人物の一代記を思わせる構成となっている。文学史上最初の歌物語として名高い。

初《うい》冠《こうぶり》

【大　意】　教47ページ1行～48ページ4行

昔、ある男が元服して、奈良の都春日《かすが》の里に、鷹狩《たかが》りに出かけた。その里で、とても若々しく美しい姉妹を垣間見《かいまみ》た男は、すっかり心が動揺してしまった。男はすぐに自分の狩衣《かりぎぬ》の裾を切って恋の歌を書いて贈った。昔の人は、情熱的で風流なふるまいをしたものだ。

【品詞分解／現代語訳】

昔、男、初冠し(サ変・用) て(接助)、奈良の京、春日 の(格助) 里 に(格助)、しる(四・体) 由 して(格助)、狩り に(格助) 往に(ナ変・用) けり(助動・過・終)。そ(代) の(格助) 里 に(格助)、

昔、ある男が、元服して、奈良の都、春日の里に、領有している縁で、鷹狩りに出かけた。その里に、

いと(副) なまめい(四・用(音)) たる(助動・存・体) 女はらから 住み(四・用) けり(助動・過・終)。こ(代) の(格助) 男、垣間見(上一・用) て(助動・完・用) けり(助動・過・終)。思ほえ(下二・未) ず(助動・打・用)、

とても若々しく美しい姉妹が住んでいた。この男は、(その姉妹を)物の隙間から見てしまった。思いがけなく、

①ふるさと に(格助) いと(副) はしたなく(ク・用) て(接助) あり(ラ変・用) けれ(助動・過・已) ば(接助)、心地 惑ひ(四・用) に(助動・完・用) けり(助動・過・終)。男 の(格助)、着(上一・用) たり(助動・存・用)

(こんなさびれた)古い都にとても不似合いな様子で(姉妹が)いたので、(男は)すっかり心が動揺してしまった。男は、着ていた狩衣の裾を

ける(助動・過・体) 狩衣 の(格助) 裾 を(格助) 切り(四・用) て(接助)、歌 を(格助) 書き(四・用) て(接助) やる(四・終)。そ(代) の(格助) 男、しのぶずり の(格助) 狩衣 を(格助) なむ(係助(係))

切って、歌を書いて贈る。その男は、しのぶずりの狩衣を着ていた。

上一・用　助動・存・用　助動・過・体(結)
着 たり ける。

格助　格助　格助　四・未　助動・可・未　助動・打・終
春日野 の ②若紫 の すり衣 しのぶ の 乱れ 限り 知ら れ ず
春日野の若々しい紫草のように美しいあなたがたを見て、私の心はこのしのぶずりの乱れ模様のように、恋いしのぶ心で千々に乱れて限りもありません。

格助　係助(係)　四・用　接助　四・用　助動・過・体(結)　ク・体　格助　係助　係助(係)　四・用　助動・過推・体(結)
と なむ、追ひつき て 言ひやり ける。 ついで おもしろき こと と も や 思ひ けむ。
と、すぐに詠んで贈った。事のなりゆきが趣深いことと(男は)思ったのだろうか。

格助　(代)　格助　下二・用　助動・完・用　助動・過・体　(代)　助動・断・未　(連語)　接助
陸奥 の しのぶもぢずり 誰 ゆゑ に 乱れそめ に し 我 なら なく に
陸奥のしのぶもじずりの乱れ模様のように(私の心は乱れているが)、あなた以外の誰かのせいで心が乱れ始めた私ではないのに(私が思い乱れるのはあなたのせいですよ)。

格助　四・体　格助　助動・断・終　係助　副　ク・体　格助　係助(係)　サ変・用　助動・過・体(結)
と いふ 歌 の 心ばへ なり。 昔人 は、かく いちはやき みやび を なむ し ける。 (第一段)
という歌の趣向(をふまえたもの)である。昔の人は、このように情熱をこめた風雅なふるまいをしたということだ。

語句の解説

教47ページ

2 ＊**由《よし》**　わけ、方法。ここでは、ゆかり、縁、の意。

3 **なまめいたる**　「なまめい」は「なまめき」のイ音便。

＊「なまめく」＝若々しく(みずみずしく)美しいさまである。優美で上品なさまを表す。

3 ＊**はらから**　母を同じくする兄弟姉妹のこと。ここは、姉妹。

4 **垣間見《かいまみ》てけり**　物の隙間からのぞき見てしまった。

「垣間見」＝隙間からそっとのぞき見ること。

5 **思《おも》ほ《オ》えず**　思いがけなく。意外に。

5 ＊**ふるさと**　昔の都、の意。

①　「ふるさと」とはどこのことか。

答　昔の都(奈良)。

5 **はしたなくてありければ**　不似合いな様子でいたので。ここでは、さびれた古都には不似合いな、美しくみやびな姉妹がいたことを指す。

＊「はしたなし」＝ここでは、不似合いだ、不つりあいだ、の意。

6 **心地惑《ここちまど》ひ《イ》にけり**　心が動揺してしまった。

＊「惑ふ」＝思い悩む、乱れる、の意。

教48ページ

② 「若紫」は何をたとえたものか。

答 女はらから。

1 限《かぎ》り知《し》られず 限りもありません。

＊「限り」＝限界、限度、の意。

2 おもしろきこととやも思《おも》ひ《イ》けむ《ン》 趣深いことと(男は)思ったのだろうか。

「や」＝疑問の係助詞。過去推量の助動詞「けむ」の連体形で結ぶ。

＊「おもしろし」＝趣深い、興味が注がれる、の意。

3 乱《みだ》れそめにし 乱れ始めた。「そむ」＝「初《そ》む」と書き、動詞の連用形に付いて、…し始める、の意となる。

3 我《われ》ならなくに 私ではないのに。

「なくに」＝諸説あるが、本書では、「なく」は、打消の助動詞「ず」の古い未然形「な」＋名詞形を作る接尾語「く」で連語とし、「に」は接続助詞として扱った。「に」を格助詞とする説もある。

4 ＊心《こころ》ばへ《エ》 趣向、趣意、の意。

4 ＊みやび 上品で優雅なこと。風雅なふるまい。

課題

一 男が「心地惑ひにけり」(47・6)となったのはなぜか、説明してみよう。

解答例 古い都に不似合いな美しい姉妹に心を奪われたから。

二 「春日野の……」(48・1)の歌は「陸奥の……」(48・3)の歌をどのように取り入れているか、説明してみよう。

解答例 後の歌の「しのぶもぢずり」の「乱れ模様」を、恋いしのぶ「心の乱れ」に掛けて取り入れることで、美しい姉妹(若紫)を一目見て、恋いしのんで乱れる自分の気持ちを情熱的に詠みあげている。

三 男のどのような行動が「いちはやきみやび」(48・4)であったか、話し合ってみよう。

考え方 「いちはやき」には「激しい・すばやい」などの意がある。「狩衣の裾を切りて」や「追ひつきて」の部分に、男の情熱的な行動が表れている。そこに古歌の「心ばへ」をふまえて即座に歌を詠んだ男の知性も合わせて考える。

語句と表現

一 次の傍線部の違いを文法的に説明してみよう。

①狩りに往にけり。(47・2)

②誰ゆゑに乱れそめにし(48・3)

解答 ①「に」はナ行変格活用の動詞「往《い》ぬ」の連用形活用語尾。
②上の「に」は、原因・理由を表す格助詞、下の「に」は完了の助動詞「ぬ」の連用形。

二 「垣間見」とはどのような行動か、調べてみよう。

考え方 「垣間見」は隙間からそっとのぞき見ることであるが、古典文学においては、物語を進める装置として用いられる。男性がふつうは姿を見られない女性をのぞき見て、恋が始まる。

筒《つつ》井《い》筒《づつ》

【大　意】　1　教49ページ1～11行

昔、幼なじみの男女が恋心を抱き合うようになった。成長するにつれて互いに恥ずかしがっていたが、親のすすめる結婚も断り続け、二人は本来の望みどおり結婚した。

【品詞分解／現代語訳】

昔、田舎わたらひ　し　ける　人　の　子ども、井　の　もと　に　出で　て　遊び　ける　を、大人　に
（し＝サ変・用　ける＝助動・過・体　の＝格助　の＝格助　に＝格助　出で＝下二・用　て＝接助　遊び＝四・用　ける＝助動・過・体　を＝接助　に＝格助）
昔、田舎を回って生計を立てていた人の子どもたちが、井戸の辺りに出て遊んでいたが、大人になった

なり　に　けれ　ば、男　も　女　も　恥ぢかはし　て　あり　けれ　ど、男　は　こ　の　女　を　こそ
（なり＝四・用　に＝助動・完・用　けれ＝助動・過・已　ば＝接助　も＝係助　も＝係助　恥ぢかはし＝四・用　て＝接助　あり＝ラ変・用　けれ＝助動・過・已　ど＝接助　は＝係助　こ＝(代)　の＝格助　を＝格助　こそ＝係助(係)）
ので、男も女も互いに恥ずかしがっていたけれど、男はこの女をぜひ妻にしようと思う、

得　め　と　思ふ、女　は　こ　の　男　を　と　思ひ　つつ、親　の　あはすれ　ども　聞か　で　なむ
（得＝下二・未　め＝助動・意・已(結)　と＝格助　思ふ＝四・終　は＝係助　こ＝(代)　の＝格助　を＝格助　と＝格助　思ひ＝四・用　つつ＝接助　の＝格助　あはすれ＝下二・已　ども＝接助　聞か＝四・未　で＝接助　なむ＝係助(係)）
女はこの男を(夫にしたい)と思い続けて、親が(女を他の男と)結婚させようとしたが承知しないでい

あり　ける。
（あり＝ラ変・用　ける＝助動・過・体(結)）
たのだった。

さて、こ　の　隣　の　男　の　もと　より、かく　なむ、
（さて＝接　こ＝(代)　の＝格助　の＝格助　の＝格助　より＝格助　かく＝副　なむ＝係助）
さて、この隣の男のもとから、このように(言ってきた)、

筒井筒　井筒　に　かけ　し　まろ　が　たけ　過ぎ　に　けらし　な　妹　見　ざる　ま　に
（に＝格助　かけ＝下二・用　し＝助動・過・体　まろ＝(代)　が＝格助　過ぎ＝上二・用　に＝助動・完・用　けらし＝(連語)　な＝終助　見＝上一・未　ざる＝助動・打・体　に＝格助）
井戸の囲いと(高さを)測り比べた私の背丈も、囲いの高さを過ぎてしまったようですね、あなたを見ないでいるうちに。

女、返し、
（返し＝四・用）
女は、返歌し、

比べ	来	し	振り分け髪	も	肩	過ぎ	ぬ	君	なら	ず	して	誰	か	上ぐ	べき
下二・用	カ変・未	助動・過・体		係助		上二・用	助動・完・終	(代)	助動・断・未	助動・打・用	接助	(代)	係助(係)	下二・終	助動・推・体(結)

(あなたと長さを)比べ合ってきた(私の)振り分け髪も肩を過ぎてしまいました。あなたでなくて誰が(この私の)髪上げをするでしょうか(、あなた以外にはいません)。

など	言ひ	言ひ	て、	つひに	本意	の	ごとく	あひ	に	けり。
副助	四・用	四・用	接助	副		格助	助動・比・用	四・用	助動・完・用	助動・過・終

などと歌を取り交わし続けて、とうとうかねての念願どおり結婚した。

語句の解説 1

教49ページ

2 **恥《は》ぢ《ジ》かは《ワ》して**　互いに恥ずかしがって。

「かはす」＝動詞の連用形に付いて、互いに…し合う、の意をつくる。

2 **この女《おんな》をこそ得《え》め**　この女をぜひ手に入れよう。つまり、妻にしよう、という意。

3 **この男《おとこ》を**　下に「得む」「こそ得め」などが省略されている。

3 **あは《ワ》すれども**　結婚させようとしたが。

「あはすれ」＝「あはす」の已然形。「あはす」は、「あふ」の未然形「あは」＋使役の助動詞「す」の複合動詞。

3 **聞《き》かで**　承知しないで。

「で」＝打消の接続助詞。

4 **かくなむ《ン》**　このように(言ってきた)。「言ひおこせける」などを補って訳す。

6 **けらし**　…たようだ。…たらしい。過去のできごとの根拠ある推定を表す。一語の助動詞ともとれる。

9 **君《きみ》ならずして誰《たれ》か上《あ》ぐべき**　あなたのためでなくて誰のために髪上げをしようか、とも解せる。

「か」＝反語の係助詞。

10 **＊本意《ほい》**　ここでは、かねてからの望み、本来の意志、の意。「ほんい」の撥音《はつおん》「ん」が表記されない形。

11 **あひ《イ》にけり**　結婚した。

「あふ」＝ここでは、結婚する、一緒になる、の意。

【大意】 2　教49ページ12行〜50ページ7行

女の親が亡くなると、男は河内《かわち》の国高安《たかやす》の郡《こおり》に女をつくり通うようになった。しかし、もとの女は嫌な顔をせず送り出す。男はそれに疑いをもったが、女が男の無事を祈っているのを知り、この女をいとしいと思い、河内へ通うこともなくなった。

【品詞分解／現代語訳】

接　下二・体　(連語)　ク・用　ク・用　四・体　(連語)　副　ク・用　接助　ラ変・未
さて 年ごろ 経る ほどに、女、親 なく、頼り なく なる ままに、もろともに 言ふかひなく て あら
そうして何年かたつうちに、　女は、親が死んで、(生活の)頼りにするものがなくなるにつれて、(男は)一緒に惨めで見苦しい状態でおられよう

助動・適・終　係助　格助　接助　格助　四・体　カ変・用　助動・完・用　助動・過・終　ラ変・用　助動・過・已　接助
む やは と て、河内の国、高安の郡 に、行き通ふ 所 出で来 に けり。さり けれ ど、
か、(いや、おられない)と思って、河内の国、高安の郡に、通っていく(女の)所ができてしまった。そうではあったが、

(代)　格助　格助　シク・終　格助　四・已(命)　助動・存・体　係助　ク・用　接助　四・用　助動・過・已　接助
こ の もと の 女、悪し と 思へ る 気色 も なく て、出だしやり けれ ば、男、①異心
このもとの女は、　不快に思っているそぶりもなくて、　(男を新しい女のもとへ)送り出してやったので、

ラ変・用　接助　ラ変・体　助動・断・用　係助(係)　ラ変・未　助動・推・体(結)　格助　四・用　接助　格助　格助　上一・用　接助　格助
あり て かかる に や あら む と 思ひ疑ひ て、前栽 の 中 に 隠れゐ て、河内 へ
男は、(女も)浮気心があってこのよう(に嫌な顔もしないの)であろうかと疑わしく思って、庭の植え込みの中に隠れて座って、河内へ行った

ナ変・体　格助　上一・已　接助　(代)　格助　副　ク・用(音)　サ変・用　接助　下二・用　接助
往ぬる 顔 にて 見れ ば、こ の 女、いと よう 化粧じ て、うち眺め て、
ふりをして見ていると、　この女は、　たいそう念入りに化粧をして、　もの思いにふけってぼんやり外を眺めて、

四・已　接助　格助　格助　係助(係)　(代)　格助　下二・終　助動・現推・体(結)
風 吹け ば 沖 つ 白波 たつた山 夜半 に や 君 が ひとり 越ゆ らむ
風が吹くと沖の白波が立つ、そのたつという名の龍田山を、この夜中にあなたがひとりで越えているのでしょう。

格助　四・用　助動・過・体　格助　四・用　接助　ク・用　シク・終　格助　四・用　接助　格助　係助　四・未　助動・打・用　四・用　助動・完・用
と 詠み ける を 聞き て、限りなく かなし と 思ひ て、河内 へ も 行か ず なり に
と詠んだのを聞いて、　(男は)この上もなくいとしいと思って、　河内へも行かなくなってしまった。

助動・過・終
けり。

語句の解説 2

12 **ほどに** 名詞「ほど」＋格助詞「に」。

13 **ままに** 名詞「まま」＋格助詞「に」。

教50ページ

1 **言《い》ふ《ウ》かひ《ィ》なくて** 惨めで見苦しい状態で。

＊「言ふかひなし」＝ここでは、惨めでふがいない、見苦しい、の意。

2 **さりけれど** そうではあったが。

「さり」＝「さあり」（副詞「さ」＋ラ変動詞「あり」）の変化したもの。

2 ＊**気色《けしき》** ここでは、（人や心の）ありさま、そぶり、の意。

① **「異心《ことごころ》」とは、誰のどのような気持ちか。**

答 女の、他の男を思う浮気心。

3 **かかる** 女が嫌なそぶりも見せず、男を高安の女の所へ送り出すことを指す。

4 **往《い》ぬる顔《かお》** 行ったふり。

＊「往ぬ」＝ここでは、行く、去る、の意。

4 **うち眺《なが》めて** 「うち」は接頭語。

＊「眺む」＝ここでは、もの思いに沈んでぼんやりと遠くを見る、の意。

6 **風吹《かぜふ》けば……ひとり越《こ》ゆらむ《ン》**

「風吹けば沖つ白波」＝「たつ」の序詞《じょことば》。

「たつ」＝「（白波が）立つ」と「たつた山」の「龍《たつ》」の掛詞《かけことば》。

「たつ」「越ゆ」＝「波」の縁語。

7 ＊**かなし** ここでは、いとしい、の意。

【大　意】 3 **教50ページ8〜15行**

初めこそ奥ゆかしく上品に取り繕っていた高安の女だったが、慣れてくると、自分の手で器に飯を盛りつけた。その姿を見て、男は嫌気がさして、とうとう行かなくなってしまった。

【品詞分解／現代語訳】

まれまれ(副) **か**(代) **の**(格助) **高安** **に**(格助) **来**(カ変・用) **て**(接助) **みれ**(上一・已) **ば、**(接助) **初め** **こそ**(係助(係)) **心にくく**(ク・用) **も**(係助) **つくり**(四・用) **けれ、**(助動・過・已(結)) **今** **は**(係助)

ごくまれにあの高安（の女の所）に来てみると、初めこそ奥ゆかしく装っていたけれど、今では気

うちとけ(下二・用) **て、**(接助) **手づから**(副) **飯匙** **取り**(四・用) **て、**(接助) **笥子** **の**(格助) **うつはもの** **に**(格助) **盛り**(四・用) **ける**(助動・過・体) **を**(格助) **見**(上一・用) **て、**(接助) **心憂がり**(四・用) **て**(接助)

を許して、自分の手でしゃもじを取って、飯を盛る器に盛ったのを見て、嫌だと思って行かな

四・未　助動・打・用　四・用　助動・完・用　助動・過・終　ラ変・用　助動・過・已　接助　(代)　格助　格助　格助　四・用　接助
行か　ず　なり　に　けり。　さり　けれ　ば、か　の　女、大和　の　方　を　見やり　て、
くなってしまった。　そういうわけだった(＝男が来なくなった)ので、あの(高安の)女は、大和の方を見やって、

(代)　格助　上一・用　接助　間助　ラ変・未　助動・意・終　副　四・用　終助　係助　四・終　接助
君　が　あたり　見　つつ　を　をら　む　生駒山　雲　な　隠し　そ　雨　は　降る　とも
あなたのいらっしゃる辺りを見続けていよう。　だから生駒山を雲よ隠すな。　たとえ雨は降ったとしても。

格助　四・用　接助　四・体　接助　副(音)　カ変・未　助動・意・終　格助　四・已(命)　助動・完・終　四・用　接助　四・体　接助
と　言ひ　て　見出だす　に、からうじて、大和人、「来　む。」と　言へ　り。　喜び　て　待つ　に、
と詠んで外を見やると、　ようやく、　大和の人(＝男)が、「行こう。」と言った。　(高安の女は)喜んで待つが、

副　上二・用　助動・完・已　接助
たびたび　過ぎ　ぬれ　ば、
そのたびごとに(訪れのないまま)過ぎてしまったので、

(代)　カ変・未　助動・意・終　格助　四・用　助動・過・体　格助　上二・用　助動・完・已　接助　四・未　助動・打・体　接助　上二・用　接助
君　来　む　と　言ひ　し　夜ごと　に　過ぎ　ぬれ　ば　頼ま　ぬ　ものの　恋ひ　つつ
あなたが来ようと言ったその夜ごとに(訪れのないまま)むなしく過ぎてしまったので、　あてにはしないけれども、　あなたを恋しく思い

係助(係)　下二・体(結)
ぞ　経る
続けて過ごしています。

格助　四・用　助動・過・已　接助　四・未　助動・打・用　四・用　助動・完・用　助動・過・終
と　言ひ　けれ　ど、男　住ま　ず　なり　に　けり。
と詠んだけれども、　男は通わなくなってしまった。

(第二三段)

語句の解説 3

8 **まれまれ**　ここでは、ごくまれに、たまたま、の意。
8 **心《こころ》にくく**　奥ゆかしく。
＊「心にくし」＝ここでは、奥ゆかしい、心がひかれる、の意。
8 **つくりけれ**　「けれ」は「こそ」の結びだが、文が終わらずに下に続いているので、逆接の形(…が、…けれど)で訳す。

9 **心《こころ》憂《う》がりて**　嫌だと思って。
＊「心憂がる」＝嫌だと思う。形容詞「心憂し」の動詞化した語。
11 **な隠《かく》しそ**　隠すな。隠さないでおくれ。
「な…そ」＝副詞「な」は、禁止の終助詞「そ」と呼応して、や

わらかい禁止を表す。…しないでおくれ。
12 **見出《みい》だす**　外を見やる。
12 **からう《ロウ》じて**　「からくして」のウ音便。
14 **頼《たの》まぬものの**　あてにしないけれど。
＊「頼む」＝ここでは、あてにする、期待する、の意。
「ものの」＝逆接の確定条件を表す接続助詞。…けれど。
15 **住《す》まずなりにけり**　通わなくなってしまった。
「住む」＝ここでは、男が女のもとに通う、という意。

課題

一　**次の歌は、それぞれ相手へのどのような思いを表しているか、説明してみよう。**

①**「筒井筒……」(49・5)と「比べ来し……」(49・8)の歌**
②**「風吹けば……」(50・6)の歌**

解答例　①「筒井筒……」の歌は、男の、女と結婚したいという思いを、「比べ来し……」の歌は、女の、結婚相手はあなた(男)しかいないという思いを表している。
②男が自分以外の女のところに通っていることを知りながら、男の身を気づかう思いを表している。

二　**「大和」の女と「河内」の女の行動や歌を整理し、それに対する男の心情を説明してみよう。**

解答例　「大和」の女
・親が他の男と結婚させようとしても承知しなかったという女の行動や、女の「比べ来し……」の歌に対して、男も女と結婚したいと思っていた。
・男が自分以外の女のもとに通っていることを知りながらも、男の身を気づかう歌を詠む女を、男はこの上もなくいとしいと思った。

「河内」の女
・初めのうちは奥ゆかしく装っていたが、気を許して自分の手でしゃもじを取って飯を盛るという行動を、男は嫌だと思った。
・女が「君があたり……」という男を恋い慕う歌を詠むと、男はようやく返事をする気になった。
・女は「君来むと……」という来ない男を思う歌を詠んだが、男はこの女のもとに通おうとは思わなくなってしまった。

語句と表現

一　**次の傍線部の係助詞の用法を説明してみよう。**

①**君ならずして誰か上ぐべき(49・9)**
②**言ふかひなくてあらむやはとて、(50・1)**
③**異心ありてかかるにやあらむと(50・3)**

解答　①反語
②反語
③疑問

学びを広げる　古典作品の翻案を読む

教科書P.52〜53

「それぞれが筒井筒の成り行きに、自らの意を申し立てます」(53・8)とあるが、「業平」「覚行」「元親」それぞれの意見に対して、感じたことや考えたことをまとめ、発表してみよう。

考え方　「業平」は筒井筒の「男」に寄り添った意見を、「覚行」は「高安の女」に寄り添った意見を、「元親」は「大和」の女に寄り添った意見を述べている。自分の意見と似ている点、異なる点はないか、それぞれの意見について検討してみよう。

月やあらぬ

【大　意】　1　教54ページ1〜8行

昔、ある男が、皇太后の御殿の西側の建物に住んでいた女（＝藤原高子《ふじわらのたかいこ》）のもとに通っていたが、正月の十日頃、女はほかの場所に移ってしまった。

【品詞分解／現代語訳】

昔、東の五条に、大后の宮おはしましける西の対に、住む人ありけり。それを、本意
（の＝格助／に＝格助／おはしまし＝四・用／ける＝助動・過・体／に＝格助／住む＝四・体／あり＝ラ変・用／けり＝助動・過・終／それ＝(代)／を＝格助）
昔、左京の五条大路に、皇太后が（住んで）いらっしゃった（御殿の）西側に建てられた建物に、住む人（＝藤原高子）がいた。その人を、思うよ

にはあらで、心ざし深かりける人、行きとぶらひけるを、正月の十日ばかりの
（に＝助動・断・用／は＝係助／あら＝ラ変・未／で＝接助／深かり＝ク・用／ける＝助動・過・体／行きとぶらひ＝四・用／ける＝助動・過・体／を＝接助／の＝格助／ばかり＝副助／の＝格助）
うに会うこともできなかったが、愛情が深かった人が、訪れていたが、正月の十日ぐらいの頃に、

ほどに、①ほかに隠れにけり。あり所は聞けど、人の行き通ふべき所にも
（に＝格助／に＝格助／隠れ＝下二・用／に＝助動・完・用／けり＝助動・過・終／は＝係助／聞け＝四・已／ど＝接助／の＝格助／行き通ふ＝四・終／べき＝助動・可・体／に＝助動・断・用／も＝係助）
（その女は）ほか（の場所）に身を隠してしまった。（その女の）居場所は聞いたけれど、（普通の身分の）人が行き来できる所でもなかったので、

あらざりければ、なほ憂しと思ひつつなむありける。
（あら＝ラ変・未／ざり＝助動・打・用／けれ＝助動・過・已／ば＝接助／なほ＝副／憂し＝ク・終／と＝格助／思ひ＝四・用／つつ＝接助／なむ＝係助(係)／あり＝ラ変・用／ける＝助動・過・体(結)）
いっそうつらいと思いながら（女を慕い続けて）過ごしていた。

語句の解説 1

教54ページ

1おはしましける　いらっしゃった。作者の皇太后に対する敬意。

＊「おはします」＝「あり」「居《を》り」の尊敬語。いらっしゃる。「お

はす」より敬意が高い。

3＊心《こころ》ざし　ここでは、愛情、誠意、の意。

4行《ゆ》きとぶらひ《イ》けるを　訪れていたが。「行きとぶらふ」は、「行く」＋「とぶらふ」の複合語。

＊「とぶらふ」＝ここでは、訪れる、訪問する、の意。

❶ 「ほかに隠れにけり」とは誰がどうしたことをいうのか。

答　皇太后の御殿の西側の建物に住む女（＝藤原高子）が、住む場所を変えてしまったということ。

6あり所《どころ》は聞《き》けど　（女の新しい）居場所は聞いていたけれど。

「あり所」＝いる所。居場所。

6人《ひと》の行《ゆ》き通《かよ》ふべき所《ところ》にもあらざりければ　普通の身分の人の近づけない高貴な場所、つまり宮中であることを表現している。

7＊憂《う》し　ここでは、つらい、憂鬱だ、の意。

【大　意】　2　教54ページ9～13行

翌年、男は女の住んでいた屋敷を訪ねるが、あまりの変わりように、失ってしまった恋を嘆く歌を詠み、泣きながら帰ったのだった。

【品詞分解／現代語訳】

また[副] **の**[格助] **年** **の**[格助] **正月** **に**[格助]、**梅** **の**[格助] **花盛り** **に**[格助]、**去年** **を**[格助] **恋ひ**[上二・用] **て**[接助] **行き**[四・用] **て**[接助]、**立ち**[四・用] **て**[接助] **見**[上一・用]、**ゐ**[上一・用] **て**[接助]

翌年の正月に、梅の花盛りの頃に、（男は）去年（のこと）を恋しく思って（女の住んでいた屋敷へ）行って、（その屋敷を）

見[上一・用]、**見れ**[上一・已] **ど**[接助]、**去年** **に**[格助] **似る**[上一・終] **べく**[助動・当・用] **も**[係助] **あら**[ラ変・未] **ず**[助動・打・終]。**うち泣き**[四・用] **て**[接助]、**あばらなる**[ナリ・体] **板敷** **に**[格助]、**月** **の**[格助]

立って見、座って見、（辺りを）見るけれど、去年（のありさま）に似るはずもない。（男は）泣いて、（無人となって障子なども取り払い、）がらんとしている板敷の上に、月が傾くまで身を横たえていて、去年（のこと）を思い出して詠んだ（歌）。

傾く[四・体] **まで**[副助] **伏せ**[四・已(命)] **り**[助動・存・用] **て**[接助]、**去年** **を**[格助] **思ひ出で**[下二・用] **て**[接助] **詠め**[四・已(命)] **る**[助動・完・体]。

月 **や**[係助(係)] **あら**[ラ変・未] **ぬ**[助動・打・体(結)] **春** **や**[係助(係)] **昔** **の**[格助] **春** **なら**[助動・断・未] **ぬ**[助動・打・体(結)] **わ**[(代)] **が**[格助] **身** **ひとつ** **は**[係助] **もと** **の**[格助]

月は昔のままの月ではないのか。春は昔のままの春ではないのか。（全てはすっかり変わってしまった。）（あの人を恋い慕う）自分の身だけはも

身 **に**[助動・断・用] **して**[接助]

とのままであって。

と（格助）　詠み（四・用）　て、（接助）　夜　の（格助）　ほのぼのと（副）　明くる（下二・体）　に、（格助）　泣く泣く（副）　帰り（四・用）　に（助動・完・用）　けり。（助動・過・終）

と詠んで、夜がほのぼのと明ける頃に、泣きながら帰っていった。

（第四段）

語句の解説 2

9 **またの年《とし》**　翌年。

9 **去年《こぞ》を恋ひ《こい》て**　去年、女とともに月や花をめでたことを恋しく思って、ということ。

10 **似《に》るべくもあらず**　似るはずもない。去年とはすっかり様子が変わっているのである。

12 **わが身《み》ひとつ**　自分の身だけ。
「ひとつ」＝名詞に接尾語的に付いて、…だけ、の意。

課題

一 **「心ざし深かりける人」（54・3）の行動を整理してみよう。**

解答例 ●西の対《たい》に住む、女のもとを訪れていた。
●女が身を隠してしまい、その居場所が普通の身分の人が行き来できる所ではなかったので、つらいと思いながら過ごしていた。
●翌年、女が住んでいた屋敷に行ってみたが、様子がすっかり変わっていて、去年のことを思って歌を詠み、泣きながら帰った。

二 **「去年に似るべくもあらず」（54・10）と感じたのはなぜか、説明してみよう。**

解答例　去年までは恋しい女が住んでいたが、今はよそに移ってしまってそこにいないから。

三 **「月やあらぬ……」（54・12）の歌にこめられた心情はどのようなものか、説明してみよう。**

考え方　何が変わり、何が変わっていないのか、考えてみよう。

解答例　自分だけは変わることなく女を慕い続けているのに、女との関係を含め、全てが変わってしまったことを嘆く心情。

語句と表現

一 **次の傍線部の「べし」の違いを文法的に説明してみよう。**

①人の行き通ふべき所にもあらざりければ、（54・6）
②去年に似るべくもあらず。（54・10）

解答　①助動詞「べし」の連体形。可能「…できる。」の意。
②助動詞「べし」の連用形。当然「…はず。」の意。

小野の雪

【大　意】 教55ページ1行～56ページ15行

昔、翁《おきな》が、惟喬親王《これたかのみこ》の狩りのお供をしたが、親王は京の御殿に戻っても翁を帰そうとしなかった。その後親王は突然出家してしまう。正月に、雪深い小野の庵を訪れた翁は、親王の様子に心を痛め、自分の思いを歌に詠んで、泣く泣く京へ戻った。

【品詞分解／現代語訳】

格助　四·用　補尊·四·用　助動·過·体　格助　サ変·用　格助　四·体　格助　助動·断·体
昔、水無瀬 に 通ひ 給ひ し 惟喬親王、例 の 狩り し に おはします 供 に、馬頭 なる
昔、水無瀬(の離宮)にお通いなさった惟喬親王が、いつものように鷹狩りをしにおいでになる供として、馬寮の長官である

四·已(命)　助動·完·終　下二·用　接助　格助　四·用　補尊·四·用(音)　助動·過·終　サ変·用　接助　副　ナ変·未
翁 仕うまつれ り。日ごろ 経 て、宮 に 帰り 給う けり。御送りし て、疾く 往な
翁がお仕え申しあげていた。(水無瀬で)何日かたって、(京にある)親王の御殿に(親王は)お帰りになった。(その時翁は、親王の御殿まで)お送りして、

助動·意·終　格助　四·体　接助　四·用　四·未　助動·意·終　格助　接助　四·未　助動·打·用　助動·過·終　(代)　格助
む と 思ふ に、大御酒 給ひ、禄 給は む と て、遣はさ ざり けり。こ の 馬頭、
早々に退出しようと思っているのに、(親王は翁に)お酒をくださり、(また)ご褒美をくださろうとなさって、(翁を)お帰しにならなかった。この馬寮の長官は、

四·用　接助
心もとながり て、
じれったく思って、

格助　接助　四·体　係助　サ変·未　助動·打意·終　格助　格助　副助　四·未　助動·可·未
枕 と て 草 ひき結ぶ こと も せ じ　秋 の 夜 と だに 頼ま れ
枕にしようとして草をひき結んで旅寝をすることも(今夜は)しますまい。(今は短夜の春なので)秋の夜だと思って(夜長を)あてにする

(連語)　接助
なく に
ことさえできませんのに。

格助　四·用　助動·過·体　係助　格助　助動·断·用　助動·過·終　四·未　接助　四·用　補尊·四·用(音)
と 詠み ける。時 は 三月 の つごもり なり けり。親王、大殿籠ら で 明かし 給う
と詠んだ。時は三月の末であった。親王は、(その夜は)おやすみにならないで(歓談して)夜明か

助動·完·用　助動·過·終　副　サ変·用　接助　下二·用　四·用　助動·過·体　接助　ナリ·用　四·用
て けり。かく し つつ、詣で 仕うまつり ける を、思ひのほかに、御髪 下ろし
しなさってしまった。このようにしては、(親王の御殿に)参上しお仕え申しあげていたのに、思いがけず、(親王は)剃髪しご出家な

補尊・四・用(音)　助動・完・用　助動・過・終　格助　四・用　補謙・四・未　助動・意・終　格助　接助　格助　下二・用　助動・完・体　接助

給う　て　けり。正月　に　拝み　奉ら　む　とて、小野　に　詣で　たる　に、比叡の山

さってしまった。　(翁は)正月に拝顔申しあげようと思って、小野に参上したところ、(そこは)比

格助　助動・断・已　接助　副　ク・終　副　格助　下二・用　接助　四・用　補謙・四・体　接助　副　副

の　麓　なれ　ば、雪　いと　高し。強ひて　御室　に　詣で　て　拝み　奉る　に、つれづれと　いと

叡山の麓であるので、　雪がたいそう高く積もっている。(雪の中を)おして(親王の住まいである)御庵室に参上してお目にかかると、(親王は)所在な

シク・用　接助　補尊・四・用　助動・過・已　接助　副　シク・用　四・用　接助　格助　副助　下二・用　補謙・下二・用

もの悲しく　て　おはしまし　けれ　ば、やや　久しく　候ひ　て、古　の　こと　など　思ひ出で　聞こえ

げでたいそうもの悲しいご様子でいらっしゃったので、　多少長い時間おそばに伺候して、　昔のことなどを思い出してお話し申しあげた。

助動・過・終　副　四・用　終助　格助　四・已　接助　ラ変・用　助動・過・已　接助　副　四・未　接助　格助　四・終

けり。さても　候ひ　てしがな　と　思へ　ど、公事ども　あり　けれ　ば、え　候は　で、夕暮れ　に　帰る

(翁は)そのままでお仕え申しあげたいと思ったが、　宮中での仕事などがあったので、　お仕えすることができなくて、夕暮れに(京へ)帰る

格助　接助

と　て、

といって、

下二・用　接助　係助　係助　格助　係助(係)　四・体(結)　四・用　助動・過・終　係助　下二・用　接助　格助　上一・未　助動・推・終　格助

①忘れ　て　は　夢　か　と　ぞ　思ふ　思ひ　き　や　雪　踏み分け　て　君　を　見　む　と

(現実を)ふと忘れて夢ではないかと思います。かねて思ったでありましょうか、(いや、思ってもみませんでした。)このように(深い)雪を踏み分けて親

係助

は

王様にお目にかかろうとは。

格助　接助　係助(係)　副　カ変・用　助動・完・用　助動・過・体(結)

と　て　なむ、泣く泣く　来　に　ける。

と詠んで、泣く泣く帰って来たのだった。

(第八三段)

語句の解説　**教55ページ**

1 ＊おは《ワ》します　「行く」「来《く》」の尊敬語。おいでになる。

2 仕《つこ》う《ウ》まつれり　お仕え申しあげていた。

*「仕うまつる」＝「仕ふ」の謙譲語。お仕え申しあげる。

2 **日《ひ》ごろ経《へ》て**　何日かたって。

*「経《ふ》」＝ここでは、時がたつ、時間が経過する、の意。

2 **疾《と》く**　早く。ク活用形容詞「疾し」の連用形の副詞化したもの。

*「疾し」＝早い。

3 **給《たま》はむ《ワン》とて**　くださろうとして。

「給ふ」＝「賜ふ」とも書き、本動詞として用いられた場合は、くださる、お与えになる、の意。

3 **遣《つか》は《ワ》さざりけり**　お帰しにならなかった。

*「遣はす」＝もとは、「行かせる」の意の尊敬語。おやりになる。おつかわしになる。ここでは、お帰しになる、と訳した。

3 **心《こころ》もとながりて**　じれったく思って。

*「心もとながる」＝じれったく思う。

5 **頼《たの》まれなくに**　あてにすることさえできないのに。「なくに」は打消の助動詞「ず」の古い未然形「な」＋名詞形を作る接尾語「く」（ク語法）＋接続助詞「に」。

*「頼む」＝あてにする。

教56ページ

2 **大殿籠《おおとのごも》らで**　おやすみにならないで。

*「大殿籠る」＝「寝《ぬ》」の尊敬語。おやすみになる。

3 **詣《もう》で**　参上し。

*「詣づ」＝「行く」「来」の謙譲語。伺う。参上する。

4 **御髪《みぐし》下ろし給《たも》う《ウ》てけり**　剃髪しご出家なさってしまった。

*「御髪下ろす」＝貴人が剃髪して出家する。

5 **拝《おが》み奉《たてまつ》らむ《ン》**　拝顔申しあげよう。

「拝む」＝「見る」の謙譲語。拝顔する。お目にかかる。

*「奉る」＝謙譲の補助動詞。お（ご）…申しあげる。

9 **やや久《ひさ》しく候《さぶら》ひ《イ》て**　多少長い間おそばに伺候して。

*「候ふ」＝ここでは、「仕ふ」「をり」「あり」の謙譲語。お仕えする。おそばに控える。伺候する。

9 **思《おも》ひ《イ》出《い》で聞《き》こえけり**　思い出してお話し申しあげた。

*「聞こゆ」＝「言ふ」の謙譲語。申しあげる。お話しする。

11 **え候《さぶら》は《ワ》で**　お仕えすることができず。

*「え……（打消）」＝不可能の意を表す。…できない。

❶ **何を「忘れて」なのか。**

答　第一皇子として生まれたのに、主流からはずれ比叡山の麓の雪深い庵にいるという現実。

課題

一　「枕とて……」（55・5）の歌で「秋の夜とだに」と詠んだ理由を説明してみよう。

解答例　秋の夜長でさえゆっくりできないのに、夜の短い三月はなおさらゆっくりできないから、早く帰してほしいと願ったため。

二　「忘れては……」（56・13）の歌にこめられた心情はどのようなものか、説明してみよう。

解答例　かつて楽しい時間をともにしたからこそ、出家した親王の姿を目にしても現実のこととは思えず、親王の不遇を悲しむ心情。

語句と表現

一 次の傍線部の「し」の違いを文法的に説明してみよう。

①通ひ給ひし惟喬親王、(55・1)
②かくしつつ、(56・3)
③雪いと高し。(56・6)

解答 ①過去の助動詞「き」の連体形。
②サ行変格活用動詞「す」の連用形。
③ク活用形容詞「高し」の終止形活用語尾。

参考　つひ《イ》にゆく道

教科書P.57

【大意】 教57ページ1～2行

昔、ある男が病気になり、死にそうな気持ちがして、「死とは誰もが行く道だが、昨日今日とは思っていなかった」という歌を詠んだ。

【品詞分解／現代語訳】

昔、男、わづらひ(四・用) **て**(接助)**、心地 死ぬ**(ナ変・終) **べく**(助動・推・用) **おぼえ**(下二・用) **けれ**(助動・過・已) **ば**(接助)**、**

昔、ある男が、病気になって、今にも死んでしまいそうに思われたので(歌を詠んだ、その歌は)、

つひに(副) **ゆく**(四・体) **道 と**(格助) **は**(係助) **かねて**(副) **聞き**(四・用) **しか**(助動・過・已) **ど**(接助) **きのふ 今日 と**(格助) **は**(係助) **思は**(四・未) **ざり**(助動・打・用) **し**(助動・過・体) **を**(間助)

(死というものは誰でも)最後に行く道であると以前から聞いていたけれど、(それが私の身に起こるのが)昨日や今日のことだとは思わなかったのになあ。

(第一二五段)

語句の解説

教57ページ

1 **死《し》ぬべく** 今にも死んでしまいそうだ。
「べし」＝推量の助動詞。

2 **つひ《イ》にゆく道《みち》** 最後に行く道。つまり、死出の道のこと。

2 **思《おも》は《ワ》ざりしを** 思わなかったのになあ。
「を」＝詠嘆の間投助詞。終助詞ともとれる。…のになあ。

大和《やまと》物語

教科書P.58〜60

●『大和物語』とは

歌物語。作者は諸説あるが未詳。天暦《てんりゃく》五(九五一)年頃まとめられ、その後加筆、増筆されて現在の形になったと考えられている。百七十余段(二百九十五首の和歌を含む)からなり、前半は和歌を中心として、天皇や貴族、その子女、僧や女性など、実在の人物にまつわる説話が多く、後半は教科書に採られている「姨捨《おばすて》」などの、古くから伝承されてきた説話が主に語られている。

『伊勢物語』のように中心となる人物はいないが、多種多様な実在の人物を登場させ、また客観的に記されていることから、当時の貴族社会や、そこでの話題、人間関係などを知る貴重な資料となっている。

姨《おば》捨《すて》

【大　意】 教58ページ1行〜59ページ15行

信濃《しなの》の国の更級《さらしな》に、若い時に親を亡くし、おばに育てられた男がいた。男には妻がおり、妻は男におばの悪口を言い、おばを厄介払いしようとした。男はおばを粗略に扱うようになり、ついに、山に捨ててしまった。しかし、男はおばのことを一晩中考えて寝られず、その思いを歌に詠み、再び家に連れ戻した。後にこの山を姨捨山と呼んだ。

【品詞分解／現代語訳】

信濃の国　に(格助)　更級　と(格助)　いふ(四・体)　所　に(格助)、男　住み(四・用)　けり(助動・過・終)。

信濃の国の更級という所に、男が住んでいた。

若き(ク・体)　時　に(格助)　親　は(係助)　死に(ナ変・用)　けれ(助動・過・已)　ば(接助)、をば　なむ(係助)　親

若い時に親が死んだので、おばが親のように、

の(格助)　ごとくに(助動・比・用)、若く(ク・用)　より(格助)　添ひ(四・用)　て(接助)　ある(ラ変・体)　に(接助)、こ(代)　の(格助)　妻　の(格助)　心憂き(ク・体)　こと　多く(ク・用)　て(接助)、こ(代)　の(格助)　姑　の(格助)、

(男の)若い頃からそばに付き添って(世話をして)いたが、この(男の)妻が不快に思うことが多くて、この姑が、

老いかがまり(四・用)　て(接助)　ゐ(上一・用)　たる(助動・存・体)　を(格助)　常に(副)　憎み(四・用)　つつ(接助)、男　に(格助)　も(係助)　こ(代)　の(格助)　をば　の(格助)　御心　の(格助)　さがなく(ク・用)

年をとって腰が曲がっているのをいつも憎らしく思いながら、男にもこのおばの御心が意地悪で悪いことを言い聞かせたので、

シク・体　格助　下二・用　助動・過・已　接助　格助　助動・比・用　係助　補動・ラ変・未　助動・打・用　ナリ・体　ク・用
悪しき　こと　を　言ひ聞かせ　けれ　ば、昔　の　ごとくに　も　あら　ず、おろかなる　こと　多く、
(男は)昔のように(大切にすること)もなく、おろそかに扱うことが、このおば

(代)　接助　格助　格助　四・用　助動・過・終　(代)　格助　副　ク・用(音)　上二・用　接助　格助
こ　の　をば　の　ため　に　なりゆき　けり。こ　の　をば、いと　いたう　老い　て、二重　にて
に対して多くなっていった。　このおばは、　本当に年をとって、　腰が折れ曲がって、

上一・用　助動・存・終　(代)　格助　副　(代)　格助　四・用　接助　副助　ナ変・未　助動・打・体　格助　四・用　接助
ゐ　たり。これ　を　なほ、こ　の　嫁、ところせがり　て、今　まで　死な　ぬ　こと　と　思ひ　て、
体が折れ重なるような状態でいた。これ(＝腰が折れ曲がっていること)をいっそう、男の妻は、厄介に思って、今まで(よく)死なずにきたことよと思って、

ク・未　助動・打・体　格助　四・用　接助　四・用　接助　ク・体　格助　下二・用　補尊・四・用　助動・完・命　格助　副助
よから　ぬ　こと　を　言ひ　つつ、「もていまし　て、深き　山　に　捨て　たうび　てよ。」と　のみ
(男におばの)よくないことを何度も言って、「(おばを)連れていらっしゃって、深い山にお捨てになってください。」とばかり(言って)責め立てた

下二・用　助動・過・已　接助　下二・未　助動・受・用　上二・用　接助　副　サ変・用　接助　助動・強・未　助動・意・終　格助　四・用　助動・完・終
責め　けれ　ば、責め　られ　わび　て、①さ　し　て　む　と　思ひなり　ぬ。
ので、　(男も)責められて困り、　そう(＝妻の言うとおりに)してしまおうと思うようになってしまった。

格助　副　ク・体　感　四・命　格助　ク・体　サ変・終　助動・伝・体　下二・用　補謙・四・未　助動・意・終　格助
月　の　いと　明かき　夜、「嫗ども、いざ　給へ。寺　に　尊き　業　す　なる、見せ　奉ら　む。」と
月がとても明るい夜、　「おばあさんよ、さあいらっしゃい。寺でありがたい法会をするそうだ、(それを)見せて差しあげよう。」と(男が)

四・用　助動・過・已　接助　ク・用　四・用　接助　四・未　助動・受・用　助動・完・用　助動・過・終　ク・体　格助　格助　四・用　助動・過・已　接助
言ひ　けれ　ば、限りなく　喜び　て　負は　れ　に　けり。高き　山　の　麓　に　住み　けれ　ば、
言ったところ、　(おばは)この上なく喜んで背負われたのだった。　高い山の麓に住んでいたので、

(代)　格助　格助　副　四・用　接助　ク・体　格助　格助　カ変・終　助動・可・用　係助　補動・ラ変・未　助動・打・体　格助　四・用
そ　の　山　に　はるばると　入り　て、高き　山　の　峰　の、下り来　べく　も　あら　ぬ　に、置き
その山に遥かに遠くまで入って、　高い山の峰で、　下りて来られそうもない所に、　(おば

接助　下二・用　接助　カ変・用　助動・完・終　感　格助　四・已　接助　係助　サ変・未　接助　下二・用　接助　格助　カ変・用　接助　四・用
て　逃げ　て　来　ぬ。「やや。」と　言へ　ど、答へ　も　せ　で、逃げ　て　家　に　来　て　思ひ
を)残して逃げて来てしまった。　「これこれ。」と(おばが)呼びかけたけれど、(男は)返事もしないで、逃げて家に(戻って)来て考えていると、

補動・ラ変・体／接助／四・用／下二・用／助動・過・体／係助／四・用／接助／副／サ変・用／助動・完・已／接助／格助／助動・比（語幹）

をる　に、②言ひ　腹立て　ける　折　は、③腹立ち　て　かく　し　つれ　ど、年ごろ　親　の　ごと

（妻がおばの悪口を）言って（自分の）腹を立てさせた時は、（自分でもおばに）腹が立ってこのように（山に置き去りに）してしまったけれど、

四・用／接助／四・用／助動・完・用／助動・過・已／接助／副／シク・用／下二・用／助動・過・終／（代）／格助／格助／格助／係助

養ひ　つつ　あひ添ひ　に　けれ　ば、いと　悲しく　おぼえ　けり。こ　の　山　の　上　より、月　も

長年親のように養いながら一緒に暮らしてきたので、とても悲しく思われた。この山の上から、月もたい

副／ク・用／ク・用／下二・用／助動・存・体／格助／下二・用／接助／係助／下二・未／助動・可・未／助動・打・用／シク・用（音）

いと　限りなく　明かく　出で　たる　を　眺め　て、夜ひと夜、寝　も　寝　られ　ず、悲しう

そうこの上なく明るく出ているのをもの思いにふけりながら眺めて、一晩中、寝ることもできず、悲しく思われ

下二・用／助動・過・已／接助／副／四・用／助動・完・用／助動・過・体

おぼえ　けれ　ば、かく　詠み　たり　ける。

たので、このように詠んだ。

（代）／格助／下二・用／助動・完・終／間助／格助／四・体／格助／上一・用／接助

わ　が　心　慰めかね　つ　更級　や　姨捨山　に　照る　月　を　見　て

私は自分の心を（慰めようとして）慰めることができなかった。この更級の、（おばを置き去りにした）姨捨山に照る月を見ていると。

格助／四・用／接助／係助（係）／副／四・用／接助／下二・用／カ変・用／助動・完・用／助動・過・体（結）／（代）／格助／係助（係）／格助

と　詠み　て　なむ、また　行き　て　迎へ　もて来　に　ける。それ　より　のち　なむ、姨捨山　と

と詠んで、再び（山に）行って（おばを）迎えて連れ戻した。それから後、（この山のこと

四・用／助動・過・体（結）／ク・終／格助／係助／（代）／格助／助動・断・用／係助（係）／補動・ラ変・用／助動・過・体（結）

いひ　ける。慰めがたし　と　は、これ　が　由　に　なむ　あり　ける。

を）姨捨山と言った。慰めがたい（という時に、姨捨山を引き合いに出す）というのは、このことが理由であったのだ。

（第一五六段）

語句の解説

教58ページ

2 **親《おや》は死《し》にければ**　親は死んでしまったので。
「ば」＝已然形＋「ば」で、ここでは、順接の確定条件。原因・理由を表す。

4 **心憂《こころう》きこと多《おお》く**　不快に思うことが多く。
＊「心憂し」＝不快だ、嫌だ、の意。

6 **さがなく悪《あ》しきこと**　意地悪で悪いこと。
＊「さがなし」＝意地悪だ、性格がよくない、の意。
＊「悪し」＝悪い。

8 **おろかなること多《おお》く**　後の「このをばのために」と語順を入れ替えて考えると、わかりやすい。

＊「おろかなり」＝おろそかである、いい加減である、の意。

教59ページ

1 **二重《ふたえ》にてゐ《イ》たり**　年老いて腰が曲がっていたが、それが進行して、体が折れ重なるような状態になっていたということ。

2 **ところせがりて**　厄介だと思って。

＊「ところせがる」＝厄介に感じる。形容詞「ところせし」(窮屈だ、面倒だ)に接尾語「がる」が付いて動詞化したもの。

2 **死《し》なぬこと**　死なないことよ。

「こと」＝文末(ここでは「　」を付けると、「今まで死なぬこと。」となる)において詠嘆を表す。…ことよ。

2 **よからぬことを言《い》ひ《イ》つつ**　おばのよくないことを何度も言って。

＊「よし」＝よい。

「つつ」＝接続助詞で、ここでは動作の反復を表す。何度も…て。繰り返し…て。

3 **もていまして**　連れていらっしゃって。妻の、男に対する敬意を表す。

3 **捨《す》てたう《トウ》びてよ**　「てよ」は完了の助動詞「つ」の命令形。

「たうぶ」＝「たまふ」の変化形でここは補助動詞。お…になる。

3 **責《せ》められわびて**　責め立てられて困り。

＊「わぶ」＝困る、困惑する、の意。

❶ **「さ」とはどのようなことを指すか。**

答　おばを深い山の中に捨ててしまうこと。

5 **いざ給《たま》へ《エ》**　さあいらっしゃい。人に同行や行動を促す慣用句。

5 **見《み》せ奉《たてまつ》らむ**　見せて差しあげよう。

＊「奉る」＝ここでは補助動詞。謙譲の意を表す。

7 **高《たか》き山《やま》の峰《みね》の**　「峰の」の「の」は同格。…で、と訳す。

8 **やや**　呼びかけの言葉。これこれ。

8 **答《いら》へ《エ》**　返事。

＊「答ふ」＝答える。返答する。

9 **言《い》ひ《イ》腹《はら》立《だ》てける**　妻が(おばの悪口を)言って(自分(＝男)の)腹を立てさせた。

「腹立つ」＝ここは下二段活用動詞(他動詞)で、腹を立てさせる、怒らせる、の意。

9 **腹《はら》立《だ》ちて**　腹が立って。

「腹立つ」＝ここは四段活用動詞(自動詞)で、腹が立つ、怒る、の意。

❷・❸ **「言ひ腹立てける」「腹立ちて」の主語は、それぞれ誰か。**

答　②妻。
③男。

9 **かくしつれど**　このようにしてしまったけれど。

「ど」＝已然形に付いて、逆接の確定条件を表す。…けれど。

9 **年《とし》ごろ**　長年。

「……ごろ」＝年・月・日などに付き、長い時間の経過を表す。

9 **親《おや》のごと**　親のように。

「ごと」＝比況の助動詞「ごとし」の語幹。連用修飾語となり、…のように、と訳す。

10 おぼえけり　思われた。

＊「おぼゆ」＝思われる。

11 眺《なが》めて　もの思いにふけりながら眺めて。

＊「眺む」＝もの思いにふけりながらぼんやりと見やる。

11 寝《い》も寝《ね》られず　寝ることもできず。

「寝《い》」＝名詞で、寝ること、睡眠、の意。ただし、この語は「寝を寝《ぬ》」「寝も寝《ぬ》」の形で用いられるので、あえて「睡眠」と訳す必要はない。また、多く下に打消の語（ここでは「ず」）を伴う。

13 慰《なぐさ》めかねつ　慰めることはできなかった。

「かぬ」＝動詞の連用形に付いて、…することができない、の意。

13 更級《さらしな》や　更級の。

「や」＝間投助詞で、詠嘆を表し、余情をもたせる。

課題

一　「男」が「をば」を捨てるまでの経緯を整理してみよう。

解答例　・妻が男におばの悪いところを言い聞かせるうちに、男はおばをおそろかに扱うようになり、妻はおばを山に捨ててくるよう男を何度も責めた。

・男は妻の言うとおりにしようと思い、寺の法会を見せると言っておばを山に連れて行き、置き去りにして逃げた。

二　「男」が「をば」を捨てたあと、歌を詠んで迎えに行くまでの心情の変化をまとめてみよう。

解答例　男は長年親のように一緒に暮らしてきたおばを捨てたことを悲しんでいた。月が出て、心が慰められないと思った。

三　本文中で「月」はどのような役割を果たしているか、話し合ってみよう。

考え方　漢詩などにみられる、月は遠く離れた者を思うときに見上げるものである、という伝統と、男が見ているのが「をば」を捨てた山から出た月であるということをもとに考えよう。

解答例　男に、妻から繰り返し言い聞かせられた「をば」の悪口について冷静に考えさせ、「をば」との過去を思い出させて、自分の行動が正しいものだったのか正しく判断できる状態にする役割。

語句と表現

一　次の傍線部の「に」の違いを文法的に説明してみよう。

①若くより添ひてあるに、（58・3）

②負はれにけり。（59・6）

③これが由になむありける。（59・15）

解答　①逆接の接続助詞。

②完了の助動詞「ぬ」の連用形。

③断定の助動詞「なり」の連用形。

四　随筆（二）

枕草子《まくらのそうし》

清少納言《せいしょうなごん》

教科書P.62〜69

●『枕草子』とは

随筆。筆者は清少納言。一〇〇一（長保《ちょうほう》三）年以降の成立。三百余段の章段からなり、その記述内容から、類聚《るいじゅう》的章段（物づくし）、随想的章段、日記・回想的章段の三つに区分される。平仮名を中心とした和文で綴《つづ》られ、総じて軽妙な筆致の短編が多い。中関白家（藤原道隆《ふじわらのみちたか》）の没落と主である中宮定子《ていし》の身にふりかかった不幸を反映した心情の吐露もみられる。

作者の清少納言は生没年未詳である。父は『後撰《ごせん》和歌集』の撰者の一人で三十六歌仙の清原元輔《きよはらのもとすけ》。曾祖父は中古三十六歌仙の一人清原深養父《ふかやぶ》。二十八、九歳のころ、一条天皇の中宮定子のもとに出仕し、和漢の学問にも通じ、才気あふれる応対で人々に認められていた。定子没後は宮中を退き、その後の消息は不明。

基本的には政治世界とは一線を画した宮中での生活を綴る中で、人間や自然に対しての鋭い観察力や独特の美意識を呈しており、『源氏物語』の心情的な「もののあはれ」に対し、知性的な「をかし」の美の世界を現出させた作品として王朝女流文学を代表する傑作である。鴨長明《かものちょうめい》の『方丈記《ほうじょうき》』、兼好《けんこう》法師の『徒然草《つれづれぐさ》』と並んで日本三大随筆と称され、後世の連歌や俳諧、仮名草子などに影響を与えた。

すさまじきもの

【大　意】　1　教62ページ1行〜63ページ5行

興ざめなもの。春の網代《あじろ》などの季節外れのもの、牛の死んだ牛飼いなどの意味のなくなったもの、方違《かたたが》えにもてなさないなど期待外れのもの。地方からの手紙に贈り物が添えていないもの、心をこめて書いた手紙に返事がなく、戻ってきてしまったのは、興ざめである。

【品詞分解／現代語訳】

すさまじき（シク・体）　もの。昼　吠ゆる（下二・体）　犬。春　の（格助）　網代。三月、四月　の（格助）　紅梅　の（格助）　衣。牛　死に（ナ変・用）　たる（助動・完・体）　牛飼ひ。

興ざめなもの。昼間吠える犬。春の網代。三、四月の紅梅襲の衣。牛が死んでしまった牛飼い。

四・用　助動・完・体　四・未　助動・打・体　格助　四・用　四・未　助動・使・用

乳児亡くなりたる産屋。火おこさぬ炭櫃、地火炉。博士のうち続き女児産ませ

乳児が死んでしまった産屋。火をおこしていない角火鉢、いろり。（大学の）博士が（後つぎとなる男の子が生まれず）続いて女

助動・完・体　格助　四・用　助動・完・体　接助　サ変・未　助動・打・体　副(音)　副助　係助　副　シク・終

たる。方違へに行きたるに、あるじせぬ所。まいて節分などは、いとすさまじ。

の子を産ませたの。方違えに行ったのに、もてなさない所。まして節分（の方違え）など（に、もてなさないの）は、全く興ざめである。

格助　格助　下二・用　助動・完・体　格助　ク・体　格助　格助　係助　副　係助(係)　四・終　助動・現推・已(結)　接　(代)

人の国よりおこせたる文の、物なき。京のをもさこそ思ふらめ。されどそれ

地方からよこした手紙で、贈り物の添えてないもの（は興ざめである）。（地方の人も）京からのものもそのように（＝興ざめに）思って

係助　シク・体　格助　係助　下二・用　格助　ラ変・体　副助　格助　係助　四・已　接助　副　ク・終　格助

は、ゆかしきことどもをも書き集め、世にあることなどをも聞けば、いとよし。人の

いるだろう。しかしそれは、知りたいと思っていることなどをも書き集め、世間のできごとなどをも知る（ことができる）ので、（贈り物がなくても）たいへん

格助　副　ナリ・用　四・用　接助　四・用　助動・完・体　格助　副　係助　カ変・用(音)　助動・強・終　助動・現推・終　終助

もとにわざと清げに書きて遣りつる文の返り言、今は持て来ぬらむかし、

すばらしいのである。人のところに特別にきちんと書いて送った手紙の返事を、もう間もなく持って来るであろうよ、

シク・用(音)　ク・体　格助　四・体　格助　連体　格助　係助　四・用　助動・存・体　格助　係助　副　ナリ・用

あやしう遅きと、待つほどに、①ありつる文、立て文をも結びたるをも、いときたなげに

不思議に遅いことだと、待つうちに、さっきの手紙を、（それが正式な）立て文にせよ（略式の）結んだものにせよ、たいそう汚げに扱って、

四・用　下二・用　接助　格助　四・用　助動・存・用　助動・完・体　副助　下二・用　接助　四・未　助動・打・用　助動・過・終

とりなし、ふくだめて、上に引きたりつる墨など消えて、「おはしまさざりけり。」

けばだたせて、（封の）印に引いた墨なども消えて、「いらっしゃいませんでした。」

接　格助　接助　下二・未　助動・打・終　格助　四・用　接助　四・用(音)　接助　四・用　助動・完・体　副　シク・用

もしは、「御物忌み」とて取り入れず。」と言ひて持て帰りたる、いとわびしく

あるいは、「御物忌みだと言って受け取りません。」と言って持って帰ったのは、本当に情けなく興ざめ

シク・終

すさまじ。

である。

語句の解説 1

教62ページ

1 **すさまじきもの**　興ざめなもの。

＊「すさまじ」＝興ざめだ、おもしろくない、の意。その場にそぐわないことを意味する。

5 **行《ゆ》きたるに**　「に」は格助詞ともとれる。

6 **あるじせぬ所《ところ》**　もてなしをしない所。

8 **おこせたる文《ふみ》**　送ってきた手紙。

9 **京《きょう》のをもさこそ思《おも》ふらめ**　京からの手紙に贈り物が添えていないのもそのように(＝興ざめに)思っているだろう、ということ。

9 **ゆかしきこと**　知りたいこと。

＊「ゆかし」＝興味がある、知りたい、見たい、などの意。

教63ページ

1 **＊よし**　すばらしい。

1 **わざと清《きよ》げに書《か》きて**　特別にきちんと書いて。

「清げなり」＝きちんとしている、整っていてきれいだ、の意。

1 **遣《や》りつる文《ふみ》**　送った手紙。

＊「遣る」＝(物を)送る、の意。

2 **持《も》て来《き》ぬらむ《ン》かし**　強意の助動詞「ぬ」＋現在推量の助動詞「らむ」で、きっと…ているだろう、の意となる。

「持て来」＝「持ちて来」の促音便「持って来」の促音無表記。

「かし」＝念押しの終助詞。…よ。

3 **ありつる文《ふみ》**　さっきの手紙。先程の手紙。

「ありつる」＝さっきの。先程の。前に出てきた。

1　**「ありつる文」とは、どのようなものか。**

答　人のところに特別にきちんと書いて送った手紙。

4 **おは《ワ》しまさざりけり**　いらっしゃいませんでした。

「おはします」＝「あり」「居《を》り」の尊敬語。いらっしゃる。おいでになる。「おはす」より敬意の度合いが高い。

5 **物忌《ものい》み**　暦に記された凶日や、悪夢を見たり、穢《けが》れに触れたりしたときに身を慎むため、その日が過ぎるまで家に籠もること。

5 **わびしく**　情けなく。

＊「わびし」＝情けない。

【大　意】　2　教63ページ6行～64ページ2行

除目《じもく》に官職を得られない人の家。今年こそはと期待して、人々が集まり来て、夜通し大騒ぎして除目の結果を待っていたが、結局任官されず、人々の落胆した様子は滑稽で興ざめである。

【品詞分解／現代語訳】

格助 下二・未 助動・打・体 格助 係助 副 格助 四・用 接助 副(音) ラ変・用 助動・過・体 格助
除目に司得ぬ人の家。今年は必ずと聞きて、はやうありし者どもの、
除目に官職を得られない人の家(は興ざめなものだ)。今年は必ず(任命される)と聞いて、以前(この家に)仕えていた人々で、

ナリ・用 助動・完・体 四・用 助動・存・体 格助 四・体 副 カ変・用 接助 四・体 格助
ほかほかなりつる、田舎だちたる所に住む者どもなど、みな集まり来て、出で入る車の轅
離れ離れになっていた者たちや、田舎じみた所に住む者たちが、みな集まって来て、出入りする牛車の轅に隙間な

格助 ク・用 下二・用 サ変・体 格助 (代) 係助 (代) 係助 格助 四・用 補謙・四・用(音) 四・用 四・用
に隙なく見え、もの詣でする供に、我も我もと参り仕うまつり、物食ひ酒飲み、
く見え、(主人が任官祈願のために)寺社に参詣するお供に、我も我もと参上申しあげ、物を食い酒を飲み、

四・已(命) 助動・存・体 接助 下二・体 副助 四・体 係助 サ変・未 助動・打・終 シク・用(音) 副助 下二・用 接助
ののしり合へるに、果つる暁まで門たたく音もせず。あやしうなど、耳立てて
騒ぎ合っていたが、(任命式の)終わる明け方まで門をたたく音もしない。どうも変だなどと、耳をすまして聞く

四・已 接助 四・体 副助 サ変・用 接助 副助 下二・用 補尊・四・用 助動・完・終 四・用 格助 格助
聞けば、②前駆追ふ声々などして、上達部などみな出で給ひぬ。もの聞きに夜より
と、先払いをする声などがして、(任命式を終えた)上達部などみな(宮中から)退出なさってしまった。情報を聞きに夜から(出かけて)寒

四・用 ラ変・用 助動・過・体 副 ナリ・用 カ変・体 格助 上一・体 係助 副 四・用 副助 係助
寒がりわななきをりける下衆男、いともの憂げに歩み来るを見る者どもは、え問ひだにも
がってふるえていた下男が、ひどく憂鬱そうに歩いて来るのを見る者たちは、(結果を)尋ねることさえ

四・未 助動・打・用 格助 カ変・用 助動・存・体 副助 係助 係助 (代) 格助 係助(係) 四・未 助動・尊・用 補尊・四・用 助動・完・体(結)
問はず。ほかより来たる者などぞ、「殿は何にかならせ給ひたる。」
できない。よそから来ている者などが、「ご主人は何におなりになりましたか。」などと尋ねると、

副助 四・体 接助 格助 係助 (代) 格助 助動・断・用 係助 係助 副助 係助(係) 副 下二・体(結) 副 四・用
など問ふに、答へには、「何の前司にこそは。」などぞ、必ず答ふる。まことに頼み
返事には、「どこそこの国の前の国司に(おなりになった)。」などと、きっと(このように)答える。(主人の任官

助動・過・体 係助 副 シク・終 格助 四・已(命) 助動・存・終 格助 四・用 接助 ク・用 ラ変・用 助動・存・体
ける者は、いと嘆かしと思へり。つとめてになりて、隙なくをりつる者ども、
を)本当にあてにしていた者は、たいそう嘆かわしいと思っている。翌朝になって、隙間なくいた者たちは、

	下二・用	接助	ナ変・終	ク・体		格助	副	副	下二・終	助動・打推・体	係助		格助			格助
一人二人	すべり出で	て	去ぬ。	古き	者ども	の、	さも	え	行き離る	まじき	は、	来年	の	国々、	手	を

一人二人とこっそり抜け出して帰っていく。古くから仕えている者たちで、そんなふうに離れていけそうもない者は、来年(国司が交代するはず)の国

四・用	接助	下二・用	副助	サ変・用	接助	四・用	助動・存・体	係助	副	シク・終	ナリ・終
折り	て	うち数へ	など	し	て、	揺るぎ歩き	たる	も、	いと	をかし。	すさまじげなり。

国を、指を折って数えたりして、体を揺すって歩き回っているのも、とても滑稽だ。興ざめな様子である。

(第二三段)

語句の解説 2

6 **司《つかさ》**　官職。官位。

6 **はやう《ヨウ》ありし者《もの》どもの**　「の」は同格の格助詞。…で。

7 **田舎《いなか》だちたる**　田舎じみた。田舎めいた。

「だつ」＝名詞・形容詞・形容動詞などの語幹に付いて、…のようだ、…らしくなる、の意を表す。

8 **隙《ひま》なく見《み》え**　隙間もないくらいに並んでいるのが見え。

「隙なし」＝隙間がない。

8 **参《まい》り仕う《つこウ》まつり**　参上申しあげ。

「仕うまつる」＝「仕へまつる」のウ音便で、「仕ふ」の謙譲語。お仕え申しあげる。

9 **ののしり合《あ》へ《エ》るに**　騒ぎ合っていたが。

＊「ののしる」＝大声を上げて騒ぐ、の意。

9 **暁《あかつき》**　明け方。未明。

2　**「前駆追ふ声々……出で給ひぬ。」とはどのような状況か。**

答　今年の任命式が全て終わって、列席した上達部が宮中から退出したという状況。

11 **わななきを《オ》りける下衆男《げすおとこ》**　寒がってふるえていた下男。

「わななく」＝手や体がふるえる、わなわなと動く、の意。

「下衆男」＝身分の低い男。下男。

11 **いともの憂《う》げに**　とても憂鬱そうに。主人の任官がかなわなかったため、気落ちしているのである。

「もの憂げなり」＝なんとなく憂鬱そうな様子。

12 **え問ひ《とイ》だにも問は《とワ》ず**　尋ねたいと思っても尋ねることさえできず。

＊「え……(打消)」＝不可能を表す。…できない。

13 **何《なん》の前司《ぜんじ》にこそは**　任命されなかったことを直接に言うと、体裁が悪く、主人にも気の毒なので、このように答えたのである。「こそは」の後に、「おはしませ」などの語が省略されている。

14 **必《かなら》ず答ふ《いらウ》る**　きっと答える。

「答ふ」＝答える。返答する。「こたふ」が相手の問いにはっきりと返事するのに対して、「いらふ」は、適当に応じることで、社交的な応答・挨拶の意味合いが強い。

14 **＊つとめて**　ここでは、翌朝。

15 **古《ふる》き者《もの》どもの**　古くから仕えている者たちで。

「の」＝同格の格助詞。

教64ページ

1さもえ行《ゆ》き離《はな》るまじきは　そんなふうに離れていけそうもない者は。

「え……まじ」＝…できないであろう。

2いとを《オ》かし　とても滑稽だ。

「をかし」＝滑稽である、の意。

課題

一　第一段落に示された物事は、なぜ「すさまじきもの」なのか、それぞれ説明してみよう。

解答例　「昼吠ゆる犬」＝犬は夜の番をして、夜に吠えるのがふさわしいのに、吠えるべき時を間違えているから。

「春の網代」＝網代は冬の漁のための仕掛けであるのに、春にあるのは季節外れであるから。

「三月、四月の紅梅の衣」＝紅梅の衣は、十一月から二月頃に着るもので、季節外れであるから。

「牛死にたる牛飼ひ」「乳児亡くなりたる産屋」「火おこさぬ炭櫃、地火炉」＝牛飼いの牛、産屋の乳児、炭櫃・地火炉の火といった、当然あるべきものが失われているから。

「博士のうち続き女児産ませたる」＝博士は、世襲で男性だけの官職であった。よって次こそは跡継ぎの男児をと期待しているのに、女児が生まれたから。

「方違へに行きたるに、あるじせぬ所」＝方違えにやって来たときには、もてなしをするのが習慣であるのに、それをしないから。

二　筆者は、第二段落でどのような「文」を「すさまじきもの」だと述べているか、説明してみよう。

解答例　・地方からよこした手紙に、贈り物の添えられていないもの。

・特別にきちんと書いた手紙なのに汚げに扱われて、相手に渡せずに持って帰ってきたもの。

三　第三段落の「徐目に司得ぬ人の家」(63・6)に集まってきた人々の行動と心情の変化について、時間の推移にしたがってまとめてみよう。

考え方　除目に任官できない人の家の、期待外れで滑稽な情景をとらえる。今年こそはと期待して人々が集まって来て、主人のもの詣での供に我も我もと参上し、飲み食いして大騒ぎしているが、結局任官されなかった。集まった人たちは落胆し、一人二人とこっそり帰り、残った者は来年に望みを託して身を揺すって歩く。それらの姿や様子、心情を時間の推移に沿ってまとめよう。

語句と表現

一　次の傍線部の「ぬ」の違いを文法的に説明してみよう。

①火おこさぬ炭櫃、(62・4)
②みな出で給ひぬ。(63・10)
③すべり出でて去ぬ。(63・15)

解答　①打消の助動詞「ず」の連体形。
②完了の助動詞「ぬ」の終止形。
③ナ行変格活用動詞「去ぬ」の終止形活用語尾。

学びを広げる　古語と現代語

教科書P.65

一 「すさまじきもの」やこれまで学んだ古文教材の中から、古今異義語を探してみよう。

考え方 『すさまじきもの』では「ゆかし」(62・9)、「あやし」(63・2)、「ののしる」(63・9)、「つとめて」(63・14)などがある。

二 探した古今異義語について、古語辞典や国語辞典を利用して、古語と現代語、それぞれの意味と用例を調べてみよう。

解答例 「ゆかし」の古語特有の意味は、興味がある、知りたい、見たい、など。用例は、「ねびゆかむさまゆかしき人かなと(成長していく様子を見たい人だなあと)」(『源氏物語』)など。現代語の「ゆかしい」の意味は、昔のことがしのばれて懐かしい、上品でしとやかだ、など。用例は「古式ゆかしい祭。」「ゆかしい人柄。」など。

三 具体的な用例を並べて、古語から現代語への変化がどのように生じたか、その経緯や理由を考えてみよう。

考え方 古語辞典や国語辞典において語源や品詞の変化、漢字表記の変遷などが説明されていることがあるので調べてみるとよい。

四 各自が調べたり考えたりしたことをレポートにまとめ、グループ内で互いに発表してみよう。

考え方 教科書65ページ下段の図を参考に、整理してみよう。

中納言参り給《たま》ひ《イ》て

【大　意】 教66ページ1〜9行

中納言藤原隆家《ふじわらのたかいえ》が中宮定子《ていし》に扇を献上する時に、「今まで見たこともないすばらしい骨です。」と自慢したので、私が「ではくらげの骨でしょう。」と言うと、中納言は「この言葉は私の言ったことにしよう。」とお笑いになった。

【品詞分解／現代語訳】

中納言　参り(四・用)　**給ひ**(補尊・四・用)　**て**(接助)、**御扇　奉ら**(四・未)　**せ**(助動・尊・用)　**給ふ**(補尊・四・体)　**に**(格助)、「**隆家　こそ**(係助(係))　**いみじき**(シク・体)　**骨　は**(係助)　**得**(下二・用)　**て**(接助)

中納言が(中宮定子のもとに)参上なさって、扇を(中宮に)献上なさる時に、「隆家は、すばらしい扇の骨を手に入れております。

侍れ(補丁・ラ変・已(結))。**それ**(代)　**を**(格助)　**張ら**(四・未)　**せ**(助動・使・用)　**て**(接助)　**参らせ**(下二・未)　**む**(助動・意・終)　**と**(格助)　**する**(サ変・体)　**に**(接助)、**おぼろけ**(ナリ(語幹))　**の**(格助)　**紙　は**(係助)　**え**(副)　**張る**(四・終)

それ(に紙)を張らせて(中宮に)差しあげようと思うのですが、ありふれた紙は張ることができそうにないの

助動・打推・已　接助　下二・用　補丁・ラ変・体　助動・断・終　格助　四・用　補尊・四・終
まじけれ ば、求め 侍る なり。」と 申し 給ふ。
で、(よい紙を)探しております。」と申しあげなさる。

ナリ・用　係助(係)　ラ変・体(結)　格助　四・用　補謙・下二・未　助動・尊・用　補尊・四・已　接助　副　シク・用(音)　補丁・ラ変・終
「いかやうに か ある。」と 問ひ 聞こえ させ 給へ ば、「すべて、いみじう 侍り。
(中宮が)「(その骨とは)どのようなものですか。」とお尋ね申しあげなさると、(中納言は)「すべて、すばらしゅうございます。

副　副　上一・未　助動・打・体　格助　助動・断・終　格助　係助(係)　四・体(結)　副　副　格助　係助
『さらに まだ 見 ぬ 骨 の さま なり。』と なむ 人々 申す。まことに かばかり の は
『全くまだ見たことのない骨の様子だ。』と人々が申します。本当にこれほどの(すばらしい骨)は

下二・未　助動・打・用　助動・完・終　格助　ク・用　四・已　接助　接　格助　助動・断・用　係助　ラ変・未　接助　格助
見え ざり つ。」と ①言高く のたまへ ば、「さては、扇 の に は あら で、くらげ の
見たことがない。」と声高くおっしゃるので、(私は)「それでは、扇の(骨)ではなくて、くらげの

助動・断・体(音)　助動・推定・終　格助　下二・已　接助　(代)　係助　格助　格助　サ変・用　助動・強・未　助動・意・終　格助　接助　四・用
な なり。」と 聞こゆれ ば、「これ は 隆家 が 言 に し て む。」とて、笑ひ
(骨)だということですね。」と申しあげると、(中納言は)「これは隆家が言った言葉にしてしまおう。」とおっしゃって、

補尊・四・終
給ふ。
お笑いになる。

ナリ(語幹)　格助　係助　係助　ク・体　格助　格助　下二・用　助動・強・終　助動・当・已　接助　副
かやう の こと こそ は、かたはらいたき こと の うち に 入れ つ べけれ ど、「一つ な
このような(自慢めいた)ことは、にがにがしいことの中に入れてしまうべきであるが、(人々が)「一

四・用　終助　格助　四・已　接助　副　係助　サ変・未　助動・意・体
落とし そ。」と 言へ ば、いかが は せ む。
つも書き落としてはいけない。」と言うので、どうしようか、どうしようもない。

(第九八段)

語句の解説

教66ページ

1 参《まい》り給《たま》ひ《イ》て　参上なさって。

「参り給ふ」＝「行く」「来」の謙譲語「参る」(筆者の中宮に対

する敬意）＋尊敬の補助動詞「給ふ」（筆者の中納言に対する敬意）で、いわゆる二方面敬語。

1 **奉《たてまつ》らせ給《たま》ふ《ウ》**　献上なさる。

＊「奉らす」＝謙譲語「奉る」の未然形＋尊敬の助動詞「す」。献上する。差しあげる。

「せ給ふ」＝尊敬の助動詞「す」の連用形「せ」＋尊敬の補助動詞「給ふ」で、最高敬語。筆者の中納言に対する敬意を表す。

1 **得《え》て侍《はべ》れ**　手に入れました。

＊「侍り」＝丁寧の補助動詞。…ております。

2 **参《まい》らせむ《ン》とするに**　差し上げようと思うのですが。

＊「参らす」＝「与ふ」「やる」の謙譲語。

2 **え張《は》るまじければ**　張ることができそうにないので。

＊「え……（打消）」＝不可能の意を表す。…できない。

3 **求《もと》め侍《はべ》るなり**　探しております。

＊「求む」＝探す。

4 **いかやう《ヨウ》に**　ナリ活用形容動詞ととったが、副詞ともとれる。

4 **問《と》ひ《イ》聞《き》こえさせ給《たま》へ《エ》ば**　お尋ね申しあげなさると。

＊「聞こゆ」＝ここは、謙譲の補助動詞。お…申しあげる。筆者の中納言に対する敬意を表す。

「させ給ふ」＝尊敬の助動詞「さす」の連用形「させ」＋尊敬の補助動詞「給ふ」で最高敬語。筆者の中宮に対する敬意を表す。

5 **さらにまだ見《み》ぬ**　全くまだ見たことのない。

＊「さらに……（打消）」＝全く。決して。全然。

答 ❶ **「言高く」にはどのような気持ちが表れているか。**

中納言の誇らしげな気持ち。

6 **くらげのななり**　くらげの骨だということですね。「さらにまだ見ぬ骨のさまなり」という言葉をとらえて言ったしゃれ。

「ななり」＝「なるなり」の撥音《はつおん》便「なんなり」の撥音無表記。

7 **聞《き》こゆれば**　申しあげると。

「聞こゆ」＝ここは本動詞で、「言ふ」の謙譲語。

7 **これは隆家《たかいえ》が言《こと》にしてむ《ン》**　「これ」は、「扇のにはあらで、くらげのななり。」を指す。このしゃれが機知に富んでおもしろいので、自分（隆家）が言ったことにしてしまおうというのである。

8 **かたはら《ワ》いたきこと**　にがにがしいこと。

＊「かたはらいたし」＝（はたで見たり聞いたりするのも）にがにがしい、みっともない、の意。

8 **入《い》れつべけれど**　入れてしまうべきであるが。

「つべし」＝強意の助動詞「つ」＋当然の助動詞「べし」で、当然の意を強める。

8 **一《ひと》つな落《お》としそ**　一つも書き落としてはいけない。

＊「な……そ」＝禁止の意を表す。…してはいけない。

9 **いかがはせむ《ン》**　どうしようか、いやどうしようもない。

「いかがは」＝多く下に推量表現を伴って反語の意を表す。

課題

一 **本文中の会話文はそれぞれ誰の発言か、敬語に注意して整理してみよう。**

解答

「隆家こそ、……求め侍るなり。」＝中納言
「いかやうにかある。」＝中宮
「すべて、……見えざりつ。」＝中納言
「さては、……くらげのななり。」＝筆者
「これは隆家が言にしてむ。」＝中納言
「一つな落としそ。」＝女房たち

二 **「さては、扇のにはあらで、くらげのななり」(66・6)という発言には、どのようなおもしろさがあるか、話し合ってみよう。**

考え方 この言葉は、「さらにまだ見ぬ骨のさまなり。」(全くまだ見たことのない骨の様子だ。)という中納言の言葉をとらえて、「ならば、それは骨のないくらげの骨だということですね。」としゃれたもの。そのことをおさえて、話し合ってみよう。

語句と表現

一 **本文中の次の部分を傍線部に注意して現代語訳してみよう。**

①紙はえ張るまじければ、(66・2)
②さらにまだ見ぬ骨のさまなり。(66・5)
③一つな落としそ。(66・8)

解答 ①紙は張ることができそうにないので、
②全くまだ見たことのない骨の様子だ。
③一つも書き落としてはいけない。

雪のいと高う降りたるを

【大　意】 **教68ページ1～5行**

雪の高く降り積もった日、中宮が「少納言よ。香炉峰の雪はどうかしら。」とお尋ねになったので、御簾《みす》を高く上げたところ、お笑いになった。女房たちもそのふるまいを称賛し、中宮に仕えるのにふさわしい人だと言った。

【品詞分解／現代語訳】

	格助	副	ク・用(音)	四・用	助動・存・体	接助		助動・断・未	助動・打・用		四・用	接助		格助		四・用	接助
雪	**の**	**いと**	**高う**	**降り**	**たる**	**を、**	**例**	**なら**	**ず**	**御格子**	**参り**	**て、**	**炭櫃**	**に**	**火**	**おこし**	**て、**

雪がとても高く降り積もっているのに、いつもと違って御格子を下ろし申しあげて、角火鉢に火をおこして、

	副助	サ変・用	接助	四・用	四・体	接助		間助		格助		ナリ・未	助動・推・体	格助	下二・未	助動・尊・已	接助
物語	**など**	**し**	**て**	**集まり**	**候ふ**	**に、**	**「少納言**	**よ。**	**香炉峰**	**の**	**雪**	**いかなら**	**む。」**	**と**	**仰せ**	**らるれ**	**ば、**

(女房たちが)世間話などして集まってお仕えしていると、(中宮が)「少納言よ。香炉峰の雪はどうかしら。」とおっしゃるので、

御格子上げさせて、御簾を高く上げたれば、笑はせ給ふ。

（上げ：下二・未　させ：助動・使・用　て：接助　を：格助　高く：ク・用　上げ：下二・用　たれ：助動・完・已　ば：接助　笑は：四・未　せ：助動・尊・用　給ふ：補尊・四・終）

御格子を上げさせて、（私は）御簾を高く上げたところ、（中宮は）お笑いになる。

人々も「①さることは知り、歌などにさへ歌へど、思ひこそよらざりつれ。なほ、

（も：係助　さる：ラ変・体　は：係助　知り：四・用　など：副助　に：格助　さへ：副助　歌へ：四・已　ど：接助　思ひ：四・用　こそ：係助（係）　よら：四・未　ざり：助動・打・用　つれ：助動・完・已（結）　なほ：副）

仲間の女房たちも「そのようなことは知っており、歌などにまで歌うけれど、（簾を上げることまでは）思いもよらなかった。（あなた

この宮の人にはさべきなめり。」と言ふ。

（こ：（代）　の：格助　の：格助　に：格助　は：係助　さ：副　べき：助動・当・体　な：助動・断・体（音）　めり：助動・事推・終　と：格助　言ふ：四・終）

は）やはり、この中宮にお仕えする人としてはふさわしい人のようです。」と言う。

（第二八〇段）

語句の解説

教68ページ

1 ＊例《れい》ならず　いつもと違って。

2 集《あつ》まり候《さぶら》ふ《う》に　集まってお仕えしていると。

＊「候ふ」＝「（貴人・主人のそばに）仕える」「控える」意の謙譲語。お仕えする。お控え申しあげる。

2 仰《おお》せらるれば　おっしゃるので。

＊「仰す」＝「言ふ」の尊敬語。主語は中宮。

3 御格子上《みこうしあ》げさせて　（筆者が女官に）御格子を上げさせて。「させ」は、使役の助動詞「さす」の連用形。

3 笑《わら》は《ワ》せ給《たま》ふ《う》　お笑いになる。「せ給ふ」＝尊敬の助動詞「す」の連用形「せ」＋尊敬の補助動詞「給ふ」で、最高敬語。主語は中宮。

5 ＊なほ《お》　やはり。

5 さべきなめり　ふさわしい人であるようだ。

① 「さること」とは何を指すか。

答 『白氏文集』の詩句「香炉峰ノ雪ハ撥《かかゲテ》レ簾《すだれヲ》看《みル》」を指す。

課題

一 「笑はせ給ふ」（68・3）とあるが、誰が、なぜ笑ったのか、説明してみよう。

解答例 中宮の問いかけに対し、筆者は言葉ではなく、漢詩にあるように簾を上げた。その行為に中宮が満足して笑ったのである。

二 この話から、中宮に仕える女房にはどのような素養が必要とされていたと考えられるか、話し合ってみよう。

考え方 この章段からは、筆者の臨機応変な機知を中宮が評価して

いることが読み取れる。中宮に仕える女房は、漢詩文の知識があるばかりでなく、それを実生活に反映させる能力をも求められていたのであろう。このような点をおさえて話し合ってみよう。

語句と表現

一 次の傍線部を文法的に説明してみよう。

①御格子上げさせて、(68・3)
②笑はせ給ふ。(68・3)

解答 ①使役の助動詞「さす」の連用形。
②尊敬の助動詞「す」の連用形。

参考 香炉峰下、新卜山居……　白《はく》居《きょ》易《い》

教科書P.69

●**主題**

左遷された先での、世俗を離れ満足した心境。　◎七言律詩　韻 寒・看・官・安

【書き下し文】

○香《こう》炉《ろ》峰《ほう》下《か》、新《あら》たに山居《さんきょ》を卜《ぼく》し、
草堂《そうどう》初《はじ》めて成《な》り、偶《たまたま》東壁《とうへき》に題《だい》す
❶日《ひ》高《たか》く睡《ねむ》り足《た》りて猶《な》ほ《オ》起《お》くるに慵《もの》うし
❷小閣《しょうかく》に衾《ふすま》を重《かさ》ねて寒《かん》を怕《おそ》れず
❸遺《い》愛《あい》寺《じ》の鐘《かね》は枕《まくら》を欹《そばだ》てて聴《き》き
❹香《こう》炉《ろ》峰《ほう》の雪《ゆき》は簾《すだれ》を撥《かか》げて看《み》る
❺匡《きょう》廬《ろ》は便《すなわ》ち是《こ》れ名《な》を逃《のが》るるの地《ち》
❻司《し》馬《ば》は仍《な》ほ《オ》老《ろう》を送《おく》るの官《かん》為《た》り
❼心《こころ》泰《やす》く身《み》寧《やす》きは是《こ》れ帰《き》する処《ところ》

【現代語訳】

○香炉峰のふもとに、占って新しく山の家を建て、草庵が完成したとき、思いついて東の壁に詩を書きつけた
❶日は高くのぼり、十分眠ったのに、それでもなお起きるのが億劫《おっくう》だ。
❷小さな家で布団を重ねているので、寒さも気にならない。
❸遺愛寺の鐘の音は、枕を傾けるようにして聴き、
❹香炉峰に降る雪は、簾をはね上げて見る。
❺この廬山こそはつまり、(俗世間の)名利から離れるのにふさわしい地であり、
❻司馬(という職)もやはり老後を送るのにふさわしい。
❼心がゆったりとし、体も安らかでいられる所こそ、安住の地であり、

❽故郷《こきょうなん》何ぞ独《ひと》り長安《ちょうあん》のみに在《あ》らんや　（白氏文集）…❽故郷はどうして長安だけであろうか、いや、長安だけではない。

語句の解説

教69ページ

○**草堂《そうどう》**　草ぶきの粗末な家。草庵。自分の家を謙遜して言う表現。
○**初《はじメテ》**　ちょうどそのとき。やっと…したばかり。
○**偶《たまたま》**　ふと思いついて。
○**題《だいス》**　詩を書きつける。
❶**慵《ものうシ》レ起《おクルニ》**　起きるのが億劫である。
「慵」＝億劫だ。

「起」＝七言詩は原則第一句も押韻するが、この詩は押韻しておらず破格となっている。
❷**小閣《しょうかく》**　小さな家。
❷**不《ず》レ怕《おそレ》**　気にならない。心配しない。
❸**遺愛寺《いあいじノ》　鐘《かねハ》　欹《そばだテテ》レ　枕《まくらヲ》　聴《きキ》**　遺愛寺の鐘は枕を傾けるようにして聴き。
「聴」＝聞こうという意志をもって聞くことをいう。
この句は、第四句と対句をなしている。
　遺愛寺　鐘　欹レ枕　聴
　⇔　⇔　⇔　⇔
　香炉峰　雪　撥レ簾　看
❹**撥《かかゲテ》**　はね上げて。

❹**看《みル》**　見ようという意志をもって見ることをいう。
❺**匡盧《きょうろハ》　便《すなわチ》　是《こレ》　逃《のがルルノ》レ　名《なヲ》　地《ち》**　この廬山こそはつまり、（俗世間の）名利から離れるのにふさわしい地であり。
「便是～」＝…こそ…である、の意。
「逃レ名」＝俗世間の名利などから離れるということ。
この句は、第六句と対句をなしている。
　匡盧　便　是　逃レ名　地
　⇔　⇔　⇔　⇔　⇔
　司馬　仍　為二　送レ老　官一
❻**仍《なホ》**　やはり。
❼**泰《やすク》**　ゆったりとしてゆとりがあること。
❼**寧《やすキ》**　安らかで落ち着いていること。
❽**故郷《こきょう》**　安住の地。
❽**何《なんゾ》　独《ひとリ》　在《あランヤ》二　長安《ちょうあんノミニ》一**　どうして長安だけであろうか、いや、長安だけではない。
「何～」＝ここでは、反語を表す。
「独～」＝限定を表す。
「長安」＝唐代の首都。

五 物語（二）

源《げん》氏《じ》物語

紫《むらさき》式《しき》部《ぶ》

教科書P.72〜83

●『源氏物語』とは

物語。作者は紫式部で、長保《ちょうほう》三年（一〇〇一）以後に執筆を開始したと思われるが、成立年は未詳である。正・続編の五十四帖《じょう》からなるが、その内容から正編はさらに二つに分けられ、三部構成となっている。第一部は、光《ひかる》源氏の誕生から栄華を極めるまでの約四十年が、複雑な恋愛模様として多面的に描かれている（「桐壺《きりつぼ》」〜「藤裏葉《ふじのうらは》」）。第二部は、光源氏の死までの憂愁に満ちた晩年が（「若菜《わかな》」〜「幻《まぼろし》」）、第三部は、光源氏の死後の物語で、光源氏の子孫の薫《かおる》と匂宮《におうのみや》の時代が描かれている（「匂宮《におうみや》」〜「夢浮橋《ゆめのうきはし》」）。流麗で繊細な文章と、全編に「もののあはれ」の情趣を漂わせたこの物語は、わが国の古典文学の最高傑作といわれ、後世の文学に与えた影響も極めて大きい。

光源氏の誕生

【大 意】 1 教72ページ1行〜73ページ7行

ある天皇の治世に、一人の更衣《こうい》が帝《みかど》の寵愛《ちょうあい》を深く受けていた。更衣は、他の女御《にょうご》・更衣から嫉妬されて病気がちになったが、それがいっそう帝の寵愛をかきたて、その寵愛ぶりに世間も非難の目を向けるようになる。更衣は帝の寵愛を頼みに宮仕えするのだった。更衣の父大納言はすでに亡く、母の北の方が一切を取り計らっているが、頼りとなる後見人がいないので、特別なことがある時は心細そうであった。

【品詞分解／現代語訳】

いづれ（代） の（格助） 御時 に（助動・断・用） か（係助）、女御、更衣 あまた（副） 候ひ（四・用） 給ひ（補尊・四・用） ける（助動・過・体） 中 に（格助）、いと（副） やむごとなき（ク・体） 際

どの（天皇の）ご治世であったか、女御、更衣がたくさんお仕えなさっていた中に、それほど高貴な身分ではない方で、

に（助動・断・用） は（係助） ①あら（ラ変・未） ぬ（助動・打・体） が（格助）、すぐれて（副） 時めき（四・用） 給ふ（補尊・四・体） あり（ラ変・用） けり（助動・過・終）。はじめ より（格助） 我（代） は（係助） と（格助）

とりわけ（帝の）ご寵愛を受けていらっしゃる方があった。（入内の）初めから自分こそは（帝の寵愛

四・用　補尊・四・已(命)　助動・存・体　シク・体　格助　下二・用　四・用　補尊・四・終　シク・体　(代)
思ひあがり　給へ　る　御方々、めざましき　もの　に　おとしめ　そねみ　給ふ。同じ　ほど、それ
を得よう)と自負していらっしゃる(女御の)御方々は、(この方を)目に余るものとしてさげすみ嫉妬なさる。同じ身分(の更衣)、それよ

格助　格助　係助　副　ク・未　助動・打・終　格助　格助　下二・用　接助　係助　格助　格助
より　下臈　の　更衣たち　は、まして　安から　ず。朝夕　の　宮仕へ　に　つけ　て　も、人　の　心　を
り低い身分の更衣たちは、いっそう心穏やかでない。朝夕の宮仕えにつけても、(ただ他の)人々の心を

副助　四・用　格助　四・体　助動・断・用　係助(係)　ラ変・用　助動・過原・体(結)　副　シク・用　四・用
のみ　動かし、恨み　を　負ふ　積もり　に　や　あり　けむ、いと　あつしく　なりゆき、
動揺させるばかりで、恨みを受けることが積もり積もった結果であったのだろうか、たいそう病気がちになってゆき、

ナリ・用　ナリ・体　格助　副　四・未　助動・打・用　ナリ・体　格助　四・用　接助　格助　格助
もの心細げに　里がちなる　を、いよいよ　飽か　ず　あはれなる　もの　に　思ほし　て、人　の　そしり　を
なんとなく心細い様子で実家に帰っていることが多いのを、(帝は)ますます限りなくいとしいものとお思いになって、他人の非難をも気になさる

係助　副　四・未　助動・尊・用　補尊・四・未　助動・打・用　格助　格助　係助　四・用　助動・強・終　助動・推・体　助動・断・終
も　え　憚ら　せ　給は　ず、世　の　例　に　も　なり　ぬ　べき　御もてなし　なり。
ことがおできにならず、世間の(悪い)例(として語り継がれること)にもなってしまいそうなご待遇である。

副助　係助　ク・用　格助　下二・用　接助　副　ク・体　格助　助動・断・終　格助　係助
上達部、上人　など　も　あいなく　目　を　そばめ　つつ、いと　まばゆき　人　の　御覚え　なり。唐土　に　も、
上達部、殿上人なども困ったことだと目を背け背けして、実に見ていられないほどの(更衣への)ご寵愛ぶりである。中国でも、

ラ変・体　格助　格助　係助(係)　係助　下二・用　シク・用　助動・過・已(結)　格助　副　格助　係助
②かかる　こと　の　起こり　に　こそ、世　も　乱れ　悪しかり　けれ　と、やうやう、天の下　に　も、
こういうことが原因で、世の中も乱れ悪い状態だったと、しだいに、世間でも、

ク・用(音)　格助　格助　四・用　接助　格助　係助　下二・用　助動・強・終　助動・推・用　四・体
あぢきなう　人　の　もて悩みぐさ　に　なり　て、楊貴妃　の　例　も　引き出で　つ　べく　なりゆく
苦々しく人々の悩みの種になって、楊貴妃の例までも引き合いに出し(て非難し)てしまいそうになってゆくので、

接助　副　ク・体　ク・已　接助　ク・体　格助　ク・体　格助　格助　四・用
に、いと　はしたなき　こと　多かれ　ど、かたじけなき　御心ばへ　の　たぐひなき　を　頼み　にて、交じらひ
(更衣は)たいそうきまりが悪いことが多いけれど、恐れ多い(帝の)お心遣いが比類ないことを頼りとして、宮仕えをして

給ふ。(補尊・四・終)
いらっしゃる。

父 の(格助) 大納言 は(係助) 亡くなり(四・用) て、(接助) 母 北の方 なむ(係助) 古 の(格助) 人 の(格助) 由 ある(ラ変・体) に(助動・断・用) て、(接助) 親 うち具し、(サ変・用)
(更衣の)父の大納言は亡くなっていて、母(である大納言の)北の方は古風で、教養のある人で、両親がそろっていて、

さしあたりて(副) 世 の(格助) 覚え 華やかなる(ナリ・体) 御方々 に(格助) も(係助) いたう(副(音)) 劣ら(四・未) ず、(助動・打・用) 何ごと の(格助) 儀式 を(格助) も(係助)
現在のところ世間の評判も際立っている(女御や更衣などの)方々にもそれほど劣らないように、(宮中の)どんな儀式をも取り計らって

もてなし(四・用) 給ひ(補尊・四・用) けれ(助動・過・已) ど、(接助) 取り立て(下二・用) て(接助) はかばかしき(シク・体) 後見 し(副助) なけれ(ク・已) ば、(接助) 事 ある(ラ変・体) 時 は、(係助)
いらっしゃったけれども、ことさら取りあげるようなしっかりした後見人がいないので、特別な事がある時は、

なほ(副) 拠り所 なく(ク・用) 心細げなり。(ナリ・終)
やはり頼る所がなく心細そうである。

語句の解説 1

教72ページ

1 **いづ《ズ》れの御時《おおんとき》にか** 下に「ありけむ」などが省略されている。
「いづれ」＝ここでは、どの、いつ、の意。

1 **候《さぶらイ》ひ給《たまイ》ひける** お仕えなさっていた。

1 **いとやむ《ン》ごとなき際《きわ》にはあらぬ** それほど高貴な身分ではない。
「いと……(打消)」＝それほど。たいして。
*「やむごとなし」＝ここでは、高貴だ、尊い、の意。
*「際」＝ここでは、身分、家柄、の意。

① 「あらぬ」の下に省略されている語は何か。

答 「方」(「人」)。

2 **すぐれて時《とき》めき給《たまウ》ふ** ここも下に「方」(「人」)が省略されている。
*「時めく」＝ここでは、寵愛を受けて栄える、の意。

3 **めざましきもの** 目に余るもの。
*「めざまし」＝ここでは、目に余ることだ、不愉快だ、の意。

3 **おとしめそねみ給《たまウ》ふ** さげすみ嫉妬なさる。
「おとしむ」＝さげすむ。軽蔑する。

4 **下臈《げろう》** ここでは、官位の低い者、身分の低い者、の意。対 上臈

4 **心《こころ》をのみ動《うご》かし** 心を動揺させるばかりで。
「のみ」＝「心」だけでなく、「心を動かし」全体を強調する。

5積《つ》もり　ここでは、積もり重なること、積もった結果、の意。

5あつしくなりゆき　病気がちになっていき。

「あつし」＝病気がちである。病気が重い。

6飽《あ》かずあは《ワ》れなるものに思《おも》ほ《オ》して　限りなくいとしいものとお思いになって。

7え憚《はばか》らせ給《たま》は《ワ》ず　気になさることがおできにならず。

＊「え……（打消）」＝不可能の意を表す。…できない。

7世《よ》の例《ためし》　世間の（悪い）例として語り継がれる話。語りぐさ。

「例」＝ここでは、例、先例、の意。

8あいなく目《め》をそばめつつ　困ったことだと目を背け背けして。

＊「あいなし」＝ここでは、困ったことだ、気にくわない、の意。

「そばむ」＝ここでは、背ける、横に向ける、の意。

8いとまばゆき人《ひと》の御覚《おんおぼ》えなり　「人」は更衣を指す。

「まばゆし」＝ここでは、見ていられないほどだ、目を背けたくなるほどだ、の意。

＊「覚え」＝ここでは、寵愛、の意。

②　**「かかることの起こり」とは、どのようなことを指すか。**

答　帝が一人の更衣だけを寵愛するようなことが、世が乱れる原因となること。

9悪《あ》しかりけれど　悪い状態だったと。

＊「悪し」＝ここでは、悪い、不都合だ、の意。

教73ページ

1あぢ《ジ》きな《ノ》う《ウ》　「あぢきなし」の連用形「あぢきなく」のウ音便。

＊「あぢきなし」＝ここでは、苦々しい、おもしろくない、の意。

2いとはしたなきこと　たいそうきまり悪いこと。

＊「はしたなし」＝ここでは、きまり悪い、恥ずかしい、の意。

2かたじけなき御心《みこころ》ばへ《エ》　恐れ多い（帝の）お心遣い。

＊「かたじけなし」＝ここでは、恐れ多い、もったいない、の意。

3交《ま》じらひ《イ》給《たま》ふ《ウ》　宮仕えしていらっしゃる。主語は更衣。

「交じらふ」＝ここでは、宮仕えする、の意。

4北《きた》の方《かた》　貴人の妻の尊称。

5世《よ》の覚《おぼ》え華《はな》やかなる　世間の評判も際立っている。

5いた《ト》う《ウ》劣《おと》らず　「いたう」は「いたく」のウ音便。

「いたく……（打消）」＝それほど。たいして。

6もてなし給《たま》ひ《イ》けれど　取り計らっていらっしゃったけれども。

「もてなす」＝ここでは、物事を取り計らう、行う、の意。

6はかばかしき後見《うしろみ》しなければ　しっかりした後見人がいないので。

＊「はかばかし」＝ここでは、しっかりしている、頼もしい、の意。

【大　意】　2　**教73ページ8〜15行**

この更衣が玉のような皇子を産む。帝は右大臣の娘の女御が産んだ第一皇子に対してはひととおりの寵愛ぶりだったが、この若宮は秘蔵の子と思って大切にするのであった。

【品詞分解／現代語訳】

前の世にも御契りや深かりけむ、世になく清らなる玉の男御子さへ生まれ給ひぬ。

（帝と更衣は）前世でもご因縁が深かったのであろうか、この世に比類なく清らかで美しい玉のような男の皇子までもお生まれになった。

いつしかと心もとながらせ給ひて、急ぎ参らせて御覧ずるに、めづらかなる児の御容貌なり。

（帝は）早く（会ってみたい）と待ち遠しくお思いになって、急ぎ [四・用] 参ら [四・未] せ [助動・使・用] て [接助] 御覧ずる [サ変・体] に、[接助]

（若宮を）急いで参内させてご覧になると、

めづらかなる [ナリ・体] 児 [格助] の 御容貌 [助動・断・用] なり。[助動・断・終]

めったにないほどすばらしい若宮のご容貌である。

一の皇子は、右大臣の女御の御腹にて、寄せ重く、疑ひなきまうけの君と、世にもてかしづき聞こゆれど、この御にほひには並び給ふべくもあらざりければ、おほかたのやむごとなき御思ひにて、③この君をば、私物に思ほしかしづき給ふこと限りなし。

第一皇子は、右大臣の娘で女御となった人（＝弘徽殿女御）のお産みになった方で、後ろ盾がしっかりしていて、疑いなく皇太子（になられる方である）と、世間でも大切にお仕え申しあげているけれど、この（若宮の）つややかなお美しさにはお並びになれそうもなかったので、（帝は第一皇子を）ひととおりの大切な方としてのご寵愛であって、この若宮を、秘蔵の子として大事にお育てなさることこの上ない。

語句の解説 2

8 **契《ちぎ》り**　ここでは、因縁、宿縁、の意。

8 **清《きよ》らなる玉《たま》の男御子《おのこみこ》**　清らかで美しい玉のような男の皇子。

＊「清らなり」＝ここでは、清らかで美しい、上品で美しい、の意。

9 **いつしかと**　早く…したいと。早い実現を待ち望む気持ちを表す。

9 **心《こころ》もとながらせ給《たま》ひ《イ》て**　待ち遠しくお思いになって。

11 **もてかしづ《ズ》き聞《き》こゆれど**　大切にお仕え申しあげているけれど。

＊「（もて）かしづく」＝大切に仕える、扱う、の意。

＊「聞こゆ」＝謙譲の補助動詞。お（ご）…申しあげる。

12 **この御《おおん》にほ《オ》ひ《イ》**　このつややかなお美しさ。

③ 「この君」とは、誰のことか。

答 「清らなる玉の男御子」。つまり、光源氏のこと。

14 **思《おも》ほ《オ》しかしづ《ズ》き給《たま》ふ《ウ》**　大切にお思いになってお世話なさる。

「思ほす」＝「思ふ」の尊敬語。お思いになる。

【大　意】　3　教73ページ16行～74ページ12行

若宮誕生の後、帝は更衣を格別に待遇しようとしたため、第一皇子の母弘徽殿《こきでんの》女御は、この若宮が皇太子になるのではと疑った。更衣に対する周囲の反目も多く、更衣は頼りない様子で、帝の寵愛のためにかえってつらい思いをする。更衣の部屋は桐壺《きりつぼ》である。

【品詞分解／現代語訳】

はじめ　より　おしなべて　の　上宮仕へ　し　給ふ　べき　際　に　は　あら　ざり　き。
より＝格助　おしなべて＝副　の＝格助　し＝サ変・用　給ふ＝補尊・四・終　べき＝助動・当・体　に＝助動・断・用　は＝係助　あら＝ラ変・未　ざり＝助動・打・用　き＝助動・過・終
(母君の更衣は)もともと普通の帝の近くで日常の世話をなさるはずの(軽い)身分ではなかった。

覚え　いと　やむごとなく、上衆めかしけれ　ど、わりなく　まつはさ　せ　給ふ　あまり　に、
いと＝副　やむごとなく＝ク・用　上衆めかしけれ＝シク・已　ど＝接助　わりなく＝ク・用　まつはさ＝四・未　せ＝助動・尊・用　給ふ＝補尊・四・体　に＝格助
世間の評判もたいそう並々でなく、高貴な人らしい様子であるが、(帝が)むやみにおそばに付き添わせていらっしゃるあまりに、

さるべき　御遊び　の　折々、何ごと　に　も　ゆゑ　ある　こと　の　ふしぶし　に　は、まづ　参上ら　せ
さるべき＝連体　の＝格助　に＝格助　も＝係助　ある＝ラ変・体　の＝格助　に＝格助　は＝係助　まづ＝副　参上ら＝四・未(音)　せ＝助動・使・用
しかるべき管弦のお遊びの折々や、何事につけても風情のある行事や催しのたびごとに、まっ先に(この更衣を)参上させ

給ふ、ある　時　に　は、大殿籠り過ぐし　て　やがて　候は　せ　給ひ　など、あながちに　御前
給ふ＝補尊・四・終　ある＝連体　に＝格助　は＝係助　大殿籠り過ぐし＝四・用　て＝接助　やがて＝副　候は＝四・未　せ＝助動・使・用　給ひ＝補尊・四・用　など＝副助　あながちに＝ナリ・用
なさり、ある時には、お寝過ごしなさってそのまま(更衣を)お仕えさせなさるなど、無理やりにおそばを離れ

去ら　ず　もてなさ　せ　給ひ　し　ほど　に、おのづから　軽き　方　に　も　見え　し　を、
去ら＝四・未　ず＝助動・打・用　もてなさ＝四・未　せ＝助動・尊・用　給ひ＝補尊・四・用　し＝助動・過・体　に＝格助　おのづから＝副　軽き＝ク・体　に＝格助　も＝係助　見え＝下二・用　し＝助動・過・体　を＝接助
ないようにお扱いになっていたうちに、(更衣は)自然と身分の低い方にも見えたけれど、

こ　の　皇子　生まれ　給ひ　て　のち　は、いと　心異に　思ほしおきて　たれ　ば、坊　に　も、よう
こ＝(代)　の＝格助　生まれ＝下二・用　給ひ＝補尊・四・用　て＝接助　は＝係助　いと＝副　心異に＝ナリ・用　思ほしおきて＝下二・用　たれ＝助動・存・已　ば＝接助　に＝格助　も＝係助　よう＝ク・用(音)
この皇子がお生まれになって後は、(帝も更衣を)たいそう格別に(待遇しようと)お心にかけられているので、皇太子にも、悪く

せ　ず　は、こ　の　皇子　の　居　給ふ　べき　な　めり　と、一の皇子　の　女御　は
せ＝サ変・未　ず＝助動・打・用　は＝係助　こ＝(代)　の＝格助　の＝格助　居＝上一・用　給ふ＝補尊・四・終　べき＝助動・当・体　な＝助動・断・体(音)　めり＝助動・婉・終　と＝格助　の＝格助　は＝係助
すると、この皇子(＝若宮)がお就きになるはずであるようだと、第一皇子の(母君の弘徽殿)女御は

四・已(命) 助動・存・終 格助 格助 四・用 補尊・四・用 接助 ク・体 副 助動・断・未 助動・打・用
思し疑へ り。 人 より さき に 参り 給ひ て、 やむごとなき 御思ひ なべて なら ず、
お疑いになっている。 (この女御は)他の方より先に入内なさって、 (帝も)重んずべき(方だ)とお思いなさる気持ちは並々ではなく、

副助 係助 四・已 接助 (代) 格助 格助 格助 副助 係助(係) 副 シク・用(音) シク・用(音)
皇女たち など も おはしませ ば、 こ の 御方 の 御諫め を のみ ぞ ④なほ わづらはしう、 心苦しう
皇女たちなどもいらっしゃるので、 この方のご忠告だけはやはり面倒で、 つらいものと

四・用 補謙・下二・未 助動・尊・用 補尊・四・用 助動・過・体(結)
思ひ 聞こえ させ 給ひ ける。
お思い申しあげなさっていた。

ク・体 格助 係助 四・用 補謙・下二・用 接助 下二・用 格助 下二・用 補尊・四・体 係助 ク・用
かしこき 御蔭 を ば 頼み 聞こえ ながら、 おとしめ 疵 を 求め 給ふ 人 は 多く、 わが身
(更衣は)恐れ多い帝のご庇護を頼りにし申しあげながら、 (一方ではこの更衣のことを)さげすんだり欠点をお探しになる方は多く、 自分自

係助 ク・用 ク・体 助動・断・用 接助 ナリ・体 格助 係助(係) サ変・用 補尊・四・体(結)
は か弱く ものはかなき ありさま に て、 なかなかなる もの思ひ を ぞ し 給ふ。
身は弱々しくどこか頼りない様子であって、 (帝の寵愛のために)かえってつらい思いをしていらっしゃる。

係助 助動・断・終
御局 は 桐壺 なり。
(更衣の)お部屋は桐壺である。

(桐壺)

語句の解説 3

16 **おしなべて** 並ひととおり。普通。

教74ページ

2 **さるべき御遊び《おおんあそび》** しかるべき管弦のお遊び。

＊「遊び」＝ここでは、管弦の遊び、の意。

3 **参上《もうのぼ》らせ給《たまウ》ふ** 「参上る」は「まゐのぼる」のウ音便。

「参上る」＝「行く」の謙譲語で、参上する、の意。

3 **大殿籠《おおとのごも》り過《す》ぐして** 寝過ごしなさって。

＊「大殿籠る」＝「寝」の尊敬語。おやすみになる。

3 **やがて** ここでは、そのまま、引き続いて、の意。

4 **候《さぶらワ》はせ給《たまイ》ひなど** お仕えさせなさるなど。

＊「候ふ」＝「仕ふ」の謙譲語。お仕え申し上げる。

「せ給ひ」＝使役の助動詞「す」の連用形＋尊敬の補助動詞「給ふ」の連用形。〜させなさる。

4 **あながちに** 無理やりに。

＊「あながちなり」＝度を超している様子を表す。ここでは、無

理やりだ、強引だ、の意。
4 **もてなさせ給《たまイ》ひしほどに**　お扱いになっていたうちに。
「もてなす」＝ここでは、処遇する、扱う、の意。
4 **おのづ《ズ》から**　自然と。ひとりでに。
5 **思《おも》ほ《オ》しおきてたれば**　お心にかけられているので。
＊「思ほしおきつ」＝「思ひおきつ」の尊敬語。心にかけられる。
（前もって）心に決められる。
6 **居《い》給《たま》ふ《ウ》べきなめり**　お就きになるはずであるようだ。
「居る」＝ここでは、地位に就く、の意。
「なめり」＝「なるめり」の撥音《はつおん》便「なんめり」の撥音無表記。
7 **思《おぼ》し疑《うたが》へ《エ》り**　お疑いになっている。
「思し疑ふ」＝「思ひ疑ふ」の尊敬語。お疑いになる。

④ **「なほ……給ひける」の主語は誰か。**

答　帝。

9 **わづ《ズ》らはしう《ワシュウ》**　「わづらはしく」のウ音便。
「わづらはし」＝ここでは、面倒である、やっかいである、の意。
9 **心苦《こころぐる》しう《シュウ》**　「心苦し」の連用形「心苦しく」のウ音便。
＊「心苦し」＝ここでは、つらい、苦痛だ、の意。
10 **かしこき御蔭《みかげ》**　恐れ多い帝のご庇護。
＊「かしこし」＝ここでは、恐れ多い、もったいない、の意。
11 **はかなきありさま**　頼りない様子。
＊「はかなし」＝頼りない。
11 **なかなかなるもの思《おも》ひ《イ》をぞし給《たま》ふ《ウ》**　（帝の寵愛のために）かえってつらい思いをなさる。
＊「なかなかなり」＝なまじっかだ。かえってよくない。

課題

一　**帝の桐壺更衣への寵愛は、次の人々にどのように受け止められていったか、整理してみよう。**
①女御たち（「御方々」）
②更衣たち
③上達部・上人たち
④世間の人々（「天の下」）

解答例　①目に余るものとしてさげすみ嫉妬した。
②心穏やかでなくなった。
③帝の寵愛の深さに非難の目を向けるようになった。
④このようなことが原因で世の中が乱れたことがあったと、楊貴妃の例まで引き合いに出して非難してしまいそうになった。

二　**帝は「玉の男御子」をどのように思っていたか、「一の皇子」への思いと比較して説明してみよう。**

解答例　一の皇子に対しては、右大臣の娘が母であり、王位継承権も第一位であるので、公的な立場から並ひととおりに大事に思っていた。しかし、更衣の産んだ皇子に対しては、帝という立場からでなく、父親の立場から秘蔵の子として大切に思っていた。

語句と表現

一 次の傍線部の助詞を文法的に説明してみよう。

①いとやむごとなき際にはあらぬが、すぐれて時めき給ふありけり。（72・1）

②はかばかしき後見しなければ、（73・6）

③玉の男御子さへ生まれ給ひぬ。（73・8）

解答 ①同格の格助詞。

②強意の副助詞。

③添加の副助詞。

二 次の傍線部の助動詞を文法的に説明してみよう。

①わりなくまつはさせ給ふあまりに、（74・1）

②まづ参上らせ給ふ、（74・3）

解答 ①尊敬の助動詞「す」の連用形。語り手から帝への敬意。

②使役の助動詞「す」の連用形。

藤壺《ふじつぼ》の入内《じゅだい》

【大　意】　1　教76ページ4〜10行

源氏の君（＝光源氏）は、父の帝とともに藤壺《ふじつぼ》を訪れる際に、その姿を見かけることがある。亡き母御息所《みやすどころ》に似ているという藤壺を、幼心にも光源氏は恋い慕う。

【品詞分解／現代語訳】

源氏の君　は、　御あたり　去り　給は　ぬ　を、　まして　しげく　渡ら　せ　給ふ　御方　は、　え

係助　四・用　補尊・四・未　助動・打・体　接助　副　ク・用　四・未　助動・尊・用　補尊・四・体　係助　副

源氏の君は、父帝のおそばをお離れにならないので、（帝が時折お通いになる方もそうだが）ましてしきりにお通いになる御方（＝藤壺）は、

恥ぢあへ　給は　ず。　いづれ　の　御方　も、　我　人　に　劣ら　む　と　思い　たる　やは

下二・用　補尊・四・未　助動・打・終　（代）　格助　係助　（代）　格助　四・未　助動・推・終　格助　四・用（音）　助動・存・体　係助（係）

（光源氏に対して）最後まで恥ずかしがって（隠れて）はいらっしゃれない。どの（女御、更衣の）御方も、自分が人より劣っているだろうとお思いになって

ある、　とりどりに　いと　めでたけれ　ど、　うち大人び　給へ　る　に、　いと　若う　うつくしげに

ラ変・体（結）　ナリ・用　副　ク・已　接助　上二・用　補尊・四・已（命）　助動・存・体　接助　副　ク・用（音）　ナリ・用

いる方があろうか（、いや、ありはしない）、それぞれにたいそう美しいけれど、少し年長でいらっしゃるのに、（この藤壺は）たいそう若くかわいらしい

て、　せちに　隠れ　給へ　ど、　おのづから　①漏り見　奉る。

接助　ナリ・用　下二・用　補尊・四・已　接助　副　上一・用　補謙・四・終

様子で、しきりに隠れていらっしゃるけれど、（光源氏は）自然と（物の隙間から）お見かけ申しあげる。

係助　副助　下二・用　補尊・四・未　助動・打・体　接助　副　副(音)　上一・用　補尊・四・已(命)　助動・存・終　格助
母御息所も、影だにおぼえ給はぬを、「いとよう似給へり。」と、典侍
(光源氏は)母の御息所のことも、面影さえ覚えていらっしゃらないけれど、「(藤壺は母御息所に)たいそうよく似ていらっしゃる。」と、典侍が

格助　下二・用　助動・過・体　接助　ク・体　格助　副　ナリ(語幹)　格助　四・用　補謙・下二・用　補尊・四・用　接助　副　四・未
の聞こえけるを、若き御心地にいとあはれと思ひ聞こえ給ひて、常に参ら
申しあげたので、幼心にたいそうなつかしいとお思い申しあげなさって、いつもおそばに

助動・願・用　四・用　上一・用　補謙・四・未　終助　格助　下二・用　補尊・四・終
まほしく、なづさひ見奉らばやとおぼえ給ふ。
参上したく、慣れ親しんで(お姿を)見申しあげたいと思われなさる。

語句の解説 1

教76ページ

4 **しげく渡《わた》らせ給《たまウ》ふ**　しきりにお通いになる。
「しげし」＝ここでは、しきりである、度重なる、の意。

4 **え恥《はジ》ぢあへ《エ》給《たまワ》はず**　最後まで恥ずかしがってはいらっしゃれない。
「あふ」＝動詞の連用形に付き、すっかり…する、最後まで…する、の意を表す補助動詞。「え…あへず」で、最後まで…し通せない、の意になる。

5 **思《おぼ》いたるやはある**　お思いになっている方があろうか(、いや、ありはしない)。「思い」は「思し」のイ音便。
＊「思す」＝「思ふ」の尊敬語。お思いになる。
「やは」＝疑問・反語の係助詞。ここでは反語を表す。

6 **いとめでたけれど**　たいそう美しいけれど。
＊「めでたし」＝ここでは、美しい、すばらしい、立派だ、の意。

① **誰が誰を「漏り見奉る」のか。**

答　光源氏が藤壺を「漏り見奉る」。

7 **漏《も》り見《み》奉《たてまつ》る**　物の隙間からお見かけ申しあげる。
＊「奉る」＝ここは謙譲の補助動詞。…申しあげる。藤壺への敬意を表す。

8 **影《かげ》だに**　生前の姿はもちろん面影でさえ、ということ。
＊「影」＝ここでは、面影、の意。

8 **おぼえ給《たまワ》はぬを**　覚えていらっしゃらないけれど。
＊「おぼゆ」＝ここでは、覚える、記憶している、の意。

8 **典侍《ないしのすけ》の聞《き》こえけるを**　典侍が申しあげたので。
＊「聞こゆ」＝「言ふ」の謙譲語。申しあげる。

9 **あは《ワ》れ**　ここでは、光源氏が藤壺を慕う気持ちを表している。

9 **思《おもイ》ひ聞《き》こえ給《たまイ》ひて**　お思い申しあげなさって。
「聞こゆ」＝ここは謙譲の補助動詞。藤壺に対する敬意を表している。
「給ふ」＝尊敬の補助動詞。お…なさる。光源氏への敬意を表す。

10 なづ《ズ》さひ《イ》見《み》奉《たてまつ》らばや　慣れ親しんで（お姿を）見申しあげたい。　―　＊「なづさふ」＝慣れ親しむ。

【大　意】 2 教76ページ11行〜77ページ15行

帝も、光源氏と藤壺に愛情を注ぎ、藤壺に光源氏をかわいがってくれるようにと頼む。一方、弘徽殿女御は二人を不愉快に思う。世間の人は光源氏を「光る君」、藤壺を「輝く日の宮」と称した。

【品詞分解／現代語訳】

係助　ク・体　助動・断・用　接助　副　四・用　補尊・四・用　終助　シク・用　下二・用　補謙・下二・用　助動・強・終
上 も、 限りなき 御思ひどち に て、「な 疎み 給ひ そ。 あやしく よそへ 聞こえ つ
帝も、（藤壺と光源氏は）無限に愛情を注ぐ者どうしであって、（藤壺に）「（この君に）よそよそしくなさらないでください。不思議に（あなたを光源氏の母

助動・適・体　係助（係）　サ変・体（結）　ク・終　格助　四・未　接助　サ変・用　補尊・四・命　副助　係助　副
べき 心地 なむ する。 なめし と 思さ で、 らうたくし 給へ。 つらつき、 まみ など は、 いと
親に）見立て申しあげてもよいような気持ちがします。無礼だとお思いにならないで、かわいがってください。（光源氏の母の）顔つき、目もとなどが、とても

副（音）　上一・用　助動・完・用　助動・過・体　四・用　接助　下二・用　補尊・四・体　係助　ク・未　助動・打・用　係助　副助
よう 似 たり し ゆゑ、 かよひ て 見え 給ふ も、 似げなから ず なむ。」 など
よく（あなたに）似ていたので、（あなたが光源氏の母に）似通ってお見えになるのも、不似合いではないのです。」などとお頼み申しあ

下二・用　補尊・四・已（命）　助動・完・已　接助　格助　係助　ク・体　格助　下二・用　接助　係助　格助　下二・用
聞こえつけ 給へ れ ば、 幼心地 に も、 はかなき 花 紅葉 に つけ て も 心ざし を 見え
げなさったので、（光源氏は）幼心にも、（藤壺に）ちょっとした（春の）花や（秋の）紅葉に託しても（藤壺に対する）好意をお

補謙・四・終　ク・用（音）　下二・用　補謙・下二・用　補尊・四・已（命）　助動・存・已　接助　副　（代）　格助　格助　係助
奉る。 こよなう 心 寄せ 聞こえ 給へ れ ば、 弘徽殿女御、 また、 こ の 宮 と も 御仲
見せ申しあげる。この上なく心をお寄せ申しあげなさっているので、弘徽殿女御は、また、この（藤壺の）宮ともお仲がしっくり

シク・体　下二・用　接助　格助　格助　係助　下二・用　接助　シク・終　格助　四・用　助動・存・終
そばそばしき ゆゑ、 うち添へ て、 もと より の 憎さ も 立ち出で て、 ものし と 思し たり。
しないため、（藤壺と光源氏の親しさへの不快感に）加えて、以前からの（桐壺更衣と光源氏への）憎しみもよみがえって、不愉快だとお思いになっている。

格助　ク・終　格助　上一・用　補謙・四・用　補尊・四・用　ク・用（音）　サ変・体　格助　格助　係助　副
世 に たぐひなし と 見 奉り 給ひ、 名高う おはする 宮 の 御容貌 に も、 なほ にほはしさ
世に並ぶものがないと（帝が）見申しあげなさり、（世間の）評判が高くいらっしゃる第一皇子のお顔立ちに（比べて）も、やはり（光源氏の）

は〔係助〕 たとへ〔下二・未〕 む〔助動・婉・体〕 方 なく、〔ク・用〕 うつくしげなる〔ナリ・体〕 を、〔接助〕 世 の〔格助〕 人、 光る君 と〔格助〕 聞こゆ。〔下二・終〕 藤壺 ならび〔四・用〕

つややかな美しさはたとえようもなく、かわいらしいので、世間の人は、光る君と申しあげる。藤壺も(光源氏と)

給ひ〔補尊・四・用〕 て、〔接助〕 御覚え も〔係助〕 とりどりなれ〔ナリ・已〕 ば、〔接助〕 かかやく日の宮 と〔格助〕 聞こゆ。〔下二・終〕 (桐壺)

お並びになって、帝のご寵愛も二人それぞれに厚いので、輝く日の宮と申しあげる。

語句の解説 2

11 **御《おおん》 思《おも》ひ《イ》どち**　愛情を注ぐ者どうし。

「どち」＝名詞に付いて、…どうし、の意を表す接尾語。

11 **な疎《うと》み給《たま》ひ《イ》そ**　よそよそしくなさらないでください。

＊「な……そ」＝軽い禁止を表す。…してくれるな。

11 **あやしく**　不思議に。

＊「あやし」＝ここでは、不思議だ、の意。

12 **＊なめし**　ここでは、無礼だ、失礼だ、の意。

12 **らう《ロウ》たくし給《たま》へ《エ》**　かわいがってください。

＊「らうたくす」＝ク活用形容詞「らうたし」の連用形「らうたく」＋サ変動詞「す」の複合動詞。かわいがる、の意。

12 **＊つらつき**　頬のあたりの様子。顔つき。

12 **＊まみ**　ここでは、目もと、の意。

13 **かよひ《イ》て見《み》え給《たま》ふ《ウ》**　似通ってお見えになる。

＊「かよふ」＝ここでは、似通っている、共通点がある、の意。

13 **似《に》げなからずなむ《ン》**　下に結びの「侍る」などが省略されている。

＊「似げなし」＝似合わない。似つかわしくない。

教77ページ

1 **聞《き》こえつけ給《たま》へ《エ》れば**　お頼み申しあげなさったので。

「聞こえつく」＝「言ひつく」の謙譲語。お頼みする。

2 **はかなき花紅葉《はなもみじ》に**　ちょっとした花や紅葉に。

＊「はかなし」＝ここでは、ちょっとした、とりとめない、の意。

3 **心《こころ》ざし**　ここでは、好意、愛情、の意。

3 **こよなう《ノウ》**　この上なく。「こよなく」のウ音便。

＊「こよなし」＝ここでは、この上もない、格別だ、の意。

5 **そばそばしきゆゑ《エ》**　しっくりしないため。

＊「そばそばし」＝よそよそしい。しっくりしない。

「ゆゑ」＝形式名詞で、ここでは、…のため、…から、の意。

6 **もとよりの憎《にく》さも立《た》ち出《い》でて**　更衣の死でやや収まっていた、更衣とその子である光源氏に対する憎しみが再燃したということ。

「もとより」＝以前からの。昔からの。

7 **＊ものし**　ここでは、不愉快だ、嫌だ、の意。

9 **世《よ》にたぐひ《イ》なしと見奉《みたてまつ》り給《たま》ひ《イ》**　主語を帝と解した。弘徽殿女御と解する説もある。

11 **＊なほ《オ》**　やはり。

11 **にほ《オ》は《ワ》しさ**　つややかな美しさ。シク活用形容詞「にほはし」＋名詞化する接尾語「さ」。

「にほはし」＝つやつやして美しい。

11 たとへむ《エン》方《かた》　たとえよう。たとえる方法。

課題

一　**光源氏が藤壺に心をひかれていったのはなぜか、説明してみよう。**

解答例　母親の面影さえ覚えていない光源氏は、典侍の「(母御息所と)よく似ている」という言葉に母の面影を求めてなつかしく思うようになる。また、父帝の「かわいがってほしい」という頼みに応じた藤壺の親しみも感じて、いっそう心ひかれるようになった。

二　**弘徽殿女御は藤壺をどのように思っていたか、まとめてみよう。**

解答例　弘徽殿女御は、藤壺との仲がしっくりせず、その藤壺と光源氏の親しさへの不快感に加えて、以前からの桐壺更衣と光源氏への憎しみがよみがえり、ますます藤壺を不愉快だと思っていた。

「む」＝婉曲の助動詞。体言の前の「む」は、婉曲の用法になる。

語句と表現

一　**次の傍線部の敬語を文法的に説明してみよう。**

①典侍の聞こえけるを、(76・8)
②あはれと思ひ聞こえ給ひて、(76・9)
③聞こえつけ給へれば、(77・1)

解答　①ヤ行下二段動詞「聞こゆ」の連用形。「言ふ」の謙譲語で、申しあげる、の意。作者の光源氏に対する敬意を表す。
②謙譲の補助動詞「聞こゆ」の連用形。お…申しあげる、の意。作者の藤壺に対する敬意を表す。
③カ行下二段動詞「聞こえつく」の連用形。「言ひつく」の謙譲語で、お頼み申しあげる、の意。作者の藤壺に対する敬意を表す。

北山の垣間見《かいまみ》

【大　意】　1　教79ページ7～13行

光源氏と従者の惟光《これみつ》が、夕暮れの霞《かすみ》に紛れて小柴垣《こしばがき》の家をのぞくと、上品な尼君が読経をしていた。光源氏はその尼君に興味をもつ。

【品詞分解／現代語訳】

日 も[係助] **いと**[副] **長き**[ク・体] **に**[格助] **つれづれなれ**[ナリ・已] **ば、**[接助] **夕暮れ の**[格助] **いたう**[副(音)] **霞み**[四・用] **たる**[助動・存・体] **に**[格助] **まぎれ**[下二・用] **て、**[接助] **か**[(代)] **の**[格助] **小柴垣**

(春の)日もたいそう長い上に所在ないので、(光源氏は)夕暮れがひどく霞がかっているのに紛れて、あの(僧坊の)小柴垣の

の[格助] **もと に**[格助] **立ち出で**[下二・用] **給ふ。**[補尊・四・終] **人々 は**[係助] **帰し**[四・用] **給ひ**[補尊・四・用] **て、**[接助] **惟光朝臣 と**[格助] **のぞき**[四・用] **給へ**[補尊・四・已] **ば、**[接助] **ただ**[副] **こ**[(代)] **の**[格助]

辺りにお出かけになる。(お供の)人々はお帰しになって、惟光朝臣と(家の中を)おのぞきになると、ちょうどこの(目の

（格助・副助・下二・用・補謙・四・用・接助・四・体・助動・断・用・助動・詠・終・副・下二・用・接助・四・終・助動・事推・終）

西面にしも、持仏据ゑ奉りて行ふ尼なりけり。簾少し上げて、花奉るめり。

前の)西向きの部屋で、持仏をお置き申しあげて勤行している(その人は)尼であった。簾を少し上げて、(仏に)花をお供えするようだ。

（格助・格助・上一・用・接助・格助・格助・格助・四・用・接助・副・ナリ・用・上一・用・助動・存・体）
中の柱に寄りゐて、脇息の上に経を置きて、いとなやましげに読みゐたる尼君、
部屋の中央の柱に寄りかかって座り、脇息の上にお経を置いて、たいそう気分が悪く苦しそうな様子で読経し続けている尼君は、

（格助・下二・未・助動・打・終・副助・助動・断・用・接助・副・ク・用(音)・ナリ・用・下二・用・助動・存・已・接助）
ただ人と見えず。四十余ばかりにて、いと白うあてに痩せたれど、つらつき
普通の身分の人とは見えない。四十過ぎぐらいで、たいそう(色が)白く上品で痩せてはいるけれど、顔つきはふっ

（ナリ・用・格助・格助・ナリ・用・四・未・助動・受・用・助動・存・体・係助・副・ク・体・格助・係助）
ふくらかに、まみのほど、髪のうつくしげにそがれたる末も、なかなか長きよりも
くらしていて、目もとのあたりや、肩のあたりできれいに切りそろえられた髪の末も、かえって長い(髪)よりもこの上もな

（ク・用(音)・シク・体・終助・格助・ナリ・用・上一・用・補尊・四・終）

こよなう今めかしきものかなと、あはれに①見給ふ。

く今風のものだなあと、(光源氏は)しみじみとご覧になる。

語句の解説 1

教79ページ

7 **つれづれなれば**　所在ないので。
＊「つれづれなり」＝ここでは、所在ないさま、手持ちぶさたなさま、の意。

9 **据《す》ゑ《え》奉《たてまつ》りて**　お置き申しあげて。
「据う」＝ここでは、置く、きちんと置く、の意。

「奉る」＝謙譲の補助動詞で、作者の持仏に対する敬意を表す。

9 **＊行ふ《おこなう》**　ここでは、勤行する、仏道を修行する、の意。

10 **花奉る《はなたてまつ》めり**　花をお供えするようだ。
「めり」＝(視覚に基づく)推定を表す助動詞。…ようだ。

10 **いとなやましげに**　たいそう気分が悪く苦しそうな様子で。
「なやましげなり」＝気分が悪く苦しそうな様子。主に病気などの身体的な苦しみを表す語。

11 **ただ人《びと》と見《み》えず**　尼君が由緒ありげであることを表す。
＊「ただ人」＝ここでは、普通の身分の人、並みの身分の人、の意。
＊「見ゆ」＝ここでは、見える、目に映る、の意。

11 **白《しろ》うあてに**　(色が)白く上品で。「白う」は「白く」のウ音便。
＊「あてなり」＝上品だ。高貴だ。

13 **＊なかなか**　ここでは、かえって、むしろ、の意。

13 **こよなう《ノウ》今《いま》めかしきものかな**　この上もなく今風のものだなあ。

「こよなう」は「こよなく」のウ音便。

「こよなし」＝ここでは、この上もない、格別だ、の意。

＊「今めかし」＝今風だ。現代風だ。対古めかし

答 1 誰が「あはれに見給ふ」のか。

光源氏。

【大意】 2 教80ページ1行～81ページ2行

そこへ泣き顔で走って来た十歳ぐらいの少女の、成長した後の美しさが思われるかわいらしい容貌に、光源氏は目を奪われる。伏籠《ふせご》に閉じ込めていた雀《すずめ》の子を逃がされたと訴える少女に、烏《からす》などが見つけたら大変だと言って、世話役と思われる女房が立って行った。

【品詞分解／現代語訳】

清げなる（ナリ・体） **大人 二人 ばかり**（副助）**、さては**（接） **童べ ぞ**（係助（係）） **出で入り**（四・用） **遊ぶ**（四・体（結））**。中 に**（格助）**、十 ばかり**（副助） **に**（助動・断・用） **や**（係助（係））

こざっぱりとした美しい年配の女房が二人ほど（いて）、その他には（女の）子どもたちが（部屋へ）出入りして遊んでいる。その中に、十歳ほどであろうかと見

あら（ラ変・未） **む**（助動・推・体（結）） **と**（格助） **見え**（下二・用） **て**（接助）**、白き**（ク・体） **衣、山吹 など**（副助） **の**（格助） **なえ**（下二・用） **たる**（助動・存・体） **着**（上一・用） **て**（接助） **走り来**（カ変・用） **たる**（助動・完・体）

えて、白い単衣（の上）に、山吹の襲などで糊気が落ちて柔らかくなっているのを着て走って来た女の子は、

女子、あまた（副） **見え**（下二・用） **つる**（助動・完・体） **子ども に**（格助） **似る**（上一・終） **べう**（助動・当・用（音）） **も**（係助） **あら**（ラ変・未） **ず**（助動・打・用）**、いみじく**（シク・用） **生ひ先 見え**（下二・用）

たくさん見えた子どもたちに似ても似つかず、たいそう成長した後（の美しさ）が

て（接助） **うつくしげなる**（ナリ・体） **容貌 なり**（助動・断・終）**。髪 は**（係助） **扇 を**（格助） **ひろげ**（下二・用） **たる**（助動・完・体） **やうに**（助動・比・用） **ゆらゆらと**（副） **し**（サ変・用） **て**（接助）**、顔 は**（係助）

思われてかわいらしい容貌である。髪は扇を広げたようにゆらゆらとして、顔は（泣い

いと（副） **赤く**（ク・用） **すりなし**（四・用） **て**（接助） **立て**（四・已（命）） **り**（助動・存・終）**。**

て、手で）こすってひどく赤くして立っている。

「何ごと ぞ（係助） **や**（係助）**。童べ と**（格助） **腹立ち**（四・用） **給へ**（補尊・四・已（命）） **る**（助動・完・体） **か**（係助）**。」と**（格助） **て**（接助）**、尼君 の**（格助） **見上げ**（下二・用） **たる**（助動・完・体） **に**（格助）**、**

「どうしたことですか。子どもたちとけんかなさったのですか。」と言って、尼君が見上げた（顔）に、

副　下二・用　助動・存・体　ラ変・已　接助　助動・断・体(音)　助動・事推・終　格助　上一・用　補尊・四・終　格助　格助
少し　おぼえ　たる　ところ　あれ　ば、子　な　めり　と　見　給ふ。「雀　の　子　を　犬君
少し(少女と)似ているところがあるので、(尼君の)子であるようだと(光源氏は)ご覧になる。(少女は)「雀の子を犬君が逃がし

格助　四・用　助動・完・体　格助　格助　下二・用　助動・存・用　助動・完・体　終助　格助　接助　副　シク・終　格助
が　逃がし　つる、伏籠　の　うち　に　籠め　たり　つる　ものを。」と　て、いと　口惜し　と
てしまったの、伏籠の中に入れておいたのになあ。」と言って、とても残念だと思っている。

四・已(命)　助動・存・終　(代)　格助　上一・用　助動・存・体　格助　格助　ラ変・体　格助　サ変・用　接助　四・未
思へ　り。こ　の　ゐ　たる　大人、「例　の、心なし　の、かかる　わざ　を　し　て　さいなま
そこに座っている年配の女房が、「いつものように、うっかり者(の犬君)が、こんなことをして叱られるのが、

助動・受・体　係助(係)　副　ク・已(結)　(代)　格助　係助(係)　四・用　助動・完・体(結)　副　シク・用(音)　副
るる　こそ、いと　心づきなけれ。いづ方　へ　か　まかり　ぬる。いと　をかしう、やうやう
とても気にくわない。(雀の子は)どこへ行ってしまったのでしょうか。たいそうかわいらしく、だんだんなっ

四・用　助動・完・体　終助　副助　係助　係助(係)　下二・已(結)　格助　接助　四・用　接助　四・終　ナリ・用　副
なり　つる　ものを。烏　など　も　こそ　見つくれ。」と　て　立ち　て　行く。髪　ゆるるかに　いと
てきたのに。烏などが見つけたら大変だわ。」と言って立って行く。髪がたっぷりとしてたいそう長

ク・用　ク・体　助動・断・体(音)　助動・定・終　格助　格助　係助　四・終　助動・婉・体　係助　(代)　格助
長く、めやすき　人　な　めり。少納言　の　乳母　と　ぞ　人　言ふ　める　は、こ　の　子
く、感じのよい人であるようだ。少納言の乳母と人が言っているようなのは、この子の世話役な

格助　助動・断・体　助動・推・終
の　後見　なる　べし。
のであろう。

語句の解説 2

教80ページ

1 **清《きよ》げなる大人《おとな》**　こざっぱりとした美しい年配の女房。
　＊「清げなり」＝ここでは、こざっぱりとして美しい、の意。

10 **赤《あか》くすりなして**　泣いて目もとをこすり、赤くなったのであろう。
　「すりなす」＝こすって…の状態にする。

11 **腹《はら》立《だ》ち給《たま》へ《エ》るか**　けんかなさったのですか。
　＊「腹立つ」＝ここでは、けんかする、の意。
　「給ふ」＝尊敬の補助動詞で、尼君の少女に対する敬意を表す。

12 **少《すこ》しおぼえたるところ**　少し似ているところ。

*「おぼゆ」＝ここでは、似る、似通う、の意。
12 **子《こ》なめりと**　子であるようだと。実際は孫である。
「なめり」＝「なるめり」の撥音便「なんめり」の撥音無表記。
13 **籠《こ》めたりつるものを**　入れておいたのになあ。
「ものを」＝詠嘆を表す終助詞。…のになあ。
14 ***口惜《くちお》し**　ここでは、残念だ、くやしい、の意。
14 **例《れい》の**　「さいなまるる」に係ると解し、いつものように、と訳した。「心なし」に係ると解した場合は、いつもの、と訳す。
15 **さいなまるるこそ**　叱られるのが。
*「さいなむ」＝ここでは、叱る、とがめる、責める、の意。

15 **いと心《こころ》づきなけれ**　とても気にくわない。
*「心づきなし」＝気にくわない。不愉快である。
16 **烏《からす》などもこそ見《み》つくれ**　烏などが見つけたら大変だわ。
*「……もこそ」＝将来の悪い事態を予想し、そうなったら困るという懸念を表す語。…たら困る。…と大変だ。

教81ページ
1 **髪《かみ》ゆるるかに**　髪がたっぷりとして。
*「ゆるるかなり」＝ここでは、たっぷりとして豊かなさま。
1 **めやすき人《ひと》なめり**　感じのよい人であるようだ。
*「めやすし」＝感じがよい。見苦しくない。

【大　意】　3　教81ページ3〜9行

尼君は生きものを捕らえたりすることは罪を得ることだと少女をたしなめる。光源氏は、その少女が自分の恋い慕う藤壺によく似ていることに気づき、涙をこぼす。

【品詞分解／現代語訳】

感　感　ク(語幹)　間助　ク・用(音)　サ変・用　補尊・四・体　終助　(代)　格助　副　格助
尼君、「いで、あな　幼　や。言ふかひなう　ものし　給ふ　かな。おの　が　かく　今日　明日　に
尼君は、「本当に、まあ幼いことよ。たわいなくていらっしゃることよ。私がこのように今日明日(にも死ぬか)と思われ

下二・体　格助　係助　(代)　格助　係助　四・用　助動・存・未　接助　四・用　補尊・四・体　間助　下二・体　係助　格助
おぼゆる　命　を　ば、何　と　も　思し　たら　で、雀　慕ひ　給ふ　ほど　よ。罪　得る　こと　ぞ　と
る命を、なんともお思いにならないで、(逃げた)雀を慕って追いかけていらっしゃることよ。(生きものを捕らえるのは)仏罰

副　下二・体　接助　ク・用　格助　接助　(代)　間助　格助　四・已　接助　上一・用(音)　助動・完・終
常に　聞こゆる　を、心憂く。」と　て、「こち　や。」と　言へ　ば　ついゐ　たり。
を受けるような罪を得ることだといつも申しあげているのに、情けない(こと)。」と言って、「こちらへ(いらっしゃい)。」と言うと(少女は)膝をついて座った。

副　ナリ・用　接助　格助　四・用　ク・用　四・用(音)　助動・完・体
つらつき　いと　らうたげに　て、眉　の　わたり　うちけぶり、いはけなく　かいやり　たる　額つき、
顔つきがたいそうかわいらしくて、眉のあたりがほんのりと美しく見えて、あどけなく(髪を)かき上げた額の様子、

髪ざし、　いみじう　うつくし。　ねびゆか　む　さま　ゆかしき　人　かな　と、目　とまり　給ふ。

（シク・用(音)／シク・終／四・未／助動・婉・体／シク・体／終助／格助／四・用／補尊・四・終）

髪の生えぐあいは、たいへんかわいらしい。成長していく様子を見たい人だなあと、(光源氏の)目はひきつけられな

さるは、　限りなう　心　を　尽くし　聞こゆる　人　に、　いと　よう　似　奉れ　る　が、

（接／ク・用(音)／格助／四・用／補謙・下二・体／格助／副／副(音)／上一・用／補謙・四・已(命)／助動・存・体／格助）

さる。それというのも、(光源氏が)限りなく恋い慕い申しあげている人(＝藤壺)に、(この少女が)大変よく似申しあげているのが、

まもら　るる　なり　けり　と　思ふ　に　も、　涙　ぞ　落つる。

（四・未／助動・自・体／助動・断・用／助動・詠・終／格助／四・体／格助／係助／係助(係)／上二・体(結)）

自然と見つめられてしまうのだなあと思うにつけても、涙がこぼれ落ちる。

語句の解説 3

3 **いで、あな幼《おさな》や**　本当に、まあ幼いことよ。
「いで」＝感嘆を表す。ここでは、本当に、いやもう、の意。

「あな」＝強い感動を表す。ああ。まあ。

3 **言《い》ふ《ゥ》かひ《イ》な《ノ》う《ウ》ものし給《たま》ふ《ゥ》かな**　「言ふかひなう」は「言ふかひなく」のウ音便。
「言ふかひなし」＝ここでは、たわいない、ふがいない、の意。

「ものす」＝文脈に応じて、いろいろな動詞の代用として用いられる。ここは、「あり」の代用で、いる、の意。

3 **おの**　自称の代名詞。私。

4 **何《なん》とも思《おぼ》したらで**　なんともお思いにならないで。
＊「思す」＝「思ふ」の尊敬語で、尼君の少女に対する敬意。

5 **心憂《こころう》く**　情けない(こと)。
＊「心憂し」＝ここでは、情けない、つらい、の意。

5 **ついゐ《イ》たり**　「ついゐ」は「つきゐ」のイ音便。
「ついゐる」＝ここでは、膝をついて座る、の意。

6 **いとら《ロ》う《ウ》たげにて**　たいそうかわいらしくて。
＊「らうたげなり」＝かわいらしいさま。愛らしいさま。

6 **いは《ワ》けなくかいやりたる**　あどけなく(髪を)かき上げた。
＊「いはけなし」＝あどけない。幼い。

7 **髪《かん》ざし**　髪の生えぐあい。
「ざし」＝名詞に付いて、そのものの状態や姿を表す語。

7 **＊うつくし**　ここでは、かわいらしい、愛らしい、の意。

7 **ねびゆかむ《ン》さまゆかしき人《ひと》**　成長してゆく様子を見たい人。
＊「ねびゆく」＝成長してゆく。大人びてゆく。
＊「ゆかし」＝ここでは、見たい、知りたい、の意。

8 **似奉《にたてまつ》れるが**　似申しあげているのが。
「奉る」＝謙譲の補助動詞で、藤壺に対する敬意を表している。

9 **まもらるるなりけり**　自然と見つめられてしまうのだなあ。
＊「まもる」＝ここでは、じっと見つめる、目を離さずに見る、の意。

【大　意】 4 教81ページ10行〜82ページ11行

光源氏は、少女の母がすでに亡く、祖母の尼君に養育されていることを知る。尼君が少女の行く末を案じて歌を詠むと、女房もそれに和して歌を詠んだ。そこへ尼君の兄の僧都《そうず》がやって来て、光源氏がこの北山に来ていることを告げる。僧都が光源氏の見舞いに行くと言って立ち上がったのを機に、光源氏も帰った。

【品詞分解／現代語訳】

格助　下二・用　接助　四・体　格助　四・用　補尊・四・已　接助　シク・終　格助　間助　副
尼君、髪 を かき撫で つつ、「けづる こと を うるさがり 給へ ど、をかし の 御髪 や。いと
尼君は、（少女の）髪をかきなでながら、「髪をとくことを嫌がりなさるけれど、美しいお髪であることよ。たいそ

ク・用(音)　サ変・用　補尊・四・体　係助(係)　ナリ・用　ク・已(結)　副　格助　四・已　接助　副　ラ変・未　助動・打・体
はかなう ものし 給ふ こそ、あはれに うしろめたけれ。かばかり に なれ ば、いと かから ぬ
う頼りなくていらっしゃるのが、ふびんで気がかりです。このくらい（の年齢）になれば、これほど（幼稚）でない人もある

係助　ラ変・体　終助　係助　副助　格助　格助　下二・用　補尊・四・用　助動・過・体　シク・用(音)　係助
人 も ある ものを。故姫君 は、十 ばかり にて 殿 に おくれ 給ひ し ほど、いみじう もの は
のに。亡くなった（あなたの母の）姫君は、十歳ぐらいで（父の）殿に先立たれなさった頃、たいそう分別がおありにな

四・用　補尊・四・已(命)　助動・完・用　助動・過・体　係助　終助　副　(代)　下二・用　補謙・四・未　接助　副　格助
思ひ知り 給へ り し ぞ かし。ただ今 おのれ 見捨て 奉ら ば、いかで 世 に
ったのですよ。たった今私が（あなたを）お残しして死んでしまったら、（これから先）どのよう

サ変・未　助動・意・終　格助　サ変・終　助動・現推・体　格助　接助　シク・用　四・体　格助　上一・用　補尊・四・体　係助　ナリ・用　シク・終
おはせ む と す らむ。」と て、いみじく 泣く を 見 給ふ も、すずろに 悲し。
にしてこの世に生きていらっしゃろうというのでしょう。」と言って、ひどく泣くのを（光源氏が）ご覧になるのも、わけもなく悲しい。

格助　係助　副　四・用　接助　格助　四・用　接助　四・用　助動・存・体　格助　四・用
幼心地 に も、さすがに うちまもり て、伏し目 に なり て うつぶし たる に、こぼれかかり
（少女は）子ども心にも、そうはいってもやはりじっと（尼君を）見つめて、伏し目になってうつむいているところに、（はらはらと）垂れか

助動・存・体　副　ク・用(音)　下二・終
たる 髪、つやつやと めでたう 見ゆ。
かっている髪は、つやつやと美しく見える。

四・未　助動・婉・体　係助　四・未　助動・打・体　格助　四・体　係助(係)　下二・未　助動・婉・体
生ひ立た　む　ありか　も　知ら　ぬ　②若草　を　おくらす　③露　ぞ　消え　む　そら
これから成長していく先もわからない若草（のような子）を、後に残して（消えて）ゆく露（のようなはかない私の身）は、消えようにも消える場所もありま

ク・体(結)
なき
せん。

副　上一・用　助動・存・体　副　格助　四・用　接助
また　ゐ　たる　大人、「げに。」と　うち泣き　て、
（と尼君が詠むと）また（そこに）座っている年配の女房が、「ほんとうに。」と泣いて、

格助　四・体　係助　四・未　助動・打・体　格助　副　係助(係)　格助　下二・未　助動・意・体　格助　サ変・終
初草　の　生ひゆく　末　も　知ら　ぬ　間　に　いかで　か　露　の　消え　む　と　す
萌え始めたばかりの若草（のような姫君）が成長してゆく将来も知らないうちに、どうして露（のような尼君）は消えようとしているのでしょうか（、消えよ

助動・現原・体(結)
らむ
うとなさらないでください）。

格助　下二・体　格助　(代)　格助　カ変・用　接助　(代)　係助　ナリ・用　係助(係)　補丁・ラ変・未　助動・推・体(結)
と　聞こゆる　ほど　に、僧都　あなた　より　来　て、「こなた　は　あらはに　や　侍ら　む。
と申しあげているところに、僧都があちらから来て、「こちらは（外から）丸見えではございませんか。

副助　格助　四・用　助動・過・体　終助　(代)　格助　格助　格助　格助　格助
今日　しも　端　に　おはしまし　ける　かな。この　上　の　聖　の　方　に、源氏の中将　の、瘧病みまじなひ
今日に限って端においでになったことですね。この上の高徳の僧の所に、源氏の中将が、熱病のまじないにい

格助　サ変・用　補尊・四・用　助動・過・体　格助　副　係助(係)　下二・用　補丁・ラ変・体(結)　シク・用(音)　上二・用　補尊・四・用　助動・過・已　接助
に　ものし　給ひ　ける　を、ただ今　なむ　聞きつけ　侍る。いみじう　忍び　給ひ　けれ　ば、
らっしゃったことを、たった今聞きつけました。たいそうお忍びでいらっしゃったので、

四・用　補丁・ラ変・未　接助　(代)　格助　ラ変・用　接助　格助　係助　下二・未　助動・打・用　助動・過・体　格助　四・已
知り　侍ら　で、ここ　に　侍り　ながら、御とぶらひ　に　も　詣で　ざり　ける。」と　のたまへ
（私も）存じませんで、ここにおりながら、お見舞いにも参上しませんでした。」とおっしゃるので、

ば、「あな いみじや。いと あやしき さま を、人 や 見 つ らむ。」と て 簾 下ろし

（接助／感／シク・終／間助／副／シク・体／格助／係助(係)／上一・用／助動・完・終／助動・現推・体(結)／格助／接助／四・用）

(尼君は)「まあ大変なこと。たいそう見苦しい様子を、誰か見てしまったでしょうか。」と言って簾を下ろしてしまった。

つ。「こ の 世 に ののしり 給ふ 光源氏、かかる ついで に 見 奉り 給は む

（助動・完・終／(代)／格助／格助／四・用／補尊・四・体／ラ変・体／格助／上一・用／補謙・四・用／補尊・四・未／助動・勧・終）

(僧都は)「世間で評判になっていらっしゃる光源氏を、こういう機会に見申しあげなさいませんか。

や。世 を 捨て たる 法師 の 心地 に も、いみじう 世 の 愁へ 忘れ、齢 伸ぶる 人 の

（係助／格助／下二・用／助動・完・体／格助／格助／係助／シク・用(音)／格助／下二・用／上二・体／格助）

世を捨てた法師(である私)の気持ちにも、たいそうこの世の悩みを忘れ、寿命が延びるほどの(源氏の)

御ありさま なり。いで 御消息 聞こえ む。」と て 立つ 音 すれ ば、帰り 給ひ ぬ。

（助動・断・終／感／下二・未／助動・意・終／格助／接助／四・体／サ変・已／接助／四・用／補尊・四・用／助動・完・終）

君のご様子です。さあご挨拶を申しあげましょう。」と言って立つ音がするので、(光源氏は)お帰りになった。

語句の解説 4

11 **あは《ワ》れにうしろめたけれ**　ふびんで気がかりです。「あはれに」は連用中止法で、「うしろめたけれ」と並立している。

＊「あはれなり」＝ここでは、ふびんだ、かわいそうだ、の意。

＊「うしろめたし」＝ここでは、気がかりだ、心配だ、の意。

12 **かからぬ人《ひと》**　幼稚でない人。「かからぬ」は「かくあらぬ」の詰まった語。「かく」は「はかなうものし給ふ」（＝頼りなくていらっしゃる）を指す。

12 **おくれ給《たま》ひ《イ》しほど**　先立たれなさった頃。

＊「おくる」＝ここでは、先立たれる、死なれる、の意。

13 **見捨《みす》て奉《たてまつ》らば**　（あなたを）お残しして死んでしまったら。

「見捨つ」＝後に残して死ぬ。見捨てる。

14 **世《よ》におは《ワ》せむ《ン》と**　この世に生きていらっしゃろうと。

15 **すずろに悲《かな》し**　わけもなく悲しい。

＊「すずろなり」＝ここでは、わけもなく、何とはなしに、の意。

16 **めでた《ト》う《ウ》見《み》ゆ**　「めでたう」は「めでたく」のウ音便。

＊「めでたし」＝ここでは、美しい、すばらしい、の意。

「世におはす」＝「世にあり」の尊敬語。

教82ページ

2・3　**「若草」「露」は、それぞれ何の比喩か。**

答　「若草」＝少女。

「露」＝尼君の命。

1 **＊おくらす**　（死んだり去ったりして）後に残す。

2 **＊げに**　ここでは、本当に、いかにも、の意。

3 **生《お》ひ《イ》ゆく末《すえ》**　成長してゆく将来。

*「生ひゆく」＝成長してゆく。育つ。
*「末」＝ここでは、将来、行く末、の意。
4 **あらは《ワ》にや侍《はべ》らむ《ン》**　丸見えではございませんか。
*「あらはなり」＝ここでは、丸見えである、の意。
「侍り」＝丁寧の補助動詞で、僧都の尼君に対する敬意を表す。
5 ***端《はし》**　ここでは、建物の外側に近い所、縁側、の意。
6 **ものし給《たま》ひ《イ》けるを**　いらっしゃったのを。
「ものす」＝ここは、「来」の代用で、来る、の意。
7 ***とぶらひ《イ》**　見舞い。訪問。
7 **詣《もう》でざりける**　参上しませんでした。
*「詣づ」＝「行く」の謙譲語で、僧都の光源氏に対する敬意。

8 **いとあやしきさまを**　たいそう見苦しい様子を。
*「あやし」＝ここでは、見苦しい、みすぼらしい、の意。
9 **この世《よ》にののしり給《たま》ふ《ウ》**　世間で評判になっていらっしゃる。
*「ののしる」＝ここでは、評判になる、の意。
9 **見奉《みたてまつ》り給《たま》は《ワ》む《ン》や**　見申しあげなさいませんか。
「奉る」＝謙譲の補助動詞で、僧都の光源氏に対する敬意。
「給ふ」＝尊敬の補助動詞で、僧都の尼君に対する敬意。
10 **世《よ》の愁《うれ》へ《エ》忘《わす》れ**　下の「齢《よはひ》伸ぶる」と並列。「忘れ」は連用中止法。
11 **御消息《おおんしょうそこ》聞《き》こえむ《ン》**　ご挨拶を申しあげましょう。
「消息」＝ここでは、挨拶、訪問すること、の意。
「聞こゆ」＝「言ふ」の謙譲語で、僧都の光源氏に対する敬意。

【大　意】　5　教82ページ12〜16行

光源氏は、かわいい人を見たと思い、思慕する藤壺の代わりに、この少女を身近に置いて心の慰めにしたいと思う心が深く生じた。

【品詞分解／現代語訳】

あはれなる［ナリ・体］ **人** **を**［格助］ **見**［上一・用］ **つる**［助動・完・体］ **かな**［終助］。 **かかれ**［ラ変・已］ **ば**［接助］、 **こ**［(代)］ **の**［格助］ **すき者ども** **は**［係助］、 **かかる**［ラ変・体］ **歩き** **を**［格助］ **のみ**［副助］
(光源氏は)かわいい人を見たものだなあ。 このようであるから、この色好みの者たちは、 こんな忍び歩きばかりして、

し［サ変・用］ **て**［接助］、 **よく**［副］ **さる**［ラ変・体］ **まじき**［助動・打推・体］ **人** **を**［格助］ **も**［係助］ **見つくる**［下二・体］ **なり**［助動・断・用］ **けり**［助動・詠・終］。 **たまさかに**［ナリ・用］ **立ち出づる**［下二・体］ **だに**［副助］、 **かく**［副］
よく思いがけない人をも見つけるのであるなあ。 たまに出かけてさえ、 このよ

思ひ **の**［格助］ **ほか** **なる**［助動・断・体］ **こと** **を**［格助］ **見る**［上一・体］ **よ**［間助］ **と**［格助］、 **をかしう**［シク・用(音)］ **思す**［四・終］。 **さても**［接］、 **いと**［副］ **うつくしかり**［シク・用］ **つる**［助動・完・体］ **児**
うに思いもよらないことを見ることだよと、 おもしろくお思いになる。 それにしても、たいそうかわいらしい子だったなあ、

かな［終助］、 **何人** **なら**［助動・断・未］ **む**［助動・推・体］、 **か**［(代)］ **の**［格助］ **人** **の**［格助］ **御代はり** **に**［格助］、 **明け暮れ** **の**［格助］ **慰め** **に**［格助］ **も**［係助］ **見**［上一・未］ **ばや**［終助］ **と**［格助］
どういう人なのだろう、 あの(藤壺の)方のお身代わりに、 明け暮れの(心の)慰めにも見たいものだと思う心が深く生じた。

思ふ（四・体）心　深う（ク・用(音)）つき（四・用）ぬ（助動・完・終）。
(若紫)

語句の解説 5

12 **すき者《もの》ども**　色好みの者たち。
＊「すき者」＝ここでは、恋愛を好む人、色好みの人、の意。

13 **たまさかに立《た》ち出《い》づ《ズ》るだに**　たまに出かけてさえ。
＊「たまさかなり」＝ここでは、たまに、時々、の意。

16 **見《み》ばや**　見たいものだ。「ばや」は自己の願望を表す終助詞。

16 **深《ふこ》う《ウ》つきぬ**　深く生じた。
「つく」＝ここでは、(ある思いや考えが)生じる、起こる、の意。

課題

一 **少女(若紫)はどのように描かれているか、行動、容姿、境遇などの観点からまとめてみよう。**

解答例 元気でかわいらしく、成長すれば美しくなると思われる容貌の持ち主で、藤壺にとても似ていた。両親に先立たれ、祖母の尼君に養育されているが、子雀を逃がされて泣いてしまうなど、年齢のわりに幼いため、その将来を尼君が心配している。

二 **「生ひ立たむ……」(82・1)、「初草の……」(82・3)の歌にはそれぞれどのような心情がこめられているか、話し合ってみよう。**

考え方 「若草」「露」「初草」の比喩に注意する。

解答例 「生ひ立たむ……」＝自分は老い先短い身であるが、幼く身寄りのない少女の将来を考えると、死ぬに死ねないという思い。
「初草の……」＝少女の将来を見届けないうちに死ぬなどと言わず、もっと気丈でいらしてくださいと、尼君を励まそうとする思い。

三 **光源氏が少女に心をひかれたのはなぜか、説明してみよう。**

解答例 とてもかわいらしく、将来美しく成長するであろう容貌の持ち主であった上に、光源氏の恋い慕う藤壺とよく似ていたから。

語句と表現

一 **次の傍線部の敬語を文法的に説明してみよう。**

① **据ゑ奉りて行ふ尼なりけり。**(79・9)
② **何とも思したらで、**(81・4)
③ **あらはにや侍らむ。**(82・4)
④ **御とぶらひにも詣でざりける。**(82・7)

解答 ①謙譲の補助動詞ラ行四段活用「奉る」の連用形。作者の持仏に対する敬意。
②尊敬の本動詞サ行四段活用「思す」の連用形。尼君の少女(若紫)に対する敬意。
③丁寧の補助動詞ラ変「侍り」の未然形。僧都の尼君に対する敬意。
④「行く」の謙譲語ダ行下二段動詞「詣づ」の未然形。僧都の源氏に対する敬意。

大　鏡

教科書P.84〜97

●『大鏡』とは

紀伝体による歴史物語。作者は諸説あるが未詳。平安時代後期の成立と思われる。構成は、序・本紀・列伝・藤原氏物語・昔物語の五部からなり、大宅世継《おおやけのよつぎ》と夏山繁樹《なつやまのしげき》の二人の老翁、繁樹の妻、好奇心旺盛な若侍の問答を筆録したという形で書かれている。これ以前の歴史物語に『栄花《えいが》物語』があり、どちらも藤原道長《ふじわらのみちなが》の栄華を描いているが、『栄花物語』が道長賛美に終始しているのに対し、『大鏡』はその裏にある真相をも取り上げ、批評しているところに特色がある。

教科書第一部に採られた「雲林院《うりんいん》の菩提講《ぼだいこう》」では、この物語の語り部と目的が紹介され、「花山《かさん》天皇の出家《すけ》」では、藤原兼家《かねいえ》・道兼《みちかね》親子が外戚として権力を手中にするため用いた陰謀を語り、「弓争ひ」では、後に権力の頂点に立つ道長の若き日が述べられている。

なお、『大鏡』『今鏡』『水鏡』『増鏡』を合わせて「四鏡《しきょう》」と呼ぶ。

雲林院《うりんいん》の菩提講《ぼだいこう》

【大　意】　1　教84ページ1行〜85ページ16行

私が参詣した雲林院の菩提講に、異様な感じのする老人二人と一人の老女が来合わせていた。二人の老人は今日の出会いを喜び、長年見聞きしたことや、現在の入道殿下（＝藤原道長）の様子を語り合いたいと言う。その話があまりに古いので、私は驚きあきれてしまった。

【品詞分解／現代語訳】

先つころ、雲林院 の[格助] 菩提講 に[格助] 詣で[下二・用] て[接助] 侍り[補丁・ラ変・用] しか[助動・過・已] ば、[接助] 例人 より[格助] は[係助] こよなう[ク・用(音)] 年 老い、[上二・用]

先頃、（私が）雲林院の菩提講に参詣していましたところ、普通の人よりは格別に年をとり、

うたてげなる[ナリ・体] 翁 二人、嫗 と[格助] 行き合ひ[四・用] て、[接助] 同じ[シク・体] 所 に[格助] ゐ[上一・用] ぬ[助動・完・終] めり。[助動・定・終] あはれに、[ナリ・用] 同じ[シク・体]

異様な感じのする老人二人、老女（一人）とが偶然出会って、同じ場所に座ったようです。本当にまあ、同じよ

やうなる[助動・比・体] もの の[格助] さま かな[終助] と[格助] 見[上一・用] 侍り[補丁・ラ変・用] し[助動・過・体] に、[接助] これら[(代)] うち笑ひ、[四・用] 見かはし[四・用] て[接助] 言ふ[四・体]

うな老人たちの様子だなあと見ておりましたところ、この老人たちがふと笑って、顔を見合わせて（そのうちの

格助 格助 サ変・用 接助 副 格助 四・体 格助 係助 下二・未 助動・意・終
やう、「年ごろ、昔の人に対面して、いかで世の中の見聞くことをも聞こえ合はせむ、
一人、大宅世継が）言うことには、「長年、（私は）昔なじみの人と会って、なんとかして世の中の見たり聞いたりしたことを（互いに）お話し合い申したい、

（代） 格助 格助 格助 格助 係助 下二・未 終助 格助 四・体 接助 ナリ・用 シク・用
このただ今の入道殿下の御ありさまをも申し合はせばやと思ふに、あはれにうれしく
（また）この現在の入道殿下のご様子をも（互いに）お話し合い申したいと思っているので、本当にうれしくもお会い申

係助 四・用 補謙・四・用 助動・完・体 終助 係助（係） ク・用 係助 四・終 助動・可・体（結） シク・体 四・未
も会ひ申したるかな。今ぞ心やすく黄泉路もまかるべき。①思しきこと言は
しあげたことだなあ。今こそ安心して死後の世界への道にも参ることができます。言いたいと思っていること

助動・打・体 係助 副 係助（係） 下二・体 サ変・用 助動・詠・体（結） 接 係助（係） 格助 係助 四・未
ぬは、げにぞ腹ふくるる心地しける。かかればこそ、昔の人はもの言は
を言わないのは、本当に腹がふくれる気持ちがするものだなあ。このようであるから、昔の人は何かものが言いたくなると、

助動・願・用 四・已 接助 格助 四・用 接助 係助 下二・用 補丁・ラ変・用 助動・過推・已（結） 格助 下二・用 補丁・ラ変・終
まほしくなれば、穴を掘りては言ひ入れ侍りけめとおぼえ侍り。
穴を掘っては（言いたいことをその）中に向かって言ったのでしょうと思われます。

副 シク・用 サ変・用 助動・完・体 終助 接 格助 係助（係） 四・用 補尊・四・用 助動・完・体（結） 格助
かへすがへすうれしく対面したるかな。さてもいくつにかなり給ひぬる。」と
本当にうれしくもお会いしたものだなあ。ところで（あなたは）幾つにおなりになりましたか。」と言うと、

四・已 接助 副 格助 格助 四・体 副 下二・用 補丁・ラ変・未 助動・打・終 接 （代） 係助
言へば、いま一人の翁、「いくつといふこと、さらにおぼえ侍らず。ただし、己は、
もう一人の老人（＝夏山繁樹）が、「幾つということは、全く覚えておりません。しかし、私は、

格助 四・用 助動・過・体 格助 係助 終助 （代） 係助 （代） 格助
故太政大臣貞信公、蔵人少将と申しし折の小舎人童、大犬丸ぞかし。ぬしは、その御時
故太政大臣貞信公（＝藤原忠平）が、（まだ）蔵人少将と申しあげた頃の小舎人童（であった）、大犬丸であるよ。あなたは、その（宇多天皇の）

格助 格助 格助 格助 格助 格助 係助（係） 四・用 補丁・ラ変・用 助動・過・体（結） 終助
の母后の宮の御方の召し使ひ、高名の大宅世継とぞ言ひ侍りしかし
御代の皇太后の御方の召し使いで、有名な大宅世継と言いましたなあ。

終助　接　(代)　格助　係助　(代)　格助　係助　ク・用　四・用　補尊・四・已(命)　助動・存・未　助動・推・終　終助　(代)　格助
な。されば、ぬしの御年は、己にはこよなくまさり給へらむかし。自らが
そうすると、あなたのお年は、私よりはこの上なく上でいらっしゃるでしょうよ。私が（まだほ

助動・断・用　接助　ラ変・用　助動・過・体　(代)　係助　副助　格助　助動・断・用　接助　係助(係)　係助　補尊・サ変・未
小童にてありし時、ぬしは二十五、六ばかりの男にてこそはいませ
んの）子どもであった時、あなたは二十五、六歳くらいの一人前の男でいらっしゃいました」と言うようなので、

助動・過・已(結)　格助　四・終　助動・婉・已　接助　感　副　ラ変・用　助動・過・体　助動・断・終　接　(代)　格助
しか。」と言ふめれば、世継、「しかしか、さ侍りしことなり。さてもぬしの
世継は、「そうそう、そうでございました。ところであなたのお名前

係助　副　係助　係助　格助　四・終　助動・婉・已　接助　格助　四・用　助動・過・体　(代)
御名はいかにぞや。」と言ふめれば、「太政大臣殿にて元服つかまつりし時、『きむち
はなんとおっしゃいましたか。」と言うようなので、（繁樹は）「太政大臣のお屋敷で元服いたしました時、（貞信公が）

格助　係助　(代)　係助　格助　下二・未　助動・尊・用　助動・過・已　接助　格助　係助(係)　四・体(結)　格助　四・用　助動・過・体　接助
が姓は何ぞ。』と仰せられしかば、『夏山となむ申す。』と申しを、
『おまえの姓はなんと言うか。』とおっしゃいましたので、『夏山と申します。』と申しあげたところ、

副　格助　係助(係)　下二・未　助動・尊・用　補尊・四・已(命)　助動・完・用　助動・過・体(結)　副助　四・体　接助　副　シク・用(音)
やがて、繁樹となむつけさせ給へりし。」など言ふに、②いとあさましう
そのまま、（夏山の縁語の）繁樹とおつけになられました。」などと言うので、（私はあまりに古い話に）

四・用　助動・完・終
なりぬ。
たいそう驚きあきれてしまった。

語句の解説 1

教84ページ

1**先《さい》つころ**　先頃。先日。「先(さい)」は「さき」のイ音便。
「つ」＝上代の格助詞で、…の、の意。

1**詣《もう》でて侍《はべ》りしかば**　参詣していましたところ。
*「詣づ」＝「行く」「来」の謙譲語で、ここでは、参詣する、の意。
「侍り」＝丁寧の補助動詞で、作者の読み手に対する敬意を表す。

1**こよなう《ノウ》**　格別に。「こよなく」のウ音便。
*「こよなし」＝ここでは、格別だ、この上ない、の意。

2**うたてげなる翁《おきな》**　異様な感じのする老人。
*「うたてげなり」＝ここでは、異様な感じがする、の意。
2**ゐ《イ》ぬめり**　座ったようです。「ゐ」は「居る」の連用形。
「めり」＝目に見える事態に基づく推定を表す助動詞。…ようだ。
4**いかで**　「いかにて」の撥音便《はつおん》「いかんで」の撥音無表記。ここでは、意志の助動詞「む」を伴って、なんとかして、の意。
6**今《いま》ぞ心《こころ》やすく**　今こそ安心して。
*「心やすし」＝ここでは、安心だ、気楽だ、の意。
6**まかるべき**　参ることができます。
*「まかる」＝「行く」の謙譲語。参ります。
7**思《おぼ》しきこと**　言いたいと思っていること。
*「思し」＝ここでは、こうあってほしいと思う、の意で、言いたいと思っている、と訳した。

❶ **「思しきこと」とは、具体的にどのようなことを指すか。**

答　これまで世間で見聞きしてきたこと。現在の入道殿下（＝藤原道長）の様子。

8**おぼえ侍《はべ》り**　思われます。
*「おぼゆ」＝ここでは、思われる、感じられる、の意。

教85ページ

2**さらにおぼえ侍《はべ》らず**　全く覚えておりません。
*「さらに……（打消）」＝全く。全然。決して。
「おぼゆ」＝ここでは、覚えている、記憶している、の意。
4**＊ぬし**　対称の人称代名詞。ここでは、あなた、の意。

6**言《い》ひ《イ》侍《はべ》りしかしな**　言いましたなあ。
「かし」＝念押しの終助詞。
「な」＝詠嘆の終助詞。
9**いませしか**　いらっしゃいました。
*「います」＝尊敬の補助動詞。…（で）いらっしゃる。
11**いかにぞや**　下に「あらむ」などが省略されている。
「いかに」＝ナリ活用形容動詞「いかなり」の連用形ともとれる。
12**元服《げんぷく》つかまつりし時《とき》**　元服いたしました時。
*「つかまつる」＝ここでは、「す」「行ふ」の丁寧語で、いたします、の意。
13**仰《おお》せられしかば**　おっしゃいましたので。
*「仰す」＝（「仰せらる」の形で）「言ふ」の尊敬語。おっしゃる。
14**＊やがて**　ここでは、そのまま、の意。「夏山」という姓を聞いて、その縁語である「繁樹」とそのまま名づけたということ。
15**つけさせ給《たま》へ《エ》りし**　おつけになられました。
「させ給ふ」＝最高敬語。地の文では帝《みかど》や后《きさき》などに用いられるが、ここは会話文で、繁樹の貞信公《ていしんこう》に対する高い敬意を表す。
16**いとあさましう《シュウ》なりぬ**　たいそう驚きあきれてしまった。
*「あさまし」＝ここでは、驚きあきれる、の意。

❷ **「いとあさましうなりぬ」とは誰の思いか。**

答　雲林院の菩提講に来合わせた筆録者（作者）。

【大意】 2 教86ページ1～4行

菩提講の参会者の中にいた三十歳ばかりの侍が、老人たちの話を全く信じられないと言うと、二人の老人は顔を見合わせて大声で笑った。

【品詞分解／現代語訳】

誰（代） も（係助）、少し（副） よろしき（シク・体） 者ども は（係助）、見おこせ（下二・用）、居寄り（四・用） など（副助） し（サ変・用） けり（助動・過・終）。年 三十 ばかり（副助） なる（助動・断・体）

（参詣者の中の）誰でも、少しは身分もあり教養もある者たちは、（老人たちの方を）見たり、にじり寄ったりなどした。（その中の）年は三十歳くらいである侍

侍めき（四・用） たる（助動・存・体） 者 の（格助）、せちに（ナリ・用） 近く（ク・用） 寄り（四・用） て（接助）、「いで（感）、いと（副） 興 ある（ラ変・体） こと 言ふ（四・体） 老者たち かな（終助）。さらに（副）

らしく見える者が、しきりに近くに寄って、「いやもう、たいそうおもしろいことを言う老人たちだなあ。全く信じ

こそ（係助（係）） 信ぜ（サ変・未） られ（助動・可・未） ね（助動・打・已（結））。」 と（格助） 言へ（四・已） ば（接助）、翁 二人 見かはし（四・用） て（接助） あざ笑ふ（四・終）。

られない。」と言うと、老人二人はお互いの顔を見合わせて大声で笑う。

（序）

語句の解説 2

教86ページ

1**少《すこ》しよろしき者《もの》ども** 少しは身分もあり教養もある者たち。

*「よろし」＝ここでは、普通である、平凡だ、の意。上に「少し」とあるので、普通よりも少しましな程度、ということ。

1**見《み》おこせ** （老人たちの方を）見たり。

「見おこす」＝こちらの方を見る。対 見やる

1**居《い》寄《よ》り** にじり寄ったり。

「居寄る」＝いざり寄る。にじり寄る。座ったままで近寄る意。

2**せちに近《ちか》く寄《よ》りて** しきりに近くに寄って。

*「せちなり」＝ここでは、しきりに、ひたすら、の意。

2**＊いで** ここでは、いやもう、本当に、の意。

3**あざ笑《わら》ふ** ここでは、大声で笑う、人に構わず高笑いする、の意。

課題

一 この場面の登場人物について整理してみよう。

解答例

● 翁＝大宅世継。故太政大臣貞信公が蔵人《くろうど》少将であった頃の皇太后（宇《う》多《だ》天皇の母）の御方の召し使い。

● 翁＝夏山繁樹。故太政大臣貞信公が蔵人少将であった頃の小舎人《こどねり》童《わらわ》で、幼名大犬丸《おおいぬまろ》。元服の時、貞信公から繁樹の名を付けられた。

● 媼《おうな》＝翁たち同様、普通の人より格別年をとり、異様な感じのする老婆。

● 侍めきたる者＝翁たちの話に興味をもって近づいてきた、三十歳

くらいの者。

● 筆録者（作者）＝雲林院の菩提講に参詣して、翁たちの話を聞き、それを書きとめた人物。（筆録者は登場人物に加えない考え方もある。）

二 **「侍めきたる者」が「いで、いと興あること……信ぜられね」（86・2）と言ったのはなぜか、説明してみよう。**

考え方 教科書の脚注に着目し、貞信公（＝藤原忠平《ただひら》）が蔵人少将だったのは、雲林院の菩提講が行われた（と思われる）頃より、百三十年ほど前のことであることを押さえてまとめる。

解答例 翁たちが懐かしげに交わす話の内容が、現在から百三十年も昔の体験談だったので、興味をもちながらも、とても本当のこととは思えなかったから。

三 **この「雲林院の菩提講」は『大鏡』の冒頭にあたる。ここでの設定にはどのような効果があると考えられるか、話し合ってみよう。**

考え方 「うたてげなる翁二人」（大宅世継・夏山繁樹）という二百歳近い人物を語り手にしていること、語り・聴衆という場を設定していることをつかむ。この設定によって、歴史を多角的な視点で語ることが可能になっているといえるだろう。

語句と表現

一 **次の傍線部の助詞を文法的に説明してみよう。**

①同じやうなるもののさまかな（84・3）
②御ありさまをも申し合はせばや（84・5）
③大犬丸ぞかし。（85・4）

解答 ①詠嘆の終助詞。
②願望の終助詞。
③念押しの終助詞。

二 **「言ふめれば」（85・9）について、「めり」が使われている理由を説明してみよう。**

考え方 「めり」は、目の前の事実に基づく推定（事実推量）の意を表し、後に用法が広がって婉曲の意も表すようになった助動詞。

解答例 筆録者（作者）が、二人の老人の会話する様子を、その目で見ていることを表すため。また、会話の内容が信じがたいものなので、断定を避けて婉曲な表現にし、違和感を減らそうとしたため。

花山《かさん》天皇《てんのう》の出家《すけ》

【大　意】 **1** **教87ページ1〜5行**

花山院天皇は十七歳で即位し、十九歳で出家入道した。在位二年、出家後二十二年存命であった。

【品詞分解／現代語訳】

次の(格助)帝、花山院天皇と(格助)申し(四・用)き(助動・過・終)。永観二年八月二十八日、位に(格助)つか(四・未)せ(助動・尊・用)給ふ(補尊・四・終)。御年

次の帝は、花山天皇と申しあげました。永観二年八月二十八日、(帝の)位にお就きになる。御年

十七。寛和二年丙戌六月二十二日の(格助)夜、あさましく(シク・用)候ひ(補丁・四・用)し(助動・過・体)ことは(係助)、人に(格助)も(係助)知ら(四・未)せ(助動・使・未)

十七。寛和二年丙戌六月二十二日の夜、意外で驚きましたことは、人にもお知らせにならないで、

させ(助動・尊・用)給は(補尊・四・未)で(接助)、みそかに(ナリ・用)花山寺に(格助)おはしまし(四・用)て(接助)、御出家入道せ(サ変・未)させ(助動・尊・用)給へ(補尊・四・已(命))り(助動・完・用)

こっそりと花山寺においでになって、ご出家入道なさってしまったことであります。

し(助動・過・体)こそ(係助)。御年十九。世を(格助)保た(四・未)せ(助動・尊・用)給ふ(補尊・四・体)こと二年。そ(代)の(格助)のち二十二年おはしまし(四・用)

御年十九。(帝として)世をお治めになること二年。その(ご出家の)のち二十二年ご存命でいらっしゃった。

き(助動・過・終)。

語句の解説 1

教87ページ

1 **位《くらい》につかせ給《たま》ふ《ウ》**　ご即位になったということ。「位」は、帝の位。

「せ給ふ」＝尊敬の助動詞「す」の連用形＋尊敬の補助動詞「給ふ」で、帝や后などに用いる最高敬語。お(ご)…になる。

2 **あさましく候《さぶら》ひ《イ》しこと**　意外で驚きましたこと。

＊「あさまし」＝ここでは、意外だ、驚きあきれる、の意。

＊「候ふ」＝丁寧の補助動詞で、語り手の聞き手に対する敬意を表す。

3 **知《し》らせさせ給《たま》は《ワ》で**　お知らせにならないで。

「させ給ふ」＝尊敬の助動詞「さす」の連用形＋尊敬の補助動詞で、最高敬語。

「で」＝打消を表す接続助詞。…ないで。

3 **みそかに**　こっそりと。

＊「みそかなり」＝こっそりとするさま。ひそかにするさま。

3 **おは《ワ》しまして**　おいでになって。

「おはします」＝ここでは、「行く」「来」の尊敬語。おいでになる。いらっしゃる。

3 **御《おおん》出《す》家《け》入道《にゅうどう》せさせ給《たま》へ《エ》りしこそ**　「し」は過去の助動詞「き」の連体形。下に「こと」を補って訳す。

「出家入道す」＝剃髪《ていはつ》して仏門に入る意。帝が「出家入道」するとは、退位することを意味する。

「こそ」＝係助詞。下に結びの「あれ」などが省略されている。

4 世を保《たも》たせ給《たま》ふ　世をお治めになる。

「世を保つ」＝天下を治める。統治する。

4 おは《ワ》しましき　ご存命でいらっしゃいました。

「おはします」＝ここは、「あり」の尊敬語。

【大　意】　2　教87ページ6行〜88ページ8行

出家の夜、有明けの月が明るく目立つとためらう帝を、粟田殿《あわたどの》（＝藤原道兼）はせきたてる。帝が亡き弘徽殿女御《こきでんのにょうご》（＝藤原忯子《しし》）の手紙を思い出し、取りに戻ろうとするのを、粟田殿は出家の機会を逃してしまうと、うそ泣きして引きとどめた。

【品詞分解／現代語訳】

あはれなる　こと　は、下り　おはしまし　ける　夜　は、藤壺　の　上の御局　の　小戸　より　出で　させ

ナリ・体　係助　上二・用　補尊・四・用　助動・過・体　係助　格助　格助　格助　下二・未　助動・尊・用

しみじみと心痛む思いのすることは、ご退位なさった夜は、（帝が）藤壺の上の御局の小戸からお出ましになられたところ、

給ひ　ける　に、有明けの月　の　いみじく　明かかり　けれ　ば、「顕証に　こそ　あり　けれ。

補尊・四・用　助動・過・体　接助　格助　シク・用　ク・用　助動・過・已　接助　ナリ・用　係助（係）　ラ変・用　助動・詠・已（結）

有明けの月がたいそう明るかったので、（帝が）「（あまりに）目立つことだなあ。

いかが　す　べから　む。」と　仰せ　られ　ける　を、「①さりとて、とまら　せ　給ふ

副　サ変・終　助動・適・未　助動・推・体　格助　下二・用　助動・尊・用　助動・過・体　接助　接　四・未　助動・尊・用　補尊・四・終

どうしたらよいだろうか。」とおっしゃったところ、「そうかといって、（いまさら）中止なさることができるわ

べき　やう　侍ら　ず。神璽・宝剣　渡り　給ひ　ぬる　に　は。」と、粟田殿　の　騒がし　申し

助動・可・体　ラ変・未　助動・打・終　四・用　補尊・四・用　助動・完・体　接助　係助　格助　格助　四・用　補謙・四・用

けはございません。神璽・宝剣が（すでに皇太子の方に）お渡りになってしまいましたので。」と、粟田殿がせきたて申しあげられたわけ

給ひ　ける　は、まだ　帝　出で　させ　おはしまさ　ざり　ける　先　に、手づから　取り　て、春宮

補尊・四・用　助動・過・体　係助　副　下二・未　助動・尊・用　補尊・四・未　助動・打・用　助動・過・体　格助　副　四・用　接助

は、まだ帝がお出ましにならなかった前に、（粟田殿が）自ら（神璽と宝剣を）取っ

の　御方　に　渡し　奉り　給ひ　て　けれ　ば、帰り入ら　せ　給は　む　こと　は

格助　格助　四・用　補謙・四・用　補尊・四・用　助動・完・用　助動・過・已　接助　四・未　助動・尊・用　補尊・四・未　助動・婉・体　係助

て、皇太子の御方にお渡し申しあげなさっていたので、（帝が宮中に）お帰りになられるようなことはあってはならないとお思

ラ変・体　助動・打当・用　四・用　接助　副　四・未　助動・尊・用　補尊・四・用　助動・過・体　格助　係助
あるまじく思して、②しか申させ給ひけるとぞ。
いになって、そのように申しあげなさったということです。

ク・体　格助　ク・用　四・用　助動・完・体　格助　格助　格助　格助　四・用　接助　副
さやけき影を、まばゆく思し召しつるほどに、月の顔にむら雲のかかりて、少し
（帝が）明るい月の光を、まぶしくお思いになっていらっしゃった間に、月の面にむら雲がかかって、少し暗

四・用　助動・過・已　接助　（代）　格助　係助　サ変・体　助動・断・用　助動・詠・終　格助　下二・未　助動・尊・用　接助　下二・未
暗がりゆきければ、「わが出家は成就するなりけり。」と仰せられて、歩み出で
くなっていったので、「私の出家は成就するのであるなあ。」とおっしゃって、歩き出しなさ

助動・尊・用　補尊・四・体　格助　格助　格助　四・用　接助　係助　四・未　助動・打・用　サ変・用
させ給ふほどに、弘徽殿女御の御文の、日ごろ破り残して、御身も放たず御覧じ
る時に、弘徽殿女御のお手紙で、普段破り捨てず残して、御身から離さずご覧になっていたのをお思い出

助動・過・体　格助　下二・用　接助　副　格助　接助　四・用　格助　四・用　補尊・四・用　助動・過・体　係助　終助
けるを思し召し出でて、「しばし。」とて、取りに入りおはしましけるほどぞかし、
しになって、「しばらく（待て）。」とおっしゃって、取りにお入りになられた（ちょうどその）時ですよ、

格助　副　副　係助　四・未　助動・尊・用　補尊・四・用　助動・完・体　係助　上二・未　接助
粟田殿の、「いかにかくは思し召しならせおはしましぬるぞ。ただ今過ぎば、
粟田殿が、「どうしてそのように（未練がましく）お思いになられたのですか。今この時が過ぎたら、

副　係助　カ変・用　助動・強・未　助動・推・終　格助　サ変・用　補尊・四・用　助動・過・体　係助
おのづから障りも出でまうで来なむ。」と、そら泣きし給ひけるは。
自然と支障も出て参るに違いありません。」と、うそ泣きなさったのは。

語句の解説 2

6 **下《お》りおは《ワ》しましける夜《よる》**　ご退位なさった夜。
「おはします」＝ここは尊敬の補助動詞。…なさる。

7 **顕証《けんしょう》にこそありけれ**　目立つことだなあ。
＊「顕証なり」＝目立つさま。あらわなさま。

8 **いかがすべからむ《ン》**　どうしたらよいだろうか。
「いかが」＝疑問の副詞。結びは連体形となる。

8 **仰《おお》せられけるを**　おっしゃったところ。
＊「仰す」＝（「仰せらる」の形で）「言ふ」の尊敬語。おっしゃる。

① 「さり」とは、どのようなことを指すか。

答 月が明るくて、あまりに目立ちすぎること。

8 **とまらせ給《たまウ》ふべきやう《ヨウ》** 中止なさることができるわけ。
「べし」＝可能の意ととったが、当然の意ともとれる。その場合は、中止なさるべき理由、と訳せばよい。

「やう」＝ここでは、わけ、理由、の意。

9 **渡《わた》り給《たまイ》ひぬるには** 「とまらせ給ふべきやう侍らず」と倒置になっている。
「渡る」＝ここでは、移る、行く、の意。
「給ふ」＝尊敬の補助動詞で、粟田殿の神璽《しんし》・宝剣に対する敬意。

10 **出《い》でさせおはしまさ《ワ》ざりける先《さき》に** お出ましにならなかった前に。
「させおはします」＝尊敬の助動詞「さす」の連用形＋尊敬の補助動詞「おはします」で最高敬語。お…になる。

11 **渡《わた》し奉《たてまつ》り給《たまイ》ひてければ** お渡し申しあげなさっていたので。二方面敬意。
＊「奉る」＝謙譲の補助動詞で、語り手の皇太子に対する敬意。
「給ふ」＝尊敬の補助動詞で、語り手の粟田殿に対する敬意。

11 **あるまじく思《おぼ》して** あってはならないとお思いになって。
＊「思す」＝ここでは「思ふ」の尊敬語で、お思いになる、の意。

② **「しか」が示す内容は何か。**

答 神璽・宝剣はすでに皇太子の方へ渡っているので、ご出家を中止することはできない、という粟田殿の言葉。

12 **申《もう》させ給《たまイ》ひけるとぞ** 下に「言ふ」「聞く」などが省略されている。
「申す」＝「言ふ」の謙譲語で、語り手の帝に対する敬意。
「せ給ふ」＝最高敬語。ここは、語り手の粟田殿に対する敬意。

13 **さやけき影《かげ》** 明るい月の光。
「さやけし」＝ここでは、明るい、はっきり見える、の意。
＊「影」＝ここでは、光、の意。

13 **まばゆく思《おぼ》し召《め》しつるほどに** まぶしくお思いになっていらっしゃった間に。
「まばゆし」＝まぶしい、きまりが悪い、などの意があるが、ここではこれらの混ざった気持ちであろう。
＊「思し召す」＝「思ふ」の尊敬語。お思いになる。「思す」「思ほす」よりも敬意が高い。

教88ページ

1 **暗《くら》がりゆきければ** 暗くなっていったので。
「ゆく」＝動詞の連用形に付いて、だんだん…してゆく、の意を添える補助動詞。

2 **日《ひ》ごろ** ここでは、普段、平素、の意。

3 **御覧《ごらん》じけるを** ご覧になっていたのを。
「御覧ず」＝「見る」の尊敬語。「見給ふ」よりも敬意が高い。

3 **思《おぼ》し召《め》し出《い》でて** お思い出しになって。
「思し召し出づ」＝「思し出づ」より、さらに敬意の高い尊敬語。

3 **しばし** しばらく。下に「待て」を補って訳す。

5 思《おぼ》し召《め》しならせおは《ワ》しましぬるぞ　お思いになられたのですか。

「思し召しなる」＝「思ひなる」（そう思うようになる）の尊敬語。

7 出《い》でまう《モウ》で来《き》なむ《ン》　出て参るに違いありません。

「出でまうで来」＝「出で来」の謙譲語。出て参る。発生する。

【大　意】　3　教88ページ9行〜89ページ4行

花山寺への途中、帝が安倍晴明《あべのせいめい》の家の前を通ると、天変によって帝の退位を察知した晴明の声が聞こえる。晴明は式神《しきがみ》を内裏《だいり》に行かせようとするが、式神は、帝はたった今ここを通り過ぎたようだと答えた。

【品詞分解／現代語訳】

接　格助　格助　上一・用　接助　四・用　補謙・下二・用　補尊・四・体　接助　格助　格助　格助　四・未

さて、土御門　より　東ざま　に　率　て　出だし　参らせ　給ふ　に、晴明　が　家　の　前　を　渡ら

さて、（粟田殿が）土御門から東の方に（帝を）お連れ出し申しあげなさる際に、（安倍）晴明の家の前をお通りになると、

助動・尊・用　補尊・四・已　接助　（代）　格助　格助　格助　シク・用　副　四・用　接助　上二・未

せ　給へ　ば、みづから　の　声　にて、手　を　おびたたしく、はたはたと　打ち　て、「帝　下り

（晴明）自身の声で、手を激しく、ぱちぱちとたたいて、「帝がご退位に

助動・尊・用　補尊・四・終　格助　下二・体　ラ変・用　助動・完・体　接助　副　四・用　助動・完・用　助動・過・終　格助　下二・体　終助

させ　給ふ　と　見ゆる　天変　あり　つる　が、すでに　なり　に　けり　と　見ゆる　かな。

なると思われる天の異変があったが、すでに（帝のご退位の事は）成ってしまったと思われることよ。

四・用　接助　サ変・未　助動・意・終　格助　ク・用（音）　サ変・命　格助　四・体　四・未　助動・尊・用　補尊・四・用　助動・過推・体　接

参り　て　奏せ　む。車　に　装束　疾う　せよ。」と　言ふ　声　聞か　せ　給ひ　けむ、さりとも

参内して奏上しよう。車に支度を早くせよ。」と言う声をお聞きになられただろう（帝のお気持ちは）、そう（＝お覚

ナリ・用　係助　四・用　助動・過推・終　終助　副　格助　四・命　格助　四・用　助動・過・已　接助

あはれに　は　思し召し　けむ　かし。「かつがつ、式神　一人　内裏　に　参れ。」と　申し　けれ　ば、目

悟の上の出家）だとしてもしみじみと感慨深くお思いになられたでしょうよ。（晴明が）「取り急ぎ、式神一人宮中に参内せよ。」と申したところ、目

格助　係助　下二・未　助動・打・体　格助　格助　下二・用　接助　格助　係助（係）　上一・用　補謙・下二・用　助動・過推・体（結）

に　は　見え　ぬ　もの　の、戸　を　押し開け　て、御後ろ　を　や　見　参らせ　けむ、

には見えないものが、戸を押し開けて、（帝の）御後ろ姿を見申しあげたのだろうか、

（代）　格助　上二・用　助動・尊・用　補尊・四・終　助動・事推・終　格助　下二・用　助動・過・終　格助　係助　間助　（代）　格助

「ただ今、これ　より　過ぎ　させ　おはします　めり。」と　答へ　けり　と　か　や。その　家、

「たった今、ここをお通り過ぎになっていらっしゃるようです。」と答えたとかいうことです。その（晴明の）家は、

土御門町口　なれ(助動・存在・已)　ば(接助)、御道　なり(助動・断・用)　けり(助動・過・終)。

土御門大路と町口通りとが交差するところにあるので、(花山寺への)お道筋なのでした。

語句の解説 3

9 **率《い》て出《い》だし参《まい》らせ給《たま》ふ《ウ》に**　お連れ出し申しあげなさる際に。

*「率る」＝ここでは、連れる、伴う、の意。

*「参らす」＝一語の謙譲の補助動詞で、語り手の帝に対する敬意。

「給ふ」＝尊敬の補助動詞で、語り手の粟田殿に対する敬意。

10 **渡《わた》らせ給《たま》へ《エ》ば**　お通りになると。

「渡る」＝ここでは、通り過ぎる、通過する、の意。

11 **手《て》をおびたたしく**　手を激しく。

*「おびたたし」＝ここでは、激しい、の意。

13 **下《お》りさせ給《たま》ふ《ウ》と見《み》ゆる**　ご退位になると思われる。

*「見ゆ」＝ここでは、思われる、の意。

13 **天変《てんぺん》ありつるが**　天の異変があったが。

「が」＝接続助詞ととったが、格助詞ともとれる。その場合は、主格を表し、「天の異変があった(そのこと)が」と訳す。

14 **参《まい》りて奏《そう》せむ《ン》**　参内して奏上しよう。

*「参る」＝「行く」の謙譲語。参内する。晴明の帝に対する敬意。

*「奏す」＝「言ふ」の謙譲語。申しあげる、奏上する、の意。天皇・上皇のみに用いられる絶対敬語。

15 **疾《と》うせよ**　「疾う」は、ク活用形容詞「疾し」の連用形「疾く」のウ音便。副詞ともとれる。

*「疾し」＝早い。

教89ページ

2 **見《み》参《まい》らせけむ《ン》**　見申しあげたのだろうか。

「参らす」＝謙譲の補助動詞で、語り手の帝に対する敬意。

3 **過《す》ぎさせおは《ワ》しますめり**　お通り過ぎになっていらっしゃるようです。

「させおはします」＝最高敬語で、式神《しきがみ》の帝に対する敬意。

「めり」＝目に見える事態に基づく推定を表す。…ようだ。

3 **答《いら》へ《エ》けりとかや**　下に「言ふ」「聞く」などが省略されている。

「とかや」＝文末にあって、…とかいうことだ、の意を表す。

【大　意】 4　教89ページ5〜13行

花山寺に着き、帝が剃髪すると、粟田殿は父の東三条殿《とうさんじょうどの》(＝藤原兼家)にもう一度出家前の姿を見せたいと言ってその場を逃れる。この時になって、帝は謀られたと知り泣き嘆く。東三条殿は、粟田殿が無理やり出家させられることのないよう、護衛をつけておいたのだった。

【品詞分解／現代語訳】

格助　四・用　接助　四・未　助動・尊・用　補尊・四・用　接助　格助　係助　係助　下二・用
花山寺 に おはしまし着き て、御髪 下ろさ せ 給ひ て のち に ぞ、粟田殿 は、「まかり出で
花山寺にお着きになって、（帝が）ご剃髪なされたあとになって、粟田殿は、「退出して、

接助　格助　係助　四・未　助動・打・体　副　下二・用　副　格助　四・用　接助　副　四・用　補丁・ラ変・未
て、大臣 に も、変はら ぬ 姿、いま 一度 見え、かく と 案内 申し て、必ず 参り 侍ら
（父の）大臣にも、（出家前の）変わらない姿を、もう一度見せ、これこれと事情を申しあげて、必ず（戻って）参りましょう。」

助動・意・終　格助　四・用　補尊・四・用　助動・過・已　接助　（代）　格助　係助　四・体　助動・断・用　助動・詠・終　格助　接助　係助（係）　四・未　助動・尊・用
む。」と 申し 給ひ けれ ば、「我 を ば 謀る なり けり。」と て こそ 泣か せ
と申しあげなさったので、（帝は）「私をだましたのだな。」とおっしゃってお泣きになりました。

補尊・四・用　助動・過・已（結）　ナリ・用　シク・体　助動・断・終　終助　副　格助　四・未　助動・意・終　格助
給ひ けれ。あはれに 悲しき こと なり な。日ごろ、よく、「御弟子 にて 候は む。」と
お気の毒で悲しいことですよ。（粟田殿は）普段、よく、「（ご出家後は私も）御弟子としてお仕えいたしま

四・用　接助　四・用　補謙・四・用　補尊・四・用　助動・過伝・体　格助　終助　係助　副　ラ変・体　係助（係）
契り て、すかし 申し 給ひ けむ が 恐ろしさ よ。東三条殿 は、もし ③さる こと や
しょう。」と約束して、（帝を）だまし申しあげなさったとかいうことの恐ろしいことよ。東三条殿は、もしや（粟田殿が）そのようなこと

サ変・用　補尊・四・体（結）　格助　格助　ラ変・体　助動・当・用　シク・体　（代）　（代）　格助　四・体　シク・体
し 給ふ と 危ふさ に、さる べく おとなしき 人々、なにがし かがし と いふ いみじき
（＝出家）をなさりはしまいかと気がかりで、（こんな時に）適当な思慮分別のある人々、何の誰それという優れた源氏の武者たちを、

格助　格助　係助（係）　格助　下二・未　助動・尊・用　助動・完・用　助動・過・已（結）　格助　係助　下二・用　接助
源氏 の 武者たち を こそ、御送り に 添へ られ たり けれ。京 の ほど は 隠れ て、
護衛としておつけになったのでした。（武者たちは）京の町の間では隠れて、

格助　格助　係助（係）　下二・用　四・用　助動・過・体（結）　副助　格助　係助　副　副　副助　係助（係）　四・用
堤 の 辺り より ぞ うち出で 参り ける。寺 など にて は、もし、おして 人 など や なし
鴨川の堤の辺りからは姿を現して（お供して）参りました。寺などでは、もしや、無理に誰かが（粟田殿を）出家させ申しあげ

補謙・四・体（結）　格助　接助　副助　格助　格助　下二・用　接助　係助（係）　四・用　補謙・四・用　助動・過・体（結）
奉る と て、一尺 ばかり の 刀ども を 抜きかけ て ぞ 守り 申し ける。
るのではないかと考えて、一尺ほどの刀を抜きかけてお守り申しあげたということです。

（花山院）

語句の解説 4

5 **おは《ワ》しまし着《つ》きて**　お着きになって。

「おはしまし着く」＝「行き着く」の尊敬語。お着きになる。

5 **のちにぞ**　あとになって。

「ぞ」＝係助詞。結びは「申し給ひける」となるべきところ、接続助詞「ば」を伴って下に続いているため、流れている。

6 **まかり出《い》でて**　退出して。

*「まかり出づ」＝「出づ」の謙譲語。貴人のもとから退出する意。粟田殿の帝に対する敬意。

6 **いま**　副詞で、さらに、もう、の意。

7 **必《かなら》ず参《まい》り侍《はべ》らむ《ン》**　必ず(戻って)参りましょう。

「参る」＝(貴人のもとに)「行く」の謙譲語。参上する。粟田殿の帝に対する敬意。

「侍り」＝丁寧の補助動詞。これも粟田殿の帝に対する敬意。

8 **あは《ワ》れに悲《かな》しきことなりな**　お気の毒で悲しいことですよ。「あはれに」は連用中止法で、「悲しき」と並列。…で、と訳す。

9 **すかし申《もう》し給《たま》ひ《イ》けむ《ン》が**　だまし申しあげなさったとかいうことの。

*「すかす」＝ここでは、だます、言いくるめる、の意。

「申す」＝謙譲の補助動詞で、語り手の帝に対する敬意。

「給ふ」＝尊敬の補助動詞で、語り手の粟田殿に対する敬意。

③ 「さることやし給ふ」とは、誰が何をするということか。

答　粟田殿が帝を裏切ることができず、帝とともに出家するということ。

10 **おとなしき人々《ひとびと》**　思慮分別のある者たち。

*「おとなし」＝ここでは、思慮分別がある、の意。

11 **御送《おおんおく》り**　ここでは、護衛、お見送り、の意。

12 **おして人《ひと》などやなし奉《たてまつ》る**　無理に誰かが(粟田殿を)出家させ申しあげるのではないか。

*「おして」＝ここでは、無理に、強引に、の意。

「なす」＝ここでは、粟田殿を出家させる、の意。

「奉る」＝謙譲の補助動詞で、語り手の粟田殿に対する敬意。

課題

一　「すかし申し給ひけむ」(89・9)とあるが、道兼はなぜそのような行動をとったか、話し合ってみよう。

考え方　教86ページの「『大鏡』人物関係図」を参考にしよう。ここで押さえておくべきは、花山天皇の出家を画策したのは東三条殿(＝兼家)であったこと、当時政治の実権を握っていたのは天皇の外戚(母方の実家)であったことである。この時の皇太子は、兼家の娘詮子《せんし》と円融《えんゆう》天皇の子懐仁《やすひと》親王(後の一条天皇)であった。つまり、兼家は懐仁親王を帝位に就かせ、外戚として政治の実権を握ろうとしたのである。このようなことをふまえて話し合ってみよう。

二　兼家が道兼のためにとった行動をまとめ、なぜそのようにしたか、話し合ってみよう。

考え方　「東三条殿は、もしさることやし給ふと危ふさに、さるべくおとなしき人々、なにがしかがしといふいみじき源氏の武者たちをこそ、御送りに添へられたりけれ」とある。「東三条殿」＝「兼家」であること、「さることやし給ふ」が、粟田殿（＝道兼）が帝を裏切ることができず、帝とともに出家するということであることをおさえて、兼家の行動とその理由を説明してみよう。

三　花山天皇と道兼の会話に注意して、二人がそれぞれどのような人物として描かれているか、まとめてみよう。

考え方　二人の会話文を拾い、その思い・行動からまとめよう。

〈花山院〉●月が明るく目立つと言って、出家をためらう。

●月にむら雲がかかるのを見て、天が出家を後押ししているのだと感じ、出家が成就するのだと思う。

●少し待てと言って、弘徽殿女御の手紙を取りに戻ろうとする。

●粟田殿に謀られたと知り、泣き嘆く。

〈粟田殿〉●神璽と宝剣は皇太子に渡っていると言い、出家をせきたてる。

●この時を逃しては出家に支障が出ると、うそ泣きをする。

●父に俗世の姿を見せて必ず戻ると言って、出家を逃れる。

解答例　花山院＝人を疑うことを知らず、まんまと粟田殿（と東三条殿）の策略にはまり出家してしまう、思慮の深くない人物。

粟田殿＝帝が退位する前に神璽・宝剣を皇太子に渡し、あらゆる手段を使って帝を出家させようとする。帝が出家すると、帝との約束も簡単に破ってしまう、冷血な策略家。

語句と表現

一　次の表現にはどのような違いがあるか、傍線部に注意して説明してみよう。

①神璽・宝剣渡り給ひぬるには。（87・9）

②春宮の御方に渡し奉り給ひてければ、（87・11）

解答例　①の「渡り」はラ行四段活用動詞「渡る」の連用形で、自動詞である。「ぬる」は完了の助動詞「ぬ」の連体形で、自然発生的な事柄の完了を表す。道兼が帝に、「神璽・宝剣」が神意によって自ら渡ったかのような言い方をしていることがわかる。

②の「渡し」はサ行四段活用動詞「渡す」の連用形で、他動詞である。「て」は完了の助動詞「つ」の連用形で作為的な動作の完了を表す。道兼自身の手で「神璽・宝剣」を「春宮の御方」に渡したということがわかる。

二　次の傍線部の助動詞は、帝のどのような気持ちを表現しているか、その効果を説明してみよう。

①顕証にこそありけれ。（87・7）

②わが出家は成就するなりけり。（88・1）

考え方　①②の「けり」は詠嘆の助動詞で感動を表す。

解答例　①月が明るかったので目立ちすぎるなあ、と出家をためらう気持ち。

②月に雲がかかって少し暗くなったのを、天が出家を後押ししているのだと思って感動した気持ち。

学びを広げる　『栄《えい》花《が》物語』との読み比べ

教科書P.90〜92

【大　意】　1　教91ページ1～2行

仏を尊び落ち着かない花山天皇の様子を、太政大臣（＝藤原頼忠《ふじわらのよりただ》）と叔父の中納言（＝藤原義懐《ふじわらのよしちか》）は、心配していることだろう。

【品詞分解／現代語訳】

こ（代） の（格助） 御心 の（格助） あやしう（シク・用（音）） 尊き（ク・体） 折 多く（ク・用）、 心 のどかなら（ナリ・未） ぬ（助動・打・体） 御気色 を（格助） 太政大臣 思し嘆き（四・用）、

この（花山天皇の）お心が不思議なことに尊い（道心を抱く）ときが多く、心が落ち着かないご様子を太政大臣（＝頼忠）はお心を痛め、

御叔父 の（格助） 中納言 も（係助） 人 知れ（下二・未） ず（助動・打・用） ただ（副） 胸 つぶれ（下二・用） て（接助） のみ（副助） 思さ（四・未） る（助動・自・終） べし（助動・推・終）。

御叔父の中納言（＝義懐）も 人知れず ただもう胸をお痛めにならずにはいられないことだろう。

語句の解説　1

教91ページ

1 **あやしう《シュウ》尊《とうと》き折多《おりおお》く** 普段とは違って、仏を熱心に拝むことが多くなった、ということ。

1 **心《こころ》のどかならぬ** 心が落ち着かない。

1 **思《おぼ》し嘆《なげ》き** お心を痛め。

「思し嘆く」＝「思ひ嘆く」の尊敬語。お心を痛める。悲しくお思いになる。

【大　意】　2　教91ページ3～11行

花山天皇は、花山寺の厳久阿闍梨《げんきゅうあざり》を呼んで説経をさせ、「妻子珍宝及王位。」が口癖になった。惟成《これしげ》の弁《べん》と中納言は、花山天皇の父・冷泉院の物の怪のなさることだろうと嘆いていたところ、花山天皇は寛和二年六月二十二日の夜に突然姿を消しておしまいになった。

【品詞分解／現代語訳】

説経 を（格助） 常に（副） 花山 の（格助） 厳久阿闍梨 を（格助） 召し（四・用） つつ（接助） せ（サ変・未） させ（助動・使・用） 給ふ（補尊・四・終）。 御心 の（格助） うち の（格助） 道心

（花山天皇は）経文を講じ説くことを常に花山寺の厳久阿闍梨をお呼びになってはさせなさる。 お心の内の仏道を修めようとする心は

限りなく（ク・用） おはします（四・終）。 「妻子珍宝及王位。」 と（格助） いふ（四・体） こと を（格助）、 御口 の（格助） 端 かけ（下二・未） させ（助動・尊・用） 給へ（補尊・四・已（命））

限りなくいらっしゃる。 「妻子珍宝及王位。」ということを、 口癖になさることについても、

る（助動・存・体） も（係助）、 惟成の弁、 いみじう（シク・用（音）） らうたき（ク・体） もの に（格助） つかは（四・未） せ（助動・尊・用） 給ふ（補尊・四・体） も（係助）、 中納言 もろともに（副）、

惟成の弁（という）、（花山天皇が）たいへんかわいいものとしてお使いになっている者も、 中納言と一緒に、

(代) 格助 係助(係) ク・已(結) 係助 格助 助動・断・已 接助 (代) 係助
「この御道心こそうしろめたけれ。出家入道もみな例のことなれど、これは
「この仏道を修めようとするお心こそ気がかりだ。出家して仏門に入ることはすべて普通のことであるが、これは

副 係助 係助(係) ラ変・体(結) 格助 カ変・体 係助 助動・断・未 助動・打推・終 副 格助
いかにぞやある、御心ざまの折々出で来るは、ことごとならじ。ただ冷泉院の
どうであろうか、(仏道に傾倒する)お気持ちがときどき生じるのは、ほかのことではないだろう。ただ(花山天皇の父である)

格助 サ変・未 助動・尊・用 補尊・四・体 助動・断・体 助動・推・終 副助 四・用 補謙・四・用 四・体 格助 副 シク・用(音)
御物の怪のせさせ給ふなるべし。」など嘆き申しわたるほどに、なほあやしう
冷泉院にとりついている物の怪のなさることであろう。」などと嘆き続け申しあげるうちに、やはり不思議なことに

助動・断・未 助動・打・用 格助 ナリ・用 副助 四・已 接助 副助 係助 ナリ・用
例ならず、もののすずろはしげにのみおはしませば、中納言なども御宿直がちに
普段通りでなく、なんとなく落ち着かない様子でばかりいらっしゃるので、中納言なども夜も多くおそばに

四・用 補尊・四・体 格助 格助 ナリ・用 下二・未 助動・尊・用 補尊・四・用 助動・完・終 格助
仕うまつり給ふほどに、寛和二年六月二十二日の夜、にはかに失せさせ給ひぬと
いてお仕えしなさっていたところ、寛和二年六月二十二日の夜、突然姿をお消しになったと

四・終
ののしる。
(宮中の人々が)騒ぎ立てる。

語句の解説 2

3 **道心**《どうしん》 仏道を修めようとする心。

6 **うしろめたけれ** 気がかりだ。ここでは、係り結びで已然形になっている。

8 **嘆**《なげ》**き申**《もう》**しわたる** 「嘆きわたる」に「申し」が挿入された形。「嘆きわたる」は長い間嘆き続けるという意味。

9 **すずろは**《ワ》**しげに** 落ち着かない様子で。

10 **御宿直**《おんとのい》**がちに** 「宿直」は、夜、宮中などに宿泊してお仕えすること。「がち」は、…することが多いという意味の接尾語。

11 **ののしる** 騒ぎ立てる。

【大　意】　3　教91ページ12～16行

内裏の大勢の殿上人、上達部、身分の低い衛士や仕丁に至るまで、隈なく探し回ったが、花山天皇はどこにもいない。世の中の者みな集まって、各関所を固めて騒ぎ立てた。

【品詞分解／現代語訳】

内裏　の〔格助〕　そこら〔副〕　の〔格助〕　殿上人、上達部、あやし〔シク・終〕　の〔格助〕　衛士、仕丁　に〔格助〕　至る〔四・体〕　まで、〔副助〕　残る〔四・体〕　ところ　なく〔ク・用〕

内裏の大勢の殿上人、上達部、身分の低い衛士、仕丁に至るまで、残る所なく

火　を〔格助〕　灯し〔四・用〕　て、〔接助〕　至ら〔四・未〕　ぬ〔助動・打・体〕　隈　なく〔ク・用〕　求め〔下二・用〕　奉る〔補謙・四・体〕　に、〔接助〕　ゆめに〔副〕　おはしまさ〔四・未〕　ず。〔助動・打・終〕　太政大臣　より〔格助〕

火を灯して、及ばない所がないほど（花山天皇を）お探しするが、まったくいらっしゃらない。太政大臣をはじめとし

はじめ、〔下二・用〕　諸卿、殿上人　残ら〔四・未〕　ず〔助動・打・用〕　参り集まり〔四・用〕　て、〔接助〕　壺々　を〔格助〕　さへ〔副助〕　見〔上一・用〕　奉る〔補謙・四・体〕　に、〔接助〕　いづこ〔（代）〕　に〔格助〕　かは〔係助（係）〕

て、諸卿、殿上人（までも）が残らず参集して、殿舎と殿舎の間の小庭までを見（て探し）申しあげるが、どこにいらっしゃる

おはしまさ〔四・未〕　む。〔助動・推・体（結）〕　あさましう〔シク・用（音）〕　いみじう〔シク・用（音）〕　て、〔接助〕　一天下　こぞり〔四・用〕　て、〔接助〕　夜　の〔格助〕　うち　に〔格助〕　関々　固め〔下二・用〕

のだろう。驚くべき大変なことで、世の中（の者）みな集まって、夜のうちに（鈴鹿、不破、逢坂の）各関所を固め

ののしる。〔四・終〕

騒ぎ立てる。

語句の解説　3

12 **そこら**　たくさん。大勢。

12 **あやしの**　身分の低い。形容詞の語幹（シク活用は終止形）に助詞「の」がつくと、連体修飾語となる。

13 **ゆめに**　打ち消しの語を伴って、少しも、まったく、の意。

15 **こぞりて**　全員集まって。

【大　意】　4　教92ページ1～12行

中納言は転げまわって泣き、嘆き悲しんでいるうちに、夏の夜があっけなく明けて、中納言が花山寺をたずねたところ、そこには花山天皇が出家した姿で座っていた。嘆き悲しんで、中納言も惟成の弁も出家した。花山天皇が「妻子珍宝及王位。」と口癖に言っていたのは出家したいということだったのだ、どうやって花山寺までの道を知って歩いて来たのだろうと思うと、嘆かわしく悲しく恐ろしく寂しいこと

だと思われた。

【品詞分解／現代語訳】

中納言　は〔係助〕　守宮神、賢所　の〔格助〕　御前　にて〔格助〕　伏しまろび〔四・用〕　給ひ〔補尊・四・用〕　て、〔接助〕　「わ〔(代)〕　が〔格助〕　宝　の〔格助〕　君　は〔係助〕　いづく〔(代)〕

中納言は　守宮神、賢所の御前で転げまわりなさって、　「わが宝である主君(＝花山天皇)はどこに

に〔格助〕　あからめ　せ〔サ変・未〕　させ〔助動・尊・用〕　給へ〔補尊・四・已(命)〕　る〔助動・完・体〕　ぞ〔係助〕　や。〔係助〕」　と〔格助〕　伏しまろび〔四・用〕　泣き〔四・用〕　給ふ。〔補尊・四・終〕　山々　寺々　に〔格助〕　手　を〔格助〕

姿を隠してしまわれたのか。」と　転げまわってお泣きになる。　山々や寺々に手分けをして

分かち〔四・用〕　て〔接助〕　求め〔下二・用〕　奉る〔補謙・四・体〕　に、〔接助〕　さらに〔副〕　おはしまさ〔四・未〕　ず。〔助動・打・終〕　女御たち　涙　を〔格助〕　流し〔四・用〕　給ふ。〔補尊・四・終〕　あな〔感〕　いみじ〔シク・終〕

(花山天皇を)お探しするが、　まったくいらっしゃらない。　女御たちは涙を流しなさる。　ああひどいと

と〔格助〕　思ひ嘆き〔四・用〕　給ふ〔補尊・四・体〕　ほど　に、〔格助〕　夏　の〔格助〕　夜　も〔係助〕　はかなく〔ク・用〕　明け〔下二・用〕　て、〔接助〕　中納言　や〔間助〕　惟成の弁　など〔副助〕　花山

嘆き悲しみなさるうちに、　夏の夜もあっけなく明けて、　中納言や惟成の弁などが花山寺に

に〔格助〕　尋ね〔下二・用〕　参り〔四・用〕　に〔助動・完・用〕　けり。〔助動・過・終〕　そこ〔(代)〕　に〔格助〕　目　も〔係助〕　つづらかなる〔ナリ・体〕　小法師　にて〔格助〕　ついゐ〔上一・未(音)〕　させ〔助動・尊・四〕

(花山天皇を)探して参った。　そこに(帝は)目を丸く見開いている小法師の姿でかしこまってお座りになっているではないか。

給へ〔補尊・四・已(命)〕　る〔助動・存・体〕　ものか。〔終助〕　「あな〔感〕　悲し〔シク・終〕　や。〔間助〕　いみじ〔シク・終〕　や。〔間助〕」　と〔格〕　そこ〔(代)〕　に〔格助〕　伏しまろび〔四・用〕　て、〔接助〕　中納言　も〔係助〕

「ああ嘆かわしいことだ。悲しいことだ。」と　そこで転げまわって、　中納言も

法師　に〔格助〕　なり〔四・用〕　給ひ〔補尊・四・用〕　ぬ。〔助動・完・終〕　惟成の弁　も〔係助〕　なり〔四・用〕　給ひ〔補尊・四・用〕　ぬ。〔助動・完・終〕　あさましう〔シク・用(音)〕　ゆゆしう〔シク・用(音)〕　あはれに〔ナリ・用〕

法師におなりになった。　惟成の弁も(法師に)おなりになった。　嘆かわしく恐ろしく寂しく悲しいとは、

悲し〔シク・終〕　と〔格助〕　は、〔係助〕　これ〔(代)〕　より〔格助〕　ほか　の〔格助〕　こと　あ〔ラ変・体(音)〕　べき〔助動・当・体〕　に〔助動・断・用〕　あら〔ラ変・未〕　ず。〔助動・打・終〕　か〔(代)〕　の〔格助〕　御ことぐさ　の〔格助〕

このことよりほかのことがあるはずもない。　あの(花山天皇の)お口癖の

「妻子珍宝及王位。」も かく 思しとり たる なり けり と 見え させ 給ふ。「さて も

（係助／副／四・用／助動・完・体／助動・断・用／助動・詠・終／格助／下二・未／助動・尊・用／補尊・四・終／副／係助）

「妻子珍宝及王位。」も、このように(出家を)ご決心なさったということであったのだなと(中納言や惟成の弁たちは)お思いになる。「それにしても

法師 に なら せ 給ふ は いと よし や。いかで 花山 まで 道 を 知ら せ 給ひ て、

（格助／四・未／助動・尊・用／補尊・四・体／係助／副／ク・終／間助／副／副助／格助／四・未／助動・尊・用／補尊・四・用／接助）

法師におなりになるのはたいへん立派なことだ。どうやって花山寺まで道をお知りになって、

徒歩 より おはしまし けむ。」 と 見 奉る に、あさましう 悲しう あはれに ゆゆしく なむ

（格助／四・用／助動・過推・終／格助／上一・用／補謙・四・体／接助／シク・用(音)／シク・用(音)／ナリ・用／シク・用／係助(係)）

歩いていらっしゃったのだろう。」と思い申しあげると、嘆かわしく悲しく恐ろしく寂しいことだと

見 奉り ける。　（巻第二）

（上一・用／補謙・四・用／助動・詠・体(結)）

思い申しあげたことであったなあ。

語句の解説 4

教92ページ

2 **あからめせさせ給《たま》へ《エ》るぞや**　姿を隠してしまわれたのか。

「あからめ」＝ここでは、急に姿が見えなくなること。

5 **ついゐ《イ》させ給《たま》へ《エ》る**　かしこまってお座りになる。

「ついゐる」＝かしこまってきちんと座る。

8 **あべき**　ラ変動詞「あり」の連体形に推量の助動詞「べし」の連体形がついた「あるべき」の撥音《はつおん》便「あんべき」の「ん」が表記されない形。

『大鏡』の「花山天皇の出家」と読み比べ、次の点について気づいたことを話し合ってみよう。

①登場人物の言動

②花山天皇出家事件の捉え方

考え方　『大鏡』では、藤原道兼が花山天皇を策略によって出家させたこと、道兼の父兼家が道兼の出家を防ごうとしたことといった政治的策略が描かれている。『栄花物語』では、花山天皇が自ら単独で出家したことや、藤原頼忠や藤原義懐や藤原惟成といった周囲の人々の嘆き悲しむ様子が描かれ、政治的な内容は描かれていない。このような違いを踏まえて話し合ってみよう。

弓争ひ《ィ》

【大　意】　1　教93ページ1～5行

世間の光であった藤原道長は、出世で藤原伊周《これちか》に後れをとったが、少しも卑屈になることがなく、公務や儀式は分相応に勤めたが、私生活では遠慮することがなかった。

【品詞分解／現代語訳】

世間 の(格助) 光 に(助動・断・用) て(接助) おはします(補尊・四・体) 殿 の(格助)、一年 ばかり(副助)、もの を(格助) 安から(ク・未) ず(助動・打・用) 思し召し(四・用) たり(助動・完・用)

世間の光でいらっしゃる殿（＝藤原道長）が、一年ほど、（伊周に出世の後れをとり）心穏やかでなくお思いでいらっしゃっ

し(助動・過・体) よ(間助)。いかに(副) 天道 御覧じ(サ変・用) けむ(助動・過推・体)。さりながら(接) も(係助)、いささか(副) 逼気し(サ変・用)、御心 やは(係助(係)) 倒さ(四・未) せ(助動・尊・用)

たよ。（このことを）どのように天帝はご覧になったのだろうか。しかしながら、（道長は）少しも卑屈になったり、がっかりなさったであろうか

給へ(補尊・四・已(命)) り(助動・存・用) し(助動・過・体(結))。朝廷ざま の(格助) 公事・作法 ばかり(副助) に(格助) は(係助) ある(ラ変・体) べき(助動・当・体) ほど に(格助)

（、いいや、そんなことはなかった）。朝廷の公務や儀式だけは分相応に行い、

ふるまひ(四・用)、時 違ふ(四・体) こと なく(ク・用) 勤め(下二・未) させ(助動・尊・用) 給ひ(補尊・四・用) て(接助)、内々 に(格助) は(係助)、所 も(係助) 置き(四・用) 聞こえ(補謙・下二・未) させ(助動・尊・用)

時間を間違えることなくお勤めなさいましたが、私的生活の方では、全くご遠慮申しあげなさってはいませんでした

給は(補尊・四・未) ざり(助動・打・用) し(助動・過・体) ぞ(係助) かし(終助)。

よ。

語句の解説 1

教93ページ

1 **おは《ワ》します**　「あり」の尊敬語。…て(で)いらっしゃる。

1 **安《やす》からず思《おぼ》し召《め》したりしよ**　心穏やかでなくお思いでいらっしゃったよ。

＊「安からず」＝心穏やかでなく。

＊「思し召す」＝お思いになる。「思ふ」の尊敬語。

2 **いかに**　どのように。疑問を表す副詞なので、連体形で結ぶ。

2 ＊**さりながら**　しかしながら。そうではあるが。ラ変動詞「さり」の連用形＋接続助詞「ながら」＝「さりながら」。「さ」は、一年

ほど心穏やかでなく過ごしていたことを指す。

2 いささか……（打消）　全然、少しも、の意。

4 *違《たが》ふ《ウ》　間違える。

4 置《お》き聞《き》こえさせ給《たま》は《ワ》ざりしぞかし　ご遠慮申しあげなさってはいませんでしたよ。

*「聞こゆ」＝謙譲の補助動詞。…申しあげる。

【大　意】　2　教93ページ6行～94ページ15行

帥殿《そちどの》（＝伊周）が南院《みなみのいん》で催した競射に道長が現れ、射なさったところ道長が帥殿より二本多く射当てた。負けを嫌った中関白殿《なかのかんぱくどの》らは勝負を延長させたが、道長は自分の家の繁栄を賭けて矢を射、見事に的の真ん中を射抜く。そんな道長に気後れした帥殿は、的の近くにすら当てることができない。中関白殿は、「もう射るな。」と帥殿の二本目を制し、その場は白けてしまった。

【品詞分解／現代語訳】

帥殿 の、南院 にて 人々 集め て 弓 あそばし し に、①こ の 殿 渡ら せ 給へ
（の＝格助／にて＝格助／集め＝下二・用／て＝接助／あそばし＝四・用／し＝助動・過・体／に＝格助／こ＝（代）／の＝格助／渡ら＝四・未／せ＝助動・尊・用／給へ＝補尊・四・已（命））
帥殿（＝伊周）が、（父道隆の二条邸の）南院で人々を集めて弓の競射をなさった時に、この殿（＝道長）がいらっしゃったので、

れ ば、思ひかけ ず あやし と、中関白殿 思し驚き て、いみじう 饗応し 申さ せ
（れ＝助動・完・已／ば＝接助／思ひかけ＝下二・未／ず＝助動・打・用／あやし＝シク・終／と＝格助／思し驚き＝四・用／て＝接助／いみじう＝シク・用（音）／饗応し＝サ変・用／申さ＝補謙・四・未／せ＝助動・尊・用）
（これは）意外なことで不思議だと、中関白殿（＝道隆）は内心驚きなさって、たいそう（道長の）機嫌を取り申しあげなさって、

給う て、下臈 に おはしませ ど、前 に 立て 奉り て、まづ 射 させ 奉ら
（給う＝補尊・四・用（音）／て＝接助／に＝助動・断・用／おはしませ＝補尊・四・已／ど＝接助／に＝格助／立て＝下二・用／奉り＝補謙・四・用／て＝接助／まづ＝副／射＝上一・未／させ＝助動・使・用／奉ら＝補謙・四・未）
（道長は伊周よりも）官位が低くていらっしゃったけれど、（道長を）前（の順番）にお立て申しあげて、先に射させ申しあげなさったとこ

せ 給ひ ける に、帥殿 の 矢数 いま 二つ 劣り 給ひ ぬ。中関白殿、また 御前 に
（せ＝助動・尊・用／給ひ＝補尊・四・用／ける＝助動・過・体／に＝接助／の＝格助／いま＝副／劣り＝四・用／給ひ＝補尊・四・用／ぬ＝助動・完・終／また＝接／に＝格助）
ろ、帥殿の（当てた）矢の数がもう二本（道長に）劣りなさった。中関白殿も、またこの御前にお控え

候ふ 人々 も、「いま 二度 延べ させ 給へ。」と 申し て、延べ させ 給ひ ける を、
（候ふ＝四・体／も＝係助／いま＝副／延べ＝下二・未／させ＝助動・尊・用／給へ＝補尊・四・命／と＝格助／申し＝四・用／て＝接助／延べ＝下二・未／させ＝助動・尊・用／給ひ＝補尊・四・用／ける＝助動・過・体／を＝接助）
している人々も、「もう二回（勝負を）延長なさいませ。」と申しあげて、（勝負を）延長なさったのを、

安から ず 思しなり て、「さらば、延べ させ 給へ。」と 仰せ られ て、また 射 させ
（安から＝ク・未／ず＝助動・打・用／思しなり＝四・用／て＝接助／さらば＝接／延べ＝下二・未／させ＝助動・尊・用／給へ＝補尊・四・命／と＝格助／仰せ＝下二・未／られ＝助動・尊・用／て＝接助／また＝副／射＝上一・未／させ＝助動・尊・用）
（道長は）心穏やかでなくお思いになって、「それならば、延長なさいませ。」とおっしゃって、また矢を射なさるときに、

補尊・四・終　格助　接助　下二・未　助動・尊・体　格助　格助　四・用　補尊・四・終　助動・当・体　助動・断・未　接助
給ふ　とて、仰せ　らるる　やう、「道長　が　家　より　帝・后　立ち　給ふ　べき　もの　なら　ば、
おっしゃったことは、「（私）道長の家から天皇や皇后（中宮）がお立ちになるはずのものならば、

（代）　格助　四・命　格助　下二・未　助動・尊・体　接助　シク・体　接助　格助　係助　四・体　終助　格助
この　矢　当たれ。」と　仰せ　らるる　に、同じ　ものを　中心　に　は　当たる　ものかは。次　に、帥殿
この矢よ当たれ。」とおっしゃったところ、同じ当たるといっても、的の真ん中に当たったではありませんか。次に、帥殿が

上一・用　補尊・四・体　接助　シク・用（音）　サ変・用　補尊・四・用　接助　係助　四・体　助動・断・用　係助　格助　格助　副助
射　給ふ　に、いみじう　臆し　給ひ　て、御手　も　わななく　故　に　や、的　の　あたり　に　だに
射なさったところ、たいそう気後れなさって、御手も震えたためであろうか、的の辺りにさえ近寄らず、

ク・用　四・未　助動・打・用　格助　上一・用　補尊・四・已（命）　助動・完・体　接助　ク・用　四・用　助動・完・終　副
近く　寄ら　ず、無辺世界　を　射　給へ　る　に、関白殿、色　青く　なり　ぬ。また、
でたらめな方向を射なさったので、関白殿は、顔色が真っ青になってしまった。再び、

上一・用　補尊・四・終　格助　接助　サ変・終　助動・当・体　助動・断・未　接助　（代）　格助　四・命　格助
入道殿　射　給ふ　とて、「摂政・関白　す　べき　もの　なら　ば、この　矢　当たれ。」と
入道殿（＝道長）が射なさるといって、「（私が将来）摂政・関白になるはずのものならば、この矢よ当たれ。」とおっしゃると、

下二・未　助動・尊・体　接助　格助　シク・体　助動・比・用　格助　下二・終　副助　シク・体　格助　上一・未　助動・尊・用　補尊・四・用
仰せ　らるる　に、初め　の　同じ　やうに、的　の　破る　ばかり、同じ　ところ　に　射　させ　給ひ
初めの時と同じように、的が破れるほど、同じところに射なさった。

助動・完・終　サ変・用　四・用　補謙・下二・未　助動・尊・用　補尊・四・用　助動・完・体　係助　下二・用　接助　ク・用（音）　四・用
つ。饗応し、もてはやし　聞こえ　させ　給ひ　つる　興　も　さめ　て、こと　苦う　なり
御機嫌をお取りし、もてなし申しあげなさった興も冷めてしまい、気まずくなってしまった。

助動・完・終　格助　副　係助（係）　上一・体（結）　副　上一・用　終助　副　上一・用　終助　格助　サ変・用　補尊・四・用　接助
ぬ。父大臣、帥殿　に、「何　か　射る。な　射　そ、な　射　そ。」と　制し　給ひ　て、
父の大臣は、帥殿に、「どうして射るのか。射るな、射るな。」とお止めなさって、

下二・用　助動・完・用　助動・過・終
ことさめ　に　けり。
（その場が）白けてしまった。

今日 に（格助） 見ゆ（下二・終） べき（助動・当・体） こと なら（助動・断・未） ね（助動・打・已） ど、（接助） 人 の（格助） 御さま の、（格助） 言ひ出で（下二・用） 給ふ（補尊・四・体） こと の（格助） 趣
（おっしゃったことが）今日すぐに実現するわけではありませんが、人（＝道長）のご様子や、おっしゃったことの内容から、

より、（格助） かたへ は（係助） 臆せ（サ変・未） られ（助動・自・用） 給ふ（補尊・四・体） なん（助動・断・体（音）） めり。（助動・定・終）
そばにいる人は自然と気後れなさったのであるようだ。

（太政大臣道長）

語句の解説 2

6 弓《ゆみ》あそばししに　弓の競射をなさった時に。
＊「あそばす」＝遊びごと（狩猟・音楽・詩歌など）をする意の尊敬語。他にもいろいろな動作をする意の尊敬語としても用いる。
…なさる。

① 「この殿」とは誰のことか。

答 藤原道長。

6 渡《わた》らせ給《たま》へ《エ》れば　いらっしゃったので。
＊「渡る」＝「行く」「来る」「通る」「移る」など広義に用いる。

7 ＊あやし　不思議だ。他に、身分が低い、粗末だ、などの意もある。

7 思《おぼ》し驚《おどろ》きて　内心驚きなさって。
「思し驚く」＝「思ひ驚く」の尊敬語。表には出さないが、心中秘かに驚く意。

7 饗応《きょうおう》し申《もう》させ給う《たもウ》て　御機嫌をお取り申しあげなさって。
＊「饗応す」＝普通、食事などをしてもてなす意だが、ここでは、相手に調子を合わせ、機嫌をとる、の意。
「申させ給う」＝二方面への敬語。「申さ」は道長に対する語り手の、「せ給う（二重尊敬）」は中関白殿に対する語り手の敬意を表す。

7 下臈《げろう》　官位が低い者、の意。対 上臈

8 前《まえ》に立《た》て奉《たてまつ》りて、まづ《ズ》射《い》させ奉《たてまつ》らせ給《たま》ひ《イ》けるに　当時、競技では身分の高い人が先行するのが普通であったが、ここでは、帥殿より官位の低い道長に、先に矢を射させたことを指す。
＊「奉る」＝謙譲の補助動詞。…申しあげる。

9 ＊候《さぶら》ふ《ウ》　お控えする。

9 いま二度《ふたたび》延《の》べさせ給《たま》へ《エ》　帥殿が二つ負けているため、勝負を延長して帥殿に勝たせようとしたのである。
＊「延ぶ」＝長くする。延長する。

10 安《やす》からず思《おぼ》しなりて　心穏やかでなくお思いになって。
「安からず」＝「安し」の未然形＋打消の助動詞「ず」で、ここでは、心穏やかでない、しゃくに障る、の意。

11 **仰《おお》せられて**　おっしゃって。
＊「仰す」＝「言ふ」の尊敬語。語り手の道長に対する敬意。
12 **帝《みかど》・后《きさき》立《た》ち給《たま》ふ《ウ》べきものならば**　帝や皇后がお立ちになるはずのものならば。「立つ」は即位する、立后する、の意。
13 **同《おな》じものを中心《なから》には当《あ》たるものかは**　同じ当たるといっても、的の真ん中に当たったではありませんか。
「ものかは」＝活用語の連体形に付き、反語や強い詠嘆を表す。ここでは詠嘆の用法。

教94ページ
1 **臆《おく》し給《たま》ひ《イ》て**　気後れなさって。
1 **わななく故《け》にや**　震えるためであろうか。
＊「わななく」＝ここでは、震える、の意。
「故」＝理由を表す名詞。ゆえ、ため、せい、などと訳す。
「や」＝疑問の係助詞。「あらむ」などの結びが省略されている。
9 **こと苦《にご》う《ウ》なりぬ**　気まずくなってしまった。
10 **何《なに》か射《い》る**　どうして射るのか（、射る必要はない）。「か」は反語。
11 **な射《い》そ**　射るな。
＊「な……そ」＝禁止を表す。…するな。
15 **かたへ《エ》は**　そばにいる人は。
＊「かたへ」＝そばにいる人、傍らにいる人、の意。
課題

一　道長の言動に、道隆父子はどのように反応したか、次の場面について整理してみよう。
①道長の来訪
②「道長が家より帝・后立ち給ふべきものならば、この矢当たれ」（93・12）
③「摂政・関白すべきものならば、この矢当たれ」（94・4）

解答例　①　道隆は内心驚いたが、道長の機嫌をとり、息子の伊周より身分が低いのに上位の者として処遇した。
②　道長が矢を射当てたのに対し、伊周は気後れして手も震え、見当違いの方に矢を外してしまい、道隆は顔色が真っ青になった。
③　道隆は、道長が自家の繁栄を賭けた矢を二本とも命中させたのに対して、伊周がまた外したならば自分たち一家の将来に不安を与えると思い、伊周が矢を射ることを制した。
二　伊周と道長は、それぞれどのような人物として描かれているか、まとめてみよう。

解答例　伊周＝道長の気力に圧倒され、的の近くにさえ矢を射ることができない、気弱で、独り立ちできない性格。
道長＝自己主張が強く、負けず嫌いで豪胆。意欲と気力にあふれる。

語句と表現

一　次の傍線部の違いを文法的に説明してみよう。
①**射させ奉らせ給ひけるに、**（93・8）
②**射させ給ふとて、**（93・11）

解答　①も②も助動詞「さす」の連用形だが、①は使役、②は尊敬の意味になっている。

三舟の才《ざえ》

【大　意】 教96ページ1行～97ページ4行

入道殿（＝藤原道長《ふじわらのみちなが》）が大堰《おおい》川で舟遊びを催した時、漢詩文、音楽、和歌の三舟をしたてた。全てにすぐれていた大納言殿（＝藤原公任《きんとう》）は、入道殿からどの舟に乗るかと聞かれ、和歌の舟に乗りすばらしい歌を詠んだ。大納言殿のように全てに秀でているのは昔にもないことである。

【品詞分解／現代語訳】

一年、入道殿 の 大堰川 に 逍遥せ させ 給ひ し に、作文 の 舟、管弦 の 舟、和歌 の
格助　格助　サ変・未　助動・尊・用　補尊・四・用　助動・過・体　格助　格助　格助　格助

ある年、入道殿（＝藤原道長）が大堰川で舟遊びをなさった時に、漢詩文（を作る）の舟、音楽の舟、和歌の舟とお

舟 と 分かた せ 給ひ て、そ の 道 に たへ たる 人々 を 乗せ させ 給ひ
格助　四・未　助動・尊・用　補尊・四・用　接助　（代）　格助　格助　下二・用　助動・存・体　格助　下二・未　助動・尊・用　補尊・四・用

分けになって、その（それぞれの）道にすぐれている人々をお乗せになりましたが、

し に、こ の 大納言殿 の 参り 給へ る を、入道殿、「か の 大納言、いづれ の 舟
助動・過・体　接助　（代）　格助　格助　四・用　補尊・四・已（命）　助動・完・体　接助　（代）　格助　（代）　格助

この大納言殿（＝藤原公任）が参上なさったところ、入道殿は、「あの大納言は、どの舟にお乗りにな

に か 乗ら る べき。」と のたまはすれ ば、「和歌 の 舟 に 乗り 侍ら む。」と
格助　係助（係）　四・未　助動・尊・終　助動・推・体（結）　格助　下二・已　接助　格助　格助　四・用　補丁・ラ変・未　助動・意・終　格助

るのだろう。」とおっしゃると、（大納言殿は）「和歌の舟に乗りましょう。」とおっしゃって、

のたまひ て、詠み 給へ る ぞ かし。
四・用　接助　四・用　補尊・四・已（命）　助動・完・体　係助　終助

お詠みになったの（が次の歌）だよ。

小倉山 嵐 の 風 の 寒けれ ば 紅葉 の 錦 着 ぬ 人 ぞ なき
格助　格助　ク・已　接助　格助　上一・未　助動・打・体　係助（係）　ク・体（結）

小倉山や嵐山から吹きおろす山風が寒いので、紅葉が人々の着物に散りかかり、錦の衣を着ていない人は一人もいないことだよ。

下二・用　補尊・四・已(命)　助動・完・体　ラ変・用　接助　四・用　助動・完・終　終助　係助　四・終　助動・伝・体　係助
申し受け　給へ　る　かひ　あり　て　あそばし　たり　な。　御自ら　も　のたまふ　なる　は、
自身でお願い申しあげ(て和歌の舟にお乗りになっ)たかいがあって(見事に)お詠みになったことですよ。　ご自身からもおっしゃったということには、

格助　格助　係助(係)　四・終　助動・適・用　助動・詠・体(結)　副　副　格助　格助　四・用　助動・完・未　助動・反仮・未　接助
「作文　の　に　ぞ　乗る　べかり　ける。　さて　①かばかり　の　詩　を　作り　たら　ましか　ば、　名
「漢詩文の舟に乗ればよかったなあ。　そうしてこれくらいの(すぐれた)漢詩を作ったならば、　名声

格助　四・未　助動・婉・体　係助　四・用　助動・強・未　助動・反仮・終　シク・用　助動・詠・体　終助　接　格助
の　上がら　む　こと　も　まさり　な　まし。　口惜しかり　ける　わざ　かな。　さても、　殿　の、
が上がることもこれ以上であったろうに。　残念なことだよ。　それにしても、(入道)

(代)　格助　係助(係)　格助　四・体(結)　格助　下二・用　助動・過・体　格助　係助(係)　(代)　接助　サ変・未　助動・自・用
『いづれ　に　か　と　思ふ。』　と　のたまはせ　し　に　なむ、　我　ながら　心おごりせ　られ
殿が、『どの舟に(乗ろう)と思うのか。』とおっしゃったのには、　我ながら自然と得意になったものです。」とおっ

助動・過・体(結)　格助　四・終　助動・伝・体　格助　下二・体　副助　ラ変・体　接助　副　(代)　格助　係助　下二・用
し。」　と　のたまふ　なる。　一事　の　優るる　だに　ある　に、　かく　いづれ　の　道　も　抜け出で
しゃられたということだ。　一事にすぐれることでさえ難しいのに、　このようにどの道にもすぐれていらっしゃったとか

補尊・四・用　助動・過伝・体　係助　係助　ラ変・未　助動・打・体　助動・断・終
給ひ　けむ　は、　いにしへ　も　侍ら　ぬ　こと　なり。
いうことは、　昔にもございませんことです。

(太政大臣頼忠)

語句の解説

教96ページ

1 **逍遥《しょうよう》せさせ給《たまイ》ひしに**　舟遊びをなさった時に。

＊「逍遥す」＝思いのままあちこちぶらぶら歩く。ここでは「大堰川に」とあるので、舟遊びをする、と訳す。

3 **その道《みち》にたへ《エ》たる人々《ひとびと》**　その道にすぐれている人々。

＊「たふ」＝「堪ふ」と書き、十分に能力がある、の意。

6 **のたまは《ワ》すれば**　おっしゃると。

「のたまはす」＝「言ふ」の尊敬語「宣《のたま》ふ」＋尊敬の助動詞「す」の一語化したもの。「宣ふ」より尊敬を強めた表現。

8 **詠《よ》み給《たまエ》へるぞかし**　「る」の下に「歌」を補って訳す。

「ぞかし」＝係助詞「ぞ」＋終助詞「かし」で強意を表す。

9 **嵐《あらし》の風《かぜ》の**　「嵐」は「嵐山」と「あらし(強い風)」の掛詞。

11 **申《もう》し受け給《たまエ》へる**　お願い申しあげなさる。

11 **あそばしたりな**　お詠みになったことですよ。「あそばす」は「す」の尊敬語。いろいろな動作を表す。「な」は詠嘆の終助詞。

①「かばかりの詩」とはどのようなものか。

答　「小倉山」の和歌のような、見事なもの。

教97ページ

1 **作《つく》りたらましかば、名《な》の上《あ》がらむ《ン》こともまさりなまし**　作ったならば、名声が上がることもこれ以上であっただろうに。
「ましかば……まし」＝事実・現実と反対のことを仮想する反実仮想の意。もし…だったならば、…であっただろうに。

3 **心《こころ》おごりせられし**　得意になったものです。
＊「心おごりす」＝得意になる。いい気になる。おごり高ぶる。

3 **一事《ひとこと》の優《すぐ》るだにあるに**　一事にすぐれることでさえ難しいのに。
「すぐるる」の下に「こと」を補う。
「だにあり」＝…でさえ…である、の意。「あり」の上に、文脈から適切な語(ここでは「難《かた》く」)を補って訳す。

4 **抜《ぬ》け出《い》で給《たま》ひ《イ》けむ《ン》は**　すぐれていらっしゃったとかいうことは。

課題

一　公任が、「かばかりの詩を作りたらましかば、名の上がらむこともまさりなまし」(96・13)と言ったのはなぜか、説明してみよう。

解答例　当時において、教養の第一とされていたのは漢詩文であった。そこで、この和歌ほどにすぐれている漢詩を作れば、自分の名声もさらに上がったであろうと、漢詩文にも自信のあった公任は残念に思ったのである。

二　当時、公任はどのような人物と評価されていたと考えられるか、本文を参考にして話し合ってみよう。

考え方　道長が、公任を、全ての道にすぐれた当代一の才人であると考え、どの舟に乗るかを本人に選ばせたことを踏まえるとよい。

語句と表現

一　次の傍線部の「の」の違いを文法的に説明してみよう。

①入道殿の大堰川に逍遥せさせ給ひしに、(96・1)
②作文の舟、(96・2)
③作文のにぞ乗るべかりける。(96・12)

解答　①主格を示す格助詞。
②連体修飾格を示す格助詞。
③体言の代用を示す格助詞。

二　次の傍線部の敬語の種類と敬意の対象を説明してみよう。

①大堰川に逍遥せさせ給ひしに、(96・1)
②この大納言殿の参り給へるを、(96・4)

解答　①「させ」は尊敬の助動詞「さす」の連用形。「給ひ」は尊敬の補助動詞。どちらも語り手から道長への敬意を表す。
②「参り」は謙譲の本動詞。語り手から道長への敬意を表す。「給へ」は尊敬の補助動詞。語り手から公任への敬意を表す。

六　日　記

●「日記文学」とは

「日記文学」は、承平《じょうへい》五年(九三五)頃に成立した『土佐日記』をその始めとする。作者紀貫之《きのつらゆき》は、自身を女性に仮託し、仮名文を用いることで、漢文では表現しきれなかった心の機微を表現することに成功。以後十世紀後半から女性の筆になる日記が現れた。王朝の女流日記の特徴としては、自己を客観的に見つめる自照性が強いことがあげられ、それらは「自照文学」とも呼ばれている。

『更級日記』の作者は菅原孝標女《すがわらのたかすえのむすめ》。康平《こうへい》二年(一〇五九)頃の成立。京に上る十三歳の時から、上洛途中の様子、物語に熱中する少女時代、祐子《ゆうし》内親王のもとへの宮仕え、橘《たちばなの》俊通《としみち》との結婚生活、そして死別した五十一歳までの約四十年にわたる人生を、回想的につづったもの。平安時代の中流貴族の「女の一生」を描いている。

『建礼門院右京大夫集《けんれいもんいんうきょうのだいぶしゅう》』の作者は、高倉《たかくら》天皇の中宮徳子《とくこ》(後の建礼門院)に仕えた右京大夫。鎌倉時代初期に成立した自撰《じせん》家集。全二巻。家集の主軸をなすのは、平家の栄華とその滅亡を背景とした、平《たいらの》資盛《すけもり》(清盛の孫)との恋愛、死別であるが、その心情を詠んだ約三百六十首の歌が、長く流麗な詞書《ことばがき》とともにほぼ年代順につづられており、歌日記的な性格を色濃くもっている。

更級《さらしな》日記

菅原孝標女《すがわらのたかすえのむすめ》

教科書P.100～105

あこがれ

【大　意】 1　教100ページ1行～101ページ1行

上総《かずさ》の国で成長した作者(私)は、姉や継母《ままはは》が物語の話をするのを聞いて、それらを見たいと切望するが、本を入手することができない。じれったく思った作者は、薬師仏《やくしほとけ》に、早く上京させて物語を全て見せてくださいと祈る。そして十三歳になる年、ついに上京することになった。

【品詞分解／現代語訳】

東路　の(格助)　道　の(格助)　果て　より(格助)　も(係助)、なほ(副)　奥つ方　に(格助)　①生ひ出で(下二・用)　たる(助動・完・体)　人、いかばかり(副)　かは(係助)　あやしかり(シク・用)

東海道の果ての常陸の国よりも、もっと奥のほう(＝上総の国)で成長した人(である私)は、(京で育った人から見れば)どんなにか(田舎

語句の解説 1

教100ページ

助動・過推・体　接助　副　下二・用　助動・過・体　助動・断・用　係助　格助　格助　四・体　格助　ラ変・体(音)
けむ　を、いかに　思ひ始め　ける　こと　に　か、世の中　に　物語　と　いふ　もの　の　あん
じみて)見苦しかったであろうに、どうして考え始めたことであろうか、世の中に物語というものがあるそうだが、

助動・伝・体　格助　副　上一・未　終助　格助　四・用　接助　ナリ・体　副助　格助　副助
なる　を、いかで　見　ばや　と　思ひ　つつ、つれづれなる　昼間、宵居　など　に、姉、継母　など　やう
(それを)どうにかして見たいと思い続けて、手持ちぶさたな昼間、夜遅くまで起きている時などに、姉、継母などといっ

格助　格助　(代)　格助　(代)　格助　格助　副助　四・体　格助　四・体　接助
の　人々　の、そ　の　物語、か　の　物語、光源氏　の　あるやう　など、ところどころ　語る　を　聞く　に、
た人々が、その物語、あの物語、光源氏のありさまなど、ところどころ話すのを聞くと、

副　四・已　接助　(代)　格助　四・体　格助　ナリ・用　副　係助(係)　四・未　助動・推・体(結)　シク・用
いとど　ゆかしさ　まされ　ど、わ　が　思ふ　まま　に、そらに　いかで　か　おぼえ語ら　む。いみじく
(それらの物語を)ますます見たい(という)気持ちが強くなるけれど、私の思うとおりに、(物語を)暗記してどうして思い出しながら話してくれようか(、いや、

ク・体　格助　格助　格助　四・用　接助　副助　サ変・用　接助　格助　ナリ・用　四・用
心もとなき　まま　に、等身　に　薬師仏　を　造り　て、手洗ひ　など　し　て、人ま　に　みそかに　入り
話してはくれない)。たいそうじれったいので、願掛けをする人(＝私)と同じ身の丈に薬師仏を造って(もらって)、手を洗い清めなどして、人のいない間にこっ

接助　格助　ク・用　下二・用　補尊・四・用　接助　格助　ク・用　四・終　助動・伝・体　ラ変・体　下二・用　補尊・四・命　格助　格助
つつ、「京　に　疾く　上げ　給ひ　て、物語　の　多く　候ふ　なる、ある　限り　見せ　給へ。」と、身　を
そりと(薬師仏を置いた部屋に)入っては、「京に早く(私を)上らせてくださって、物語がたくさんありますと聞いている、(その物語を)あるだけ全部見せてくだ

下二・用　接助　格助　四・用　四・用　補謙・四・体　格助　格助　四・体　四・未　助動・意・終　格助　接助
捨て　て　額　を　つき、祈り　申す　ほど　に、十三　に　なる　年、上ら　む　と　て、九月三日
さい。」と、わが身を投げ出して額を(床に)すりつけて、お祈り申しあげるうちに、十三歳になる年、(父の任期が終わり)上京しようといって、九月三

サ変・用　接助　格助　四・体　格助　四・終
門出し　て、いまたち　と　いふ　所　に　移る。
日に(仮の)出発をして、いまたちという所に移る。

1　「生ひ出でたる人」とは誰のことか。

答　作者(私。菅原孝標女)。

1**いかばかりかは**　どんなにか。さぞかし。
「かは」＝疑問・反語の係助詞。ここは疑問を表す。また、「けむ」で結ぶべきところ、接続助詞「を」を伴って下に続いているため、結びが流れている。

1**あやしかりけむ《ン》**　京育ちの人から見れば、自分はいかにも田舎じみて見苦しく見えたであろう、ということ。
＊「あやし」＝ここでは、見苦しい、みすぼらしい、卑しい、の意。

2**いかに思《おも》ひ《イ》始《はじ》めけることにか**　どうして考え始めたことだろうか。
下に「あらむ」「ありけむ」などが省略されている。

3**あんなるを**　あるそうだが。「あん」は「ある」の撥音便《はつおん》。

3**いかで見《み》ばやと**　どうにかして見たいと。
「いかで……ばや」＝どうにかして…したい。

3**思《おも》ひ《イ》つつ**　思い続けて。
「つつ」＝動作の継続を表す接続助詞。…続けて。…ながら。

3**つれづれなる**　手持ちぶさたな。
＊「つれづれなり」＝手持ちぶさただ。所在ない。

3**宵居《よいい》**　夜遅くまで起きていること、また、その時。

5＊**いとど**　ここでは、ますます、さらにいっそう、の意。

5**ゆかしさまされど**　見たい気持ちが強くなるけれど。

＊「ゆかしさ」＝「ゆかし」＋名詞を作る接尾語「さ」。「ゆかし」は、見たい、聞きたいなど、心がひきつけられる感じを表す語。ここでは、見たさ、見たい気持ち、などと訳す。

5**わが思《おも》ふ《ウ》ままに**　私の思うとおりに。
「ままに」＝「に」は状態を表す格助詞で、…のとおりに、の意。

5**そらに**　「そらなり」の連用形の副詞的用法。暗記して、の意。

6**いかでかおぼえ語《かた》らむ《ン》**　どうして思い出しながら話してくれようか、いや、話してくれない。
「いかでか」＝疑問の副詞「いかで」＋反語を表す係助詞「か」。ここでは、推量の助動詞「む」で結んでいるので、どうして…だろうか、いや、…ない、の意。
「おぼえ語る」＝思い出しながら話す。

6**いみじく心《こころ》もとなきままに**　たいそうじれったいので。
＊「心もとなし」＝ここでは、じれったい、待ち遠しい、の意。

7**みそかに入《い》りつつ**　こっそりと入っては。
「みそかなり」＝人目を避けてするさま。こっそりと。ひそかに。

7**疾《と》く**　早く。副詞ともとれる。

8**多《おお》く候《さぶら》ふ《ウ》なる**　たくさんありますと聞いている。
「候ふ」＝「あり」の丁寧語。あります。ございます。

8**身《み》を捨てて額《ぬか》をつき**　一心不乱に、床に額をすりつけて祈る様子。
「身を捨つ」＝身を投げ出す、または、夢中になる意。

【大　意】　**2**　**教101ページ2〜5行**

長年遊び慣れた家から御簾《みす》や几帳《きちょう》が取り払われた夕刻、車に乗ろうとしてちらっと家のほうを見ると、こっそり何度も祈っていた薬師仏が立っていた。見捨てていくのが悲しくて、私は人知れず涙をこぼすのだった。

【品詞分解／現代語訳】

年ごろ 遊びなれ（下二・用） つる（助動・完・体） 所 を、（格助） あらはに（ナリ・用） こほち散らし（四・用） て、（接助） たち騒ぎ（四・用） て、（接助） 日 の（格助） 入りぎは の、（格助） いと（副）

長年遊び慣れた所（＝家）を、（内部が）丸見えであるほどに御簾や几帳などを取り払って、大騒ぎをして、（やがて）夕日がまさに入ろ

すごく（ク・用） 霧りわたり（四・用） たる（助動・存・体） に、（格助） 車 に（格助） 乗る（四・終） と（格助） て（接助） うち見やり（四・用） たれ（助動・完・已） ば、（接助） 人ま に（格助） は（係助） 参り（四・用） つつ（接助）

うとする時の、実にぞっとするほど寂しく霧が一面にかかっている時に、車に乗ろうとしてちょっと（家のほうに）目を向けたところ、人のいない間には何度も

額 を（格助） つき（四・用） し（助動・過・体） 薬師仏 の（格助） 立ち（四・用） 給へ（補尊・四・已（命）） る（助動・存・体） を、（格助） 見捨て（下二・用） 奉る（補謙・四・体） 悲しく（シク・用） て、（接助） 人 知れ（下二・未）

お参りをして額をすりつけ（て祈っ）た薬師仏が立っていらっしゃるのを、お見捨て申しあげることが悲しくて、人知れず自然

ず（助動・打・用） うち泣か（四・未） れ（助動・自・用） ぬ。（助動・完・終）

に涙がこぼれるのだった。

語句の解説 2

教101ページ

2 **年《とし》ごろ** ここでは、長年、多くの年月、の意。

3 **すごく霧《き》りわたりたるに** ぞっとするほど寂しく霧が一面にかかっている時に。

＊「すごし」＝荒涼とした情景に多く用いられる語で、ここでは、ぞっとするほど寂しい、の意。

「霧りわたる」＝霧が一面にかかる。

3 **うち見《み》やりたれば** ちょっと目を向けたところ。

「うち見やる」＝ちょっと目を向ける、ちょっと眺めやる、の意。

4 **見捨《みす》て奉《たてまつ》る** 下に「ことが」などを補って訳す。

「奉る」＝謙譲の補助動詞で、「薬師仏」に対する敬意。

5 **うち泣《な》かれぬ** 自然に涙がこぼれるのだった。「れ」は自発の助動詞「る」の連用形。

課題

一 「いかばかりかはあやしかりけむを」（100・1）には作者のどのような思いがこめられているか、話し合ってみよう。

考え方 「東路の道の果て」と言われた常陸《ひたち》の国よりも、もっと奥の上総の国という田舎で育った、教養のない自分（＝作者）を、京育ちの人が見たらどう思うだろうかと想像しているのである。

二 作者の物語へのあこがれは、どのように描かれているか、行動とともにまとめてみよう。

解答例　物語というものがあるのを聞いて、見たいと思い続け、姉や継母などが、断片的に話す物語の話を聞いて、ますます見たいという思いが募る。自分が満足するほど姉や継母が話してくれないので、じれったく思う（自分で見たいと思う）。等身の薬師仏を造ってもらって、早く上京させて物語をあるだけ全部見せてほしいと祈る。

語句と表現

一　次の傍線部の「なる」を文法的に説明してみよう。

①物語といふもののあんなるを、(100・2)
②つれづれなる昼間、(100・3)
③多く候ふなる、(100・8)
④十三になる年、(100・9)

解答　①伝聞の助動詞「なり」の連体形。
②ナリ活用形容動詞「つれづれなり」の連体形の活用語尾。
③伝聞の助動詞「なり」の連体形。
④ラ行四段活用動詞「なる」の連体形。

源氏《げんじ》の五十余巻

【大　意】　1　教102ページ1～11行

その春、世の中は伝染病が流行して不穏な状況だった。乳母《めのと》も三月の一日に亡くなり、私の手習いの手本を書いた侍従《じじゅう》大納言の姫君も亡くなった。その筆跡のすばらしさを見ては、涙がますますこみあげるのであった。

【品詞分解／現代語訳】

その（代）　**の**（格助）　**春**、　**世の中**　**いみじう**（シク・用（音））　**騒がしう**（シク・用（音））　**て**（接助）、　**松里**　**の**（格助）　**わたり**　**の**（格助）　**月影**　**あはれに**（ナリ・用）　**見**（上一・用）　**し**（助動・過・体）　**乳母**

その（治安元年の）春、世の中は伝染病が流行して、松里の渡し場の月の光に照らし出された姿を（私が）しみじみと悲しい思いで見た乳母も、

も（係助）、　**三月朔日**　**に**（格助）　**亡くなり**（四・用）　**ぬ**（助動・完・終）。　**せむ方なく**（ク・用）　**思ひ嘆く**（四・体）　**に**（接助）、　**物語**　**の**（格助）　**ゆかしさ**　**も**（係助）　**おぼえ**（下二・未）　**ず**（助動・打・用）　**なり**（四・用）

三月一日に亡くなってしまった。どうしようもなく嘆き悲しんでいると、物語を見たいという気持ちも感じられなくなってしまった。

ぬ（助動・完・終）。　**いみじく**（シク・用）　**泣き暮らし**（四・用）　**て**（接助）、　**見出だし**（四・用）　**たれ**（助動・完・已）　**ば**（接助）、　**夕日**　**の**（格助）　**いと**（副）　**華やかに**（ナリ・用）　**さし**（四・用）　**たる**（助動・存・体）　**に**（格助）、

（一日中）ひどく泣き暮らして、（外を）見やったところ、夕日がとても明るく美しく差している所に、

桜　**の**（格助）　**花**　**残りなく**（ク・用）　**散り乱る**（下二・終）。

桜の花が余すことなく散り乱れている。

四・体 係助 副 カ変・未 助動・婉・体 係助 上一・用 係助 係助(係) サ変・未 助動・推・体(結) 副 下二・用 助動・過・体
散る 花 も また 来 む 春 は 見 も や せ む ①やがて 別れ し
散りゆく桜の花も、また再びめぐってくる春には見ることができるだろう。（しかし）そのまま（永遠に）別れてしまった人（＝乳母）は、（二度と会うことも

係助(係) シク・体(結)
人 ぞ 恋しき
できず、）たまらなく恋しいことだ。

接 四・已 接助 格助 格助 四・用 補尊・四・用 助動・完・終 助動・伝・終 格助 格助 四・終
また 聞け ば、侍従 の 大納言 の 御女、亡くなり 給ひ ぬ なり。殿 の 中将 の 思し嘆く
また聞くところによると、侍従の大納言の姫君が、お亡くなりになったそうだ。（夫の）殿の中将がお嘆きになる様子は、

助動・伝・体 (代) 格助 格助 シク・体 助動・断・已 接助 シク・用 ナリ・終 格助 四・終 四・用 助動・完・用
なる さま、わ が もの の 悲しき 折 なれ ば、いみじく あはれなり と 聞く。上り着き たり
私も（乳母の死で）もの悲しい時なので、とても気の毒なことだと（思って）聞く。京に到着した時、

助動・過・体 (代) 格助 サ変・命 格助 接助 (代) 格助 格助 格助 下二・用 助動・完・用 助動・過・体 接助
し 時、「これ 手本 に せよ。」と て、この 姫君 の 御手 を とらせ たり し を、
（ある人が）「これを手本にしなさい。」と言って、この姫君の御筆跡を与えたが、

下二・用 接助 下二・未 助動・打・用 助動・過・未 接助 副助 四・用 接助 格助 格助 四・未 接助
「小夜 ふけ て 寝ざめ ざり せ ば」など 書き て、「鳥部山 谷 に 煙 の 燃え立た ば
（それには）「小夜ふけて寝ざめざりせば（＝もし夜がふけて眠りから覚めなかったなら）」などと（歌が）書いてあって、（その中に）「鳥部山谷に煙の燃え立たば

ク・用 下二・用 助動・過・体 (代) 格助 四・未 終助 格助 四・未 助動・打・用 ナリ・用 ク・用 四・用 補尊・四・已(命)
はかなく 見え し 我 と 知ら なむ」と、言ひ知ら ず をかしげに めでたく 書き 給へ
はかなく見えし我と知らなむ（＝鳥部山の谷に火葬の煙が燃え立つなら、弱々しく見えた私の火葬の煙と思ってほしい）」と（いう歌が）、たとえようもなく趣深

助動・完・体 格助 上一・用 接助 副 格助 四・終
る を 見 て、いとど 涙 を 添へまさる。
くすばらしく書いていらっしゃるのを（改めて）見て、ますます涙がこみあげる。

語句の解説 1

教102ページ

1**世《よ》の中《なか》いみじう《ジュウ》騒《さわ》がしう《シュウ》て**　世の中は伝染病が流行して。「いみじう」は「いみじく」の、「騒がしう」は「騒がしく」のウ音便。

「世の中いみじう騒がし」＝「世の中騒がし」（伝染病が流行して世の中が落ち着かない意の慣用表現）の中に、「いみじう」を挿入したもの。

1**月影《つきかげ》**　ここでは、月の光に照らし出された姿、の意。

1**あは《ワ》れに見《み》し**　主語は作者。

「あはれなり」＝ここでは、しみじみともの寂しい、もの悲しい、の意。

2**せむ《ン》方《かた》なく思《おも》ひ《イ》嘆《なげ》くに**　どうしようもなく嘆き悲しんでいると。

＊「せむ方なし」＝どうしようもない。しかたない。

2**物語《ものがたり》のゆかしさもおぼえずなりぬ**　物語への関心が薄れたということ。それほど乳母の死にショックを受けていたのである。

＊「おぼゆ」＝ここでは、思われる、感じられる、の意。

3**見出《みい》だしたれば**　外を見やったところ。

＊「見出だす」＝ここでは、内から外を見る、外を見やる、の意。

5**見《み》もやせむ《ン》**　見ることができるだろう。

「もや」＝係助詞「も」＋係助詞「や」で、期待や危ぶむ気持ちを表す。

5＊**やがて**　ここでは、そのまま、の意。

答 1 「やがて別れし人」とは、誰のことか。

松里《まつさと》で別れて、それがそのまま永遠の別れとなってしまった作者の乳母。

7**わがものの悲《かな》しき折《おり》なれば**　私も乳母を亡くすというもの悲しい状況にある時なので、ということ。

「ものの悲しき」＝「もの悲し」の接頭語「もの」の下に格助詞「の」が入ったもの。

8**御手《みて》をとらせたりし**　御筆跡を与えた。

「御手」＝御筆跡。「手」は、ここでは、書いたもの、筆跡、の意。

「とらす」＝与える。やる。

10**はかなく見《み》えし**　弱々しく見えた。

＊「はかなし」＝ここでは、弱々しい、心細い、の意。

＊「見ゆ」＝ここでは、見える、目に映る、の意。

10**言《い》ひ《イ》知《し》らず**　ここでは、たとえようがない、格別である、の意。

10**を《オ》かしげにめでたく**　趣深くすばらしく。

＊「をかしげなり」＝趣深いさま。美しいさま。

＊「めでたし」＝ここでは、すばらしい、立派だ、の意。

11**いとど涙《なみだ》を添《そ》へ《エ》まさる**　ますます涙がこみあげる。

＊「いとど」＝ここでは、ますます、いっそう、の意。

「添へまさる」＝さらに増える、いっそう多くする、の意で、ここでは、涙がいっそうこみあげる、ということ。

【大　意】 2　教102ページ12行〜103ページ13行

ふさぎ込んでいた私を心配し、母が物語を探して見せてくれた。心は慰められていったが、物語への興味はますます強まった。私は仏に全部見せてくださいと祈るが、見ることができない。そんな時、田舎から上京したおばから物語を贈られ、私は天にも昇る気持ちになった。

【品詞分解／現代語訳】

副　副助　サ変・用(音)　助動・存・体　接助　係助　下二・未　助動・意・終　格助　四・用　接助　副助　下二・用
かく　のみ　思ひくんじ　たる　を、心　も　慰め　む　と、心苦しがり　て、母、物語　など　求め
このようにばかりふさぎ込んでいるので、(私の)心を慰めようと、心配して、母が、物語などを探して見せて

接助　下二・用　補尊・四・体　接助　副　副　四・終　格助　格助　上一・用　接助　格助　上一・未　助動・願・用
て　見せ　給ふ　に、げに　おのづから　慰みゆく。紫　の　ゆかり　を　見　て、続き　の　見　まほしく
くださったところ、本当に自然と心が慰められていく。(『源氏物語』の中の)紫の上に関する部分を見て、続きが見たいと思われるけれど、

下二・已　接助　副助　係助　副　サ変・未　助動・打・終　(代)　係助　副　下二・未　助動・打・体　助動・断・用　接助
おぼゆれ　ど、人語らひ　など　も　え　せ　ず。誰　も　いまだ　都　なれ　ぬ　ほど　に　て、
人に相談することなどもできない。(家の者は)誰もまだ都に慣れない頃で、

副　下二・未　助動・打・終　シク・用　ク・用　シク・用　下二・体　格助　(代)　格助
え　見つけ　ず。いみじく　心もとなく、ゆかしく　おぼゆる　まま　に、「こ　の　源氏の物語、一の巻
見つけることができない。ひどくじれったく、(続きを)見たいと思われるので、「この源氏の物語、一の巻か

格助　サ変・用　接助　副　下二・用　補尊・四・命　格助　格助　格助　四・終　格助　格助　四・用　補尊・四・已(命)　助動・完・体
より　し　て、みな　見せ　給へ。」と、心　の　うち　に　祈る。親　の　太秦　に　籠り　給へ　る
ら始めて、全部見せてください。」と、心の中で(仏様に)祈る。親が太秦(＝広隆寺)に参籠なさった時にも(一緒に行って)、

格助　係助　ク・用　(代)　格助　格助　四・用　接助　下二・未　助動・仮・体　格助　(代)　格助　下二・未　助動・意・終
に　も、異事　なく　②こ　の　こと　を　申し　て、出で　む　まま　に　こ　の　物語　見果て　む
他のことは願わずこの(物語の)ことだけをお願い申しあげて、(寺から)出たならすぐにこの物語を残らず見てしまおうと思うけれど、

格助　四・已　接助　上一・用　下二・未　助動・打・終　副　シク・用　四・未　助動・自・体　格助　助動・断・体　格助
と　思へ　ど、見　得　ず。いと　口惜しく、思ひ嘆か　るる　に、をば　なる　人　の　田舎
見ることができない。ひどく残念で、嘆き悲しまずにいられない頃、おばにあたる人で田舎から上京してきた

格助　四・用　助動・完・体　格助　四・用(音)　助動・完・已　接助　副　シク・用(音)　四・用　助動・完・用　助動・詠・終　副助
より　上り　たる　所　に　渡い　たれ　ば、「いと　うつくしう　生ひなり　に　けり。」など、
(人の)所に(親が私を)行かせたところ、「とてもかわいらしく成長しましたね。」などと、

あはれがり めづらしがり て、帰る に、「何 を か 奉ら む。 まめまめしき もの は まさなかり
（四・用／四・用／接助／四・体／格助／(代)／格助／係助(係)／四・未／助動・意・体(結)／シク・体／係助／ク・用）
懐かしがり珍しがって、(私が)帰る時に、「何を差しあげましょうか。実用的なものはきっとよくないでしょう。

な む。 ゆかしく し 給ふ なる もの を 奉ら む。」 と て、 源氏 の 五十余巻、

（助動・強・未／助動・推・終／シク・用／サ変・用／補尊・四・終／助動・伝・体／格助／四・未／助動・意・終／格助／接助／格助）

(あなたが)見たいと思っていらっしゃると聞いているものを差しあげましょう。」と言って、源氏の五十余巻を(蓋のついた

櫃 に 入り ながら、 在中将、 とほぎみ、 せり河、 しらら、 あさうづ など いふ 物語ども、 一袋
（格助／四・用／接助／副助／四・体）
大きな)木箱に入ったまま、(それに)在中将、とほぎみ、せり河、しらら、あさうづなどという物語の数々を、一つの

取り入れ て、 得 て 帰る 心地 の うれしさ ぞ いみじき や。

（下二・用／接助／下二・用／接助／四・体／格助／係助(係)／シク・体(結)／間助）

袋に入れて(くださった)、(それを)手に入れて帰る時の(私の)気持ちのうれしさは並ひととおりではなかったよ。

語句の解説 2

12 **思《おも》ひ《イ》くんじたるを** 「思ひくんじ」は「思ひくつし」の撥音便。

＊「思ひくんず」＝悩んでくよくよする。ふさぎ込む。

12 **心苦《こころぐる》しがりて** 心配して。

「心苦しがる」＝形容詞「心苦し」の終止形に接尾語「がる」が付いて動詞化したもの。心配する、気の毒に思う、の意。

13 ＊**げに** ここでは、本当に、なるほど、の意。

教103ページ

1 **人語《ひとかた》らひ《イ》などもえせず** 人に相談することなどもできない。

「人語らひ」＝人に相談すること。

＊「え……(打消)」＝不可能を表す。…できない。

2 **いみじく心《こころ》もとなく** ひどくじれったく。

＊「心もとなし」＝ここでは、じれったい、もどかしい、の意。

2 **ゆかしくおぼゆるままに** 見たいと思われるので。

＊「ゆかし」＝ここでは、見たい、読みたい、の意。

「ままに」＝ここでは、原因・理由を表す。…ので。…から。

3 **一《いち》の巻《まき》よりして** 一の巻から始めて。

「して」＝ここでは、(他の動詞の代用をする)サ変動詞「す」の連用形＋接続助詞「て」ととり、「す」を「始む」の代用と解した。起点を表す格助詞「より」の意を強める副助詞ともとれる。その場合は、一の巻から、と訳せばよい。

4 **籠《こも》り給《たま》へ《エ》るにも** 参籠なさった時にも。

「籠る」＝ここでは、祈願のために寺社に参籠する、の意。

4 **異事《ことごと》** 他の事。別の事。

❷ **「このこと」とは、何を指すか。**

答

『源氏物語』の全巻が読めるようにということ。

4 **出《い》でむ《ン》ままに**　出たならすぐに。

「ままに」＝ここでは、すぐあとに別の事態が起こる意を表す。

…するとすぐ。…するやいなや。

5 **いと口《くち》惜《お》しく**　ひどく残念で。

＊「口惜し」＝ここでは、残念だ、くやしい、の意。

6 **渡《わた》いたれば**　(親が私を)行かせたところ。「渡い」は「渡す」の連用形「渡し」のイ音便。

6 **生《お》ひ《イ》なりにけり**　成長しましたね。

＊「生ひなる」＝成長する。育つ。

6 **あは《ワ》れがり**　懐かしがり。

「あはれがる」＝しみじみとした感慨を表す語。ここは、久しぶりに対面した場面なので、懐かしがり、と訳す。

7 **まめまめしきもの**　実用的なもの。

＊「まめまめし」＝ここでは、実用的である、実生活向きである、の意。

7 **まさなかりなむ《ン》**　きっとよくないでしょう。

＊「まさなし」＝ここでは、よくない、不都合である、の意。

9 **櫃《ひつ》に入《い》りながら**　木箱に入ったまま。

＊「……ながら」＝動作・状態の継続を表す接続助詞。…(の)まま。

【大　意】　3　教103ページ14行～104ページ15行

私は昼も夜もなく物語を読みふけり、そらんじるまでになる。夢に出てきた僧の言葉も気にかけず、物語に没頭し、私は女盛りになればきっと美しくなるだろうと思っていたが、今になって振り返ると、なんともたわいなくあきれたものであった。

【品詞分解／現代語訳】

副　ナリ・用　上一・用　接助　係助　下二・未　助動・打・用　ク・用　四・体　格助　格助　サ変・用

はしるはしる　わづかに　見　つつ、心　も　得　ず、心もとなく　思ふ　源氏　を、一の巻　より　し

胸をわくわくさせて(これまで)ほんの少し見ては、(話の)筋も理解できず、じれったく思っていた源氏(の物語)を、一の巻から(読み)始めて、

接助　係助　四・未　助動・打・用　格助　格助　四・用　接助　下二・用　接助　上一・体　格助　係助　(代)

て、人　も　交じら　ず、几帳　の　うち　に　うち臥し　て　引き出で　つつ　見る　心地、后　の　位　も　何

人に交じらず(ただ一人で)、几帳の中で横になって(木箱から)引き出しては(物語を)見る気持ちは、皇后の位も(これに比べた

格助　係助(係)　サ変・未　助動・推・体(結)　係助　係助　格助　下二・用　助動・存・体　格助　ク・用　四・用　接助

に　かは　せ　む。昼　は　日暮らし、夜　は　目　の　覚め　たる　限り、灯　を　近く　ともし　て、

ら)いったい何になろうか(、いや、何にもならない)。昼は一日中、夜は目の覚めている間じゅう、灯火を近くにともして、

これを見るよりほかのことなければ、おのづからなどは、③そらにおぼえ浮かぶを、いみじきことに思ふに、夢に、いと清げなる僧の、黄なる地の袈裟着たるが来て、「法華経五の巻を疾く習へ。」と言ふと見れど、人にも語らず、習はむとも思ひかけず、物語のことをのみ心に占めて、我はこのごろわろきぞかし、盛りにならば、容貌も限りなくよく、髪もいみじく長くなりなむ、光の源氏の夕顔、宇治の大将の浮舟の女君のやうにこそあらめと思ひける心、まづいとはかなくあさまし。

これ(＝物語)を見る以外ほかのことはしないので、自然と(物語の文章が)、そらで思い出され(心に)浮かぶのを、すばらしいことと思っていると、(ある夜の)夢に、とてもこざっぱりとしてきれいな僧で、黄色い地の袈裟を着ている僧が来て、「法華経の五の巻を早く習いなさい。」と言うと見たけれど、人にも話さず、(法華経を)習おうとも考えてみず、ず（助動・打・用）、物語の（格助）こと（格助）を（格助）のみ（副）心に（格助）占めて（下二・用）、我（代）は（係助）このごろわろき（ク・体）ぞ（係助）かし、盛りに（格助）ならば（接助）、ただ物語のことだけを心に思いつめて、私は今は(まだ幼いので)器量がよくないのだわ、(でも)女盛りになったら、顔立ちもこの上なく美しく、髪もきっとすばらしく長くなるだろう、光源氏の(愛人の)夕顔や、宇治の大将(＝薫)の(愛浮舟の（格助）女君の（格助）やうに（助動・比・用）こそ（係助（係））あら（ラ変・未）め（助動・推・已（結））と（格助）思ひ（四・用）ける（助動・過・体）心、まづ（副）いと（副）はかなく（ク・用）
（した)浮舟の女君のようにきっとなるだろうと思っていた(私の)心は、(今になって思えば)なんともあさまし。（シク・終）全くたわいなくあきれたものだ。

語句の解説 3

14 **はしるはしる**　解釈に諸説あるが、ここでは、胸をわくわくさせて、と解した。「引き出でつつ見る」に係る。

14 **心《こころ》も得《え》ず**　(話の)筋も理解できず。
「心」＝ここでは、筋、意味、趣旨、といった意。

16 **人《ひと》も交《ま》じらず**　人に交じわらないで。つまり、ただ一人で、ということ。
＊「交じる」＝ここでは、人に立ち交じる、仲間に入る、の意。

教104ページ

1 **何《なに》にかはせむ《ン》**　何になろうか、いや、何にもならない。

「かは」＝疑問・反語を表す係助詞だが、反語の用法が多い。

❸ 何が「そらにおぼえ浮かぶ」のか。

答　物語の文章。

6 **いみじきことに思《おも》ふ《ウ》に**　すばらしいことと思っていると。物語を暗記してしまったことを、得意に思っているということ。

7 **清《きよ》げなる僧《そう》の**　こざっぱりとしてきれいな僧で。

＊「清げなり」＝ここでは、こざっぱりとしてきれいだ、すっきりとして美しい、の意。

「の」＝同格を表す格助詞。

8 **袈裟《けさ》着たる**　袈裟を着た僧。下に「僧」を補って訳す。

10 **習《なら》は《ワ》むとも思《おも》ひ《イ》かけず**　（法華経を）習おうとも考えてみず。つまり、物語を読むのに夢中になっていたということ。

「思ひかく」＝ここでは、考えてみる、心にかける、の意。

11 **心《こころ》に占《し》めて**　心に思いつめて。物語のことばかり考えていたということ。

＊「占む」＝ここでは、（身や心に）備える、もつ、の意。

12 **わろきぞかし**　器量がよくないのだわ。

＊「わろし」＝ここでは、器量がよくない、美しくない、の意。

「あし」に比べて、消極的によくないと判断する時に用いる語。

「ぞかし」＝文末に用いて、念押しや強調を表す。

12 **盛《さか》りにならば**　女盛りになったら。

＊「盛り」＝ここでは、人が精神的・肉体的に充実しているさま、また、その時期、の意。女盛り。

13 **限《かぎ》りなくよく**　この上なく美しく。

＊「よし」＝ここでは、美しい、きれいだ、の意。

14 **まづ《ズ》いとはかなくあさまし**　なんとも全くたわいなくあきれたものだ。

「まづ」＝ここでは、実に、なんとも、の意で、「いと」と併用されることが多い。

＊「あさまし」＝ここでは、あきれたことだ、あさはかだ、の意。

課題

一　**作者がどのように物語の世界に引き込まれていったか、次の部分を参考にまとめてみよう。**

①げにおのづから慰みゆく。（102・13）

②いと口惜しく、思ひ嘆かるるに、（103・5）

③后《きさき》の位も何にかはせむ。（104・1）

解答例　①乳母や侍従大納言の姫君といった身近な人の死に、ふさぎ込んでいた作者の心を慰めてくれたのが、物語であった。

②物語の続きを見たいと心の中で仏に祈っても、参籠して祈願しても見ることができず、とても残念で嘆かずにはいられなかった。

③上京したおばから物語の全巻をもらい、夢中になって読みふけった。その今の幸福な気持ちに比べると、女性にとって最高とされる后の位も、何ほどのものでもないと思った。

二 執筆時点の作者は少女時代の自分をどのようにみているか、説明してみよう。

考え方 最後の「まづいとはかなくあさまし」(教104ページ14行)に着目し、「はかなく」(たわいなく)そして「あさまし」(あきれる)と思った理由を押さえて説明するとよい。

解答例 自分もいつかは夕顔や浮舟のように美しくなるだろうとたわいない夢を抱き、夢に出てきた僧の言葉を無視して仏道を修めなかったことを、あきれたものだと後悔の念をもって見ている。

語句と表現

一 次の傍線部の「なむ」の違いを文法的に説明してみよう。

①はかなく見えし我と知らなむ(102・10)

②まめまめしきものはまさなかりなむ。(103・7)

解答 ①願望の終助詞。

②強意の助動詞「ぬ」の未然形+推量の助動詞「む」の終止形。

建礼門院右京大夫集《けんれいもんいんうきょうのだいぶしゅう》

建礼門院右京大夫

教科書P.106〜108

なべて世のはかなきことを

【大意】 教106ページ1行〜107ページ4行

翌年の春、恋人の平資盛が落命したと聞いた作者は、たとえようのない悲しみの中で泣き暮らす。世間で言うところの「悲しさ」をはるかに超えた言葉にはならない悲しみに暮れている。

【品詞分解/現代語訳】

また(副) の(格助) 年 の(格助) 春 ぞ(係助(係))、まことに(副) この世 の(格助) ほか に(格助) 聞き果て(下二・用) に(助動・完・用) し(助動・過・体(結))。そ(代) の(格助) ほど

その翌年の春に、本当に(資盛が)あの世の者となったと聞いてしまった。その時のことは、

の(格助) こと は(係助)、まして(副) 何(代) と(格助) かは(係助(係)) 言は(四・未) む(助動・適・体(結))。みな かねて(副) 思ひ(四・用) し(助動・過・体) こと なれ(助動・断・已) ど(接助)、ただ(副)

いっそうなんと言ったらよいだろうか(、いや、言いようもない)。全て以前から思っていたことであるけれど、ただ

副 副助 下二・終 副 四・未 助動・打・体 係助 副 上一・体 係助 シク・已 接助
ほれぼれと のみ おぼゆ。 あまりに せきやら ぬ 涙 も、かつは 見る 人 も つつましけれ ば、
茫然としていただけだったと思われる。あまりのことにせき止めきれない涙も、一方では（そばで）見る人にも遠慮されるので、

(代) 格助 係助 係助 四・終 助動・現推・已 接助 格助 シク・体 格助 接助 四・用 四・用 接助 副助
何 と か 人 も 思ふ らめ ど、「心地 の わびしき。」と て、引きかづき、寝暮らし て のみ
どうしたのかと人も思うだろうけれど、「気分がつらく苦しい。」と言って、（夜具を）かぶって、寝て暮らしてばかりいて、

係助(係) 格助 格助 四・体(結) 副 格助 係助 下二・未 助動・意・終 格助 四・已 接助 ナリ・用 係助
ぞ、心 の まま に 泣き過ぐす。いかで もの を も 忘れ む と 思へ ど、あやにくに 面影 は
思いのままに泣きながら過ごす。なんとかしてこのことを忘れたいと思うけれど、意地悪く（あの人の）面影が（私）

格助 四・用 格助 四・体 サ変・用 接助 格助 下二・用 接助 シク・体 四・終 助動・可・体
身 に 添ひ、言の葉ごと に 聞く 心地 し て、身 を 責め て、悲しき こと 言ひ尽くす べき 方
の身にまとわりついて、（資盛の）ひと言ひと言を聞くような気持ちがして、身を責めて、悲しいことは言葉で言い尽くす方法はない（＝言いよう

ク・終 副 ラ変・体 格助 ク・用 副助 四・用 助動・過・体 格助 副助 係助(係) シク・体
なし。ただ、限り ある 命 にて、はかなく など 聞き し こと を だに こそ、悲しき こと
もない）。ただ、天寿によって、亡くなったなどと聞いたことでさえ、悲しいことだと

格助 四・已(結) (代) 係助 (代) 格助 係助(係) 格助 サ変・未 助動・意・体(結) 格助 副 下二・用 接助
に 言ひ思へ、①これ は、何 を か 例 に せ む と、かへすがへす おぼえ て、
（世間では）口に出しても言い心にも思うけれど、このことは何を例にしようか（、いや、何も例にはならない）と、何度も思われて、

副 格助 ク・体 格助 シク・終 格助 係助 ラ変・体 上一・未 助動・打・体 係助(係) 四・用 助動・過推・体(結)
なべて 世 の はかなき こと を 悲し と は かかる 夢 見 ぬ 人 や 言ひ けむ
一般に（人々が）世の中の死を悲しいというのは、このような夢を見たことがない人が言ったのだろうか。

下二・用 接助 格助 格助 接 (代) 格助 副 係助 格助 四・用 助動・完・已 接助
ほど 経 て、人 の もと より、「さても、こ の あはれ、いかばかり か。」と 言ひ たれ ば、
（しばらく）時がたって、（ある）人の所から、「それにしても、このたびのあわれさは、どれほどでしょうか。」と言ってきたので、

副 格助 格助 助動・比・用 下二・用 接助
なべて の こと の やうに おぼえ て、
並ひと通り（＝通りいっぺん）の挨拶のように思われて、

悲し（シク・終）と（格助）も（係助）また（副）あはれ（ナリ（語幹））と（格助）も（係助）世の常に（格助）言ふ（四・終）べき（助動・可・体）こと　に（助動・断・用）あら（ラ変・未）ば（接助）こそ（係助（係））あら（ラ変・未）め（助動・適・已（結））

（今回のことは）悲しいとも、またかわいそうとも、世間であたりまえに言うことができる事柄であってほしいものだが、とてもそう言えるものではない。

語句の解説

教106ページ

1 **そのほどのことは**　その時のことは。恋人資盛が亡くなったことを聞いた時のこと。

2 **まして何《なん》とかは言《い》は《ワ》む《ン》**　いっそうなんと言ったらよいだろうか（、いや、言いようもない）。

「まして」＝ここでは、いっそう、なおさら、の意。

「かは」＝疑問・反語の係助詞。ここは反語を表す。

3 ＊**おぼゆ**　思われる。「おぼゆ」は、「思ふ」の未然形「思は」＋上代の助動詞「ゆ」＝「おもはゆ」が転じたもの。「ゆ」には自発の意があるため、「自然に思われる」が原義。

3 **せきやらぬ涙《なみだ》**　せき止めきれない涙。

「やる」＝動詞の連用形に付いて、その動作を最後までやり終える意を添える補助動詞。…しきる。多く、打消の語を伴う。

3 **かつは**　一方では。

3 **つつましければ**　遠慮されるので。

＊「つつまし」＝ここでは、遠慮される、はばかられる、気が引ける、の意。

4 **心地《ここち》のわびしき**　気分がつらく苦しい。

＊「わびし」＝ここでは、つらい、苦しい、の意。

4 **引《ひ》きかづ《ズ》き**　（夜具を）かぶって。

＊「引きかづく」＝頭からかぶる。引っかぶる。ここでは、「寝暮らしてのみ」（＝寝て暮らしてばかり）いたとあるので、（夜具を）頭からかぶる、の意。

5 **いかでものをも忘《わす》れむ《ン》と**　なんとかしてこのことを忘れたいと。

「いかで」＝①下に意志・願望を表す語を伴って、なんとかして…たい、②下に推量表現を伴って、どうして…だろう、の意があるが、ここでは意志の助動詞「む」を伴って①の意。

5 **あやにくに**　意地悪くも。

＊「あやにくなり」＝ここでは、意地悪だ、無慈悲だ、の意。

7 **はかなくなど**　亡くなったなどと。

＊「はかなし」＝「はかなくなる」で、死ぬ、の意。ここでは「なる」の省略された形になっている。

7 **聞《き》きしことをだに**　聞いたことでさえ。

「だに」＝…さえ。程度の軽いものをあげ、言外に重いもののあることを示す副助詞。

❶ 「これ」は何を指すか。

答 恋人の資盛が戦《いくさ》で亡くなったこと。

8 **何《なに》をか例《ためし》にせむ《ン》** 何を例《れい》にしようか、いや、何も例にならない。
＊「例」＝ここでは、例、先例、の意。

教107ページ

1 **＊なべて** ここでは、一般に、総じて、の意。
2 **ほど経《へ》て** 時がたって。
＊「ほど」＝ここでは、時間、の意。
＊「経《ふ》」＝ここでは、時間がたつ、の意。
3 **なべて** ここでは、並ひと通りの、普通の、の意。

課題

一 「あやにくに面影は身に添ひ、言の葉ごとに聞く心地して」(106・5)とはどのような状態を示したものか、説明してみよう。

解答例 亡くなった恋人資盛の面影が忘れられず、悲しみのあまり昔聞いた資盛のひと言ひと言が聞こえてくるような状態。

二 「なべて世の……」(107・1)、「悲しとも……」(107・4)の歌に共通する作者の心情はどのようなものか、話し合ってみよう。

解答例 「なべて世の……」の歌は、世の中の人が死を「悲しい」と言うのは、夢としか思えないようなつらい目に遭ったことがない人が言ったのだろうということ、「悲しとも……」の歌は、今回のことは悲しいともかわいそうとも、世間であたりまえに言えるようなことではないということが詠まれている。世間一般の死への理解と、自分の深い悲しみは比べようもないという心情や、世間を非難するような心情が共通しているといえる。

語句と表現

一 本文中の次の部分を、傍線部に注意して現代語訳してみよう。

①まして何とかは言はむ。(106・2)
②世の常に言ふべきことにあらばこそあらめ(107・4)

考え方 ①「かは」は、反語の係助詞。②は、「あらめ」の下に「言ふべきことにあらず」を補って訳す。

解答例 ①いっそうなんと言ったらよいだろうか、いや、言いようもない。
②世間であたりまえに言うことができる事柄であってほしいものだが、とてもそう言えるものではない。

学びを広げる　古典作品にみる「夢」

教科書P.108

古典作品の中にみられる「夢」を探し、その特徴や作品における効果などを説明してみよう。

考え方 作品中の「夢」が睡眠中のものか比喩か、その意味合いをとらえて、効果を考えるとよい。

平家物語

教科書P.110〜118

●『平家物語』とは

軍記物語。作者は未詳。原型は鎌倉時代中期の成立とみられている。十二巻からなるものが多く、内容は、平家一門の栄華から滅亡に至る約七十年間を描いている。貴族にかわって武家勢力が台頭、その変革期に生きた人々の姿が生き生きと、また叙情的に描かれ、全編は「諸行無常・盛者必衰」という無常観に貫かれている。文体は和漢混交文で、合戦場面は力強い漢文訓読体、叙情的な場面は流麗な七五調の和文体と、場面ごとに変化がつけられ、表現効果を高めている。特色としては、口語や方言を用いた会話文、対句、擬態語・擬声語の多用があげられる。

なお、教科書に採られている「忠度《ただのり》の都落ち」（叙情的場面）、「能《の》登殿《とどの》の最期」（合戦場面）は、いずれも清盛亡き後の平家の没落部分から採られている。

忠度《ただのり》の都落ち

【大　意】　1　教110ページ6行〜111ページ4行

忠度は供の者と七人で都に引き返し、五条三位俊成卿《ごじょうのさんみしゅんぜいのきょう》のもとを訪ねた。屋敷では落人《おちうど》が来たと騒いだが、俊成卿は、何か事情があるのだろう、忠度なら差し支えないと、門を開けて対面する。

【品詞分解／現代語訳】

薩摩守忠度　は（係助）、いづく（代）　より（格助）　や（係助（係））　帰ら（四・未）　れ（助動・尊・用）　たり（助動・完・用）　けん（助動・過推・体（結））、侍　五騎、童　一人、わ（代）　が（格助）

薩摩守忠度は、（都落ちした後）どこからお帰りになったのだろうか、侍五騎、（近侍の）童一人、自分と合

身　とも　に（格助）　七騎　取つて返し（四・用）、五条三位俊成卿　の（格助）　宿所　に（格助）　おはし（サ変・用）　て（接助）　見（上一・用）　給へ（補尊・四・已）　ば（接助）、門戸

わせて七騎で引き返し、五条三位俊成卿の屋敷にいらっしゃってご覧になると、門を閉

格助 上二・用 接助 四・未 助動・打・終 格助 四・用 補尊・四・已 接助 カ変・用 助動・完・終 格助 接助 (代) 格助
を 閉ぢ て 開か ず。「忠度。」と 名のり 給へ ば、「落人 帰り来 たり。」と て、その 内
じて開かない。「忠度(です)。」と名のりなさると、「落人が帰ってきた。」と言って、門の中では(人々

四・已(命) 助動・存・終 格助 上二・用 副 ナリ・用 四・用 助動・過・体 係助 格助 四・未
騒ぎ合へ り。薩摩守 馬 より 下り、みづから 高らかに のたまひ ける は、「別 の 子細 候は
が)騒ぎ合っている。薩摩守は馬から下り、自分自身で大声でおっしゃったことは、「特別のわけはございません。

助動・打・終 格助 四・終 助動・意・体 ラ変・用(音) 接助 格助 四・用(音) 接助 補丁・四・終 格助 四・未 助動・尊・未
ず。三位殿 に 申す べき こと あつ て、忠度 が 帰り参つ て 候ふ。門 を 開か れ
三位殿に申しあげたいことがあって、忠度が帰って参っております。門をお開きにならなくとも、

助動・打・終 接助 (代) 格助 副助 四・未 助動・尊・用 補尊・四・命 格助 四・已 接助 連体 ラ変・体
ず とも、こ の 際 まで 立ち寄ら せ 給へ。」と のたまへ ば、俊成卿、「さる こと ある
この(門の)そばまでお近寄りになってください。」とおっしゃると、俊成卿は、「そのような(帰って来られ

助動・現推・終 (代) 格助 助動・断・未 接助 シク・体 助動・打推・終 下二・用 補謙・四・命 格助 接助 格助 下二・用 接助 ラ変・終
らん。そ の 人 なら ば 苦しかる まじ。入れ 申せ。」と て、門 を 開け て 対面 あり。
るだけの)ことがあるのだろう。その人ならば差し支えないだろう。お入れ申しあげよ。」と言って、門を開けてご対面になる。

格助 ク・用(音) ナリ・終
事 の 体、何となう あはれなり。
その様子は、全てにわたってしみじみとしている。

語句の解説 1

教110ページ

6 **いづ《ズ》くよりや帰《かえ》られたりけん** 語り手による挿入句。
「いづく」=「いづこ」の古い形で、どこ、どちら、の意。

7 **おは《ワ》して見給《みたまエ》へば** いらっしゃってご覧になると。
「おはす」=「行く」「来《く》」の尊敬語。いらっしゃる。

9 **別《べち》の子細《しさい》** 特別のわけ。
「別」=ここでは、特別なこと、格別なこと、の意。

教111ページ

2 **立《た》ち寄《よ》らせ給《たま》へ《エ》** お近寄りになってください。
「立ち寄る」=ここの「立ち」は接頭語で、近寄る、の意。

2 **さること** そのようなこと。忠度が危険を承知で都に戻り、俊成の屋敷にやって来るだけの事情、ということ。

3 **苦《くる》しかるまじ** 差し支えないだろう。
「苦し」=ここでは、差し支えがある、不都合だ、の意。

4 **事《こと》の体《てい》** 物事のありさま、の意で、その場や忠度の様子を指す。

4 何《なん》となう《ノウ》　「何となく」のウ音便。ここでは、漠然としているこ―とをいうのではなく、全般的に、全てにわたって、という意。

【大　意】　2　教111ページ5行～112ページ5行

忠度は争乱のために俊成卿のもとへ参上できなかったと言い、この争乱で勅撰《ちょくせん》和歌集の編集の命令がなくなったが、世が静まれば命令があるだろうから、それに自分の歌を入れてほしいと、秀歌を書き集めた巻物を取り出して、俊成卿に差しあげる。

【品詞分解／現代語訳】

四・用　助動・過・体　係助　四・用　四・用(音)　接助　ナリ・未　助動・打・体　格助　四・用　補謙・下二・用
薩摩守のたまひけるは、「年ごろ申し承つてのち、おろかならぬ御事に思ひ参らせ
薩摩守がおっしゃるには、「数年(和歌を)教えていただいて以来、(あなたのことを)並ひと通りでないことにお思い申しあげてご

補丁・四・已　接助　(代)　格助　係助　格助　格助　副　格助　格助　格助
候へども、この二、三年は、京都の騒ぎ、国々の乱れ、しかしながら当家の身の上の
ざいましたが、この二、三年は、京都の騒動、国々の争乱、(これらは)全て当(平)家の身の上のことでございますの

助動・断・用　補丁・四・体　格助　サ変・未　助動・打・終　格助　四・已　接助　副　四・体　係助　四・未　助動・打・終
事に候ふ間、疎略を存ぜずといへども、常に参り寄ることも候はず。
で、あなたをないがしろにしようとは思っていませんでしたが、いつもおそば近くに参上することもございませんでした。

副　格助　下二・未　助動・尊・用　補尊・四・用　助動・完・終　格助　副　上二・用　補丁・四・用　助動・完・終　格助
君すでに都を出でさせ給ひぬ。一門の運命はや尽き候ひぬ。撰集の
わが君(＝安徳天皇)はすでに都をお出になられました。(平家)一門の運命はすでに尽きてしまいました。勅撰和歌集の

ラ変・体　助動・推・体　四・用　補丁・四・用　助動・過・已　接助　格助　格助　助動・断・終　接助　格助　四・未
あるべき由承り候ひしかば、生涯の面目に、一首なりとも、御恩をかうぶら
編集があるだろうという旨を承りましたので、(私の)一生涯の名誉のために、一首なりとも、ご恩情を受けよう(＝勅撰和歌集に入れさ

助動・意・終(音)　格助　サ変・用　接助　補丁・四・用　助動・過・体　接助　副　格助　カ変・用　接助　(代)　格助　ク・用　補丁・四・体
うど存じて候ひしに、やがて世の乱れ出で来て、その沙汰なく候ふ
せてもらおう)と存じておりましたが、すぐに世の乱れ(＝源平の争乱)が起こって、その(勅撰和歌集編集の)命令がなくなっ

副　格助　格助　サ変・体　補丁・四・終　四・用　補丁・四・用　助動・完・未　接助　格助　四・未
条、ただ一身の嘆きと存ずる候ふ。世静まり候ひなば、勅撰の御沙汰候は
てございますことは、全く(私)一身の嘆きと存じております。世が静まりましたならば、勅撰のご命令がございましょう。

助動・推・終 助動・現推・終 (代) 格助 四・体 格助 格助 ラ変・用 助動・強・終 助動・適・体 四・未 接助 助動・断・終
んずらん。これに候ふ巻物のうちに、①さりぬべきもの候はば、一首なり
ここにございます巻物の中に、(勅撰和歌集に)ふさわしいもの(＝歌)がございますならば、一首でもご恩情を受

接助 格助 四・用(音) 接助 格助 格助 係助 シク・終 格助 サ変・用 補丁・四・未 接助 ク・体 格助 係助(係)
とも御恩をかうぶつて、草の陰にてもうれしと存じ候はば、遠き御守りでこそ
けて(＝勅撰和歌集に入れさせてもらって)、(私が)死んだのちでもうれしいと存じますならば、遠いあの世から(あなたを)お守りする

四・未 助動・意・已(結) 格助 接助 四・未 助動・尊・用 助動・完・体 格助 格助 格助 格助 シク・体 格助
候はんずれ。」とて、日ごろ詠み置かれたる歌どもの中に、秀歌とおぼしきを
者としてお仕えいたしましょう。」と言って、普段から詠みおかれた多くの歌の中で、秀歌と思われる歌を百余首書き集め

下二・未 助動・尊・用 助動・完・体 格助 係助 格助 接助 四・未(音) 助動・尊・用 助動・過・体 (代) 格助
百余首書き集められたる巻物を、今はとてうつ立たれける時、これを
られた巻物を、今は(もうこれまで)と思って(都を)出発なさった時、これを取って

四・用(音) 接助 四・未 助動・尊・用 助動・完・用 助動・過・体 接助 格助 格助 下二・用 接助 格助 四・終
取つて持たれたりしが、鎧の引き合はせより取り出でて、俊成卿に奉る。
お持ちになっていたが、(その巻物を)鎧の引き合わせから取り出して、俊成卿に差しあげる。

語句の解説 2

5 **年《とし》ごろ** ここでは、数年、数年来、の意。

5 **おろかならぬ御事《おんこと》** 並ひと通りでないこと。

＊「おろかなり」＝ここでは、並ひと通りだ、なおざりだ、の意。

「御事」＝俊成のこと、和歌のこと、の二通りに解釈できるが、文脈から、俊成のことを指すととった。

5 **思《おも》ひ《イ》参《まい》らせ候《そうら》へ《エ》ども** 「思へども」の間に、謙譲の補助動詞「参らす」と丁寧の補助動詞「候ふ」が入ったもの。「参らす」は、忠度の俊成に対する敬意。

7 **候《そうら》ふ《ウ》間《あいだ》** ございますので。

「間」＝接続助詞的用法で、原因・理由を表す。…ので。…から。

7 **疎略《そらく》を存《ぞん》ぜず** ないがしろにはしようとは思っていません。

「疎略を存ず」＝ないがしろにする。いいかげんに思う。

9 **御恩《ごおん》をかう《コウ》ぶらう《ロウ》ど** ご恩情を受けようと、つまり、俊成の恩顧で勅撰和歌集に入れさせてもらおうということ。「かうぶらうど」は「かうぶらむと」の変化したもの。

「かうぶる」＝ここでは、こうむる、受ける、の意。

10 ＊**やがて** ここでは、すぐに、ただちに、の意。

11 **その沙汰《さた》** その(勅撰和歌集編集の)命令。

「沙汰」＝ここでは、命令、指示、の意。

13 **候《そうらワ》はんずらん** ございましょう。「候はん」を強めた言い方。

① 「さりぬべきもの」とは、どのようなものか。

答 勅撰和歌集に選ばれるのにふさわしい歌。

解説 「さりぬべし」は、ここでは、それにふさわしい、適当だ、の意。

15 **御恩《ごおん》をかう《コウ》ぶつ《ッ》て** ご恩情を受けて。勅撰和歌集に入れてもらって、ということ。「かうぶつて」は「かうぶりて」の促音便。

16 **遠《とお》き御守《おんまも》りでこそ** 遠いあの世からお守りする者として。「で」＝格助詞「にて」が変化したもの。…として。…で。

教112ページ

3 **今《いま》は** 今はもうこれまで。覚悟を決めた時に用いられる常套句《じょうとう》。

【大意】 3 教112ページ6〜16行

俊成卿は決して粗略には扱わないと言い、忠度の歌に対する思いに感動する。忠度は、もう思い残すことはないと喜び、西に向かって去って行く。見送る俊成卿は、忠度の惜別の思いのこもった声を聞いて名残惜しく思い、涙を抑えて門内に入った。

【品詞分解／現代語訳】

三位 これ を 開け て 見 て、「かかる 忘れ形見 を 賜り置き 候ひ ぬる 上 は、ゆめゆめ
(代)　格助　下二・用　接助　上一・用　接助　ラ変・体　格助　四・用　補丁・四・用　助動・完・体　係助　副
三位（＝俊成卿）はこれを開けて見て、「このような忘れ形見をいただきました以上は、決してないが

疎略 を 存ず まじう 候ふ。御疑ひ ある べから ず。さても ただ今 の 御渡り こそ、
格助　サ変・終　助動・打意・用(音)　補丁・四・終　ラ変・体　助動・命・未　助動・打・終　接　格助　係助(係)
しろにしないつもりです。お疑いなさってはいけません。それにしてもただ今のお越しこそ、

情け も すぐれて 深う、あはれ も ことに 思ひ知ら れ て、感涙 おさへがたう 候へ。」と
係助　副　ク・用(音)　係助　副　四・未　助動・自・用　接助　ク・用(音)　補丁・四・已(結)　格助
風流な心も非常に深く、しみじみとした情趣も格別に自然に身にしみて感じられて、感涙をなかなか抑えることができないでおります。」と

のたまへ ば、薩摩守 喜ん で、「今 は 西海 の 波 の 底 に 沈ま ば 沈め、山野 に かばね を
四・已　接助　四・用(音)　接助　係助　格助　格助　格助　四・未　接助　四・命　格助　格助
とおっしゃると、薩摩守は喜んで、「今は（もう）西海の波の底に沈むなら沈んでしまえ、山野にしかばねをさらすのなら

さらさ ば さらせ。浮き世 に 思ひ置く こと 候は ず。さらば いとま 申し て。」と て、馬 に
四・未　接助　四・命　格助　四・体　四・未　助動・打・終　接　四・用　接助　格助　接助　格助
さらしてしまえ。この浮き世に思い残すことはございません。それではお別れを申しあげて。」と言って、馬に飛び

四・用 格助 格助 下二・用 格助 四・用(音) 接助 係助(係) 四・未 助動・使・用 補尊・四・体(結) 格助
うち乗り、甲の緒を締め、西をさいてぞ歩ませ給ふ。三位後ろを
乗り、甲の緒を締め、西に向かって(馬を)歩ませなさる。三位は(忠度の)後ろ姿

ナリ・用 四・用(音) 接助 四・未 助動・尊・用 助動・存・已 接助 格助 格助 シク・用 接助 ク・終 格助
はるかに見送つて立たれたれば、忠度の声とおぼしくて、「前途程遠し、思ひを
を遠くなるまで見送って お立ちになっていると、 忠度の声と思われて、 「前途程遠し、 思ひを雁山の

格助 格助 格助 下二・終 格助 ナリ・用 四・用 補尊・四・已 接助 副 シク・用(音) 下二・用
雁山の夕べの雲に馳す。」と、高らかに口ずさみ給へば、俊成卿、いとど名残惜しうおぼえ
夕べの雲に馳す(＝これからの旅路は遠い。途中あの雁山を越える夕べの雲に思いを馳せると、お別れすることがしみじみと悲しいことです)。」と(いう句を)、

接助 格助 下二・用 接助 係助(係) 四・用 補尊・四・体(結)
て、涙をおさへてぞ入り給ふ。
高らかに口ずさみなさるので、俊成卿は、いっそう名残惜しく思われて、涙を抑えて(門内に)お入りなさる。

語句の解説 3

7 **ゆめゆめ疎略《そらく》を存《ぞん》ずまじう《ジュウ》候ふ《そうらウ》** 決してないがしろにしないつもりです。俊成が忠度の願いを聞き届けたことを表す言葉。

＊「ゆめゆめ……(打消)」＝全く。決して。ここでは、打消意志の助動詞「まじ」を伴い、決して…ないつもりだ、の意になる。

9 **情《なさ》け** ここでは、風流な心、みやび心、の意。

9 **ことに思《おも》ひ《イ》知《し》られて** 格別に自然に身にしみて感じられて。「れ」は、自発の助動詞「る」の連用形。

「思ひ知る」＝身にしみてわかる。理解する。

「る」＝自発の助動詞。自然に…れる。…られる。

11 **沈《しず》まば沈《しず》め** 沈むのなら沈んでしまえ。同じ動詞の仮定条件に命令形を付けて、放任の意を表す。下の「さらさばさらせ」も同じ。

12 ＊**かばね** 死体。しかばね。

12 **さらばいとま申《もう》して** それではお別れを申しあげて。

「さらば」＝接続詞で、それでは、そういうことならば、の意。

＊「いとま」＝ここでは、別れ去ること、いとまごい、の意。

13 **西《にし》をさいてぞ** 西に向かって。「さい」は「さし」のイ音便。

「さす」＝ここでは、向かう、目指す、の意。

13 **歩《あゆ》ませ給《たま》ふ《ウ》** 「せ」は使役の助動詞。忠度が馬を歩ませる、ということ。

16 ＊**いとど** ここでは、いっそう、ますます、の意。

16 **名残《なごり》惜《お》しう《シュウ》おぼえて** 「惜しう」は「惜しく」のウ音便。

＊「おぼゆ」＝ここでは、思われる、感じられる、の意。

俊成に願いを聞き届けてもらった忠度の喜びを表した表現。

【大意】 4 教113ページ1〜8行

その後、戦乱もおさまって『千載《せんざい》和歌集』の撰集のあった時に、俊成卿は忠度の言葉を思い出し、預かった巻物の歌の中から「故郷の花」

という題の歌一首を、「よみ人しらず」として入れたのだった。

【品詞分解／現代語訳】

そ の のち、世 静まつ て、『千載集』を 撰ぜ られ ける に、忠度 の あり し
(代) 格助 / 四・用(音) 接助 / 格助 サ変・未 助動・尊・用 助動・過・体 格助 / 格助 ラ変・用 助動・過・体
その後、世が静まって、（俊成卿が）『千載和歌集』をお選びになった時に、忠度のあの時の様子、

ありさま、言ひ置き し 言の葉、今さら 思ひ出で て あはれなり けれ ば、②か の 巻物 の
四・用 助動・過・体 / 副 下二・用 接助 ナリ・用 助動・過・已 接助 (代) 格助 / 格助
（自分に）言い残した言葉を、今改めて思い出してしみじみと思われたので、例の（忠度の）巻物の中に、

うち に、さり ぬ べき 歌 いくら も あり けれ ども、勅勘 の 人 なれ ば、名字 を ば
格助 ラ変・用 助動・強・終 助動・適・体 副 係助 ラ変・用 助動・過・已 接助 格助 助動・断・已 接助 格助 係助
ふさわしい歌は幾らでもあったけれども、（忠度は）天皇のとがめを受けた人なので、姓名を明らかに

あらはさ れ ず、「故郷 の 花」と いふ 題 にて 詠ま れ たり ける 歌 一首 ぞ、
四・未 助動・尊・未 助動・打・用 格助 格助 四・体 格助 四・未 助動・尊・用 助動・完・用 助動・過・体 係助(係)
なさらず、「故郷の花」という題でお詠みになった歌一首を、

「よみ人 しら ず」と 入れ られ ける。
四・未 助動・打・終 格助 下二・未 助動・尊・用 助動・過・体(結)
「よみ人しらず」としてお入れになった。

さざなみや 志賀 の 都 は 荒れ に し を 昔ながら の 山桜 かな
(枕) 格助 係助 下二・用 助動・完・用 助動・過・体 接助 格助 終助
志賀の旧都は、今は荒れ果ててしまったが、長等の山の山桜は昔のままに美しく咲いていることだよ。

そ の 身、朝敵 と なり に し 上 は、子細 に 及ば ず と 言ひ ながら、うらめしかり
(代) 格助 格助 四・用 助動・完・用 助動・過・体 係助 格助 四・未 助動・打・終 格助 四・用 接助 シク・用
（忠度は）その身が、朝敵となってしまった以上は、あれこれ言い立てるまでもないとは言うけれど、心残りなことであった。

し ことども なり。
助動・過・体 助動・断・終

（巻七）

語句の解説 4

教113ページ

2 **今《いま》さら**　ここでは、今改めて、今となってまた、の意。

② **「かの巻物」とは、どのようなものか。**

答 忠度が俊成に託した、忠度自身の秀歌を書き集めたもの。

3 **あらは《ワ》されず**　「れ」を尊敬の意にとったが、可能の意にもとれる。その場合は、おおやけにできず、と訳す。

6 **昔《むかし》ながら**　昔のままに。

「ながら」＝上の語のもつ本質に基づいていることを表す接尾語。…のままに。

7 **うらめしかりし**　心残りなことだった。

＊「うらめし」＝残念だ。心残りだ。どうにもならないことを嘆く意を表す。

課題

一 **忠度が引き返して俊成を訪ねたのはなぜか。またそれに対する俊成の対応はどのようであったか、整理してみよう。**

考え方 「年ごろ申し承つてのち……」(111・5)からの忠度の発言を受けて、俊成は世が静まってからどうしたかを読みとろう。

解答例 忠度は、勅撰和歌集に自分の歌を載せて欲しくて、撰者となる俊成に歌を書き集めた巻物を渡すために引き返してきた。俊成は、『千載和歌集』を撰集する時に忠度との約束を思い出して、「よみ人しらず」として「さざなみや……」の歌を入れた。

二 **「うらめしかりしことどもなり」(113・7)には、誰のどのような思いがこめられているか、説明してみよう。**

解答例 『千載和歌集』に採られた忠度の歌はたった一首だけであり、しかも「よみ人しらず」と姓名を記すことも許されなかったことに対する、語り手の残念だという思い。

語句と表現

一 **本文中の次の部分を、傍線部に注意して現代語訳してみよう。**

①**ゆめゆめ疎略を存ずまじう候ふ。**(112・7)

②**西海の波の底に沈まば沈め、**(112・11)

考え方 ①「ゆめゆめ……(打消)」は、全く、決して、の意。ここでは、打消意志の助動詞「まじ」を伴い、「決して…ないつもりだ」の意になる。

②動詞の未然形＋順接の仮定条件を表す接続助詞「ば」＋同じ動詞の命令形で、放任の意を表す。

解答例 ①決してないがしろにしないつもりです。

②今は(もう)西海の波の底に沈むのなら沈んでしまえ、

能登殿《のとどの》の最期

【大 意】 1 教114ページ8行～115ページ12行

能登守教経《のとのかみのりつね》は、矢を射尽くし、大太刀《おおだち》・大長刀《おおなぎなた》で源氏の兵をなで切っていく。新中納言《しんちゅうなごん》（＝平 知盛《たいらのとももり》）の言葉を、判官《ほうがん》（＝源 義経《みなもとのよしつね》）を討てということだと思った能登殿は、判官と戦おうとするが逃げられてしまう。能登殿は今はこれまでと武器や武具を捨て、源氏の兵たちにかかってこいと挑発するが、組みつこうとする者は一人もいない。

【品詞分解／現代語訳】

副　格助　格助　四・体　係助(係)　ク・用　助動・過・已(結)
およそ 能登守教経 の 矢先 に 回る 者 こそ なかり けれ。
概して能登守教経の矢面に立ち向かう者はいなかった。

格助　ラ変・体　副助　四・用　接助
矢だね の ある ほど 射尽くし て、
（能登守は）手持ちの矢のある限り全部を射尽くして、

格助　格助　係助(係)　四・未　助動・尊・用　助動・過原・体(結)
今日 を 最後 と や 思は れ けん、
今日を最後とお思いになったのであろうか、

格助　格助　格助　格助　上一・用　接助
赤地 の 錦 の 直垂 に、 唐綾縅 の 鎧 着 て、
（能登守は）赤地の錦の直垂に、唐綾縅の鎧を着て、

格助　四・用　格助　格助　格助　四・用　格助　四・用(音)　接助　四・用　補尊・四・体
厳物作り の 大太刀 抜き、 白柄 の 大長刀 の 鞘 を はづし、 左右 に 持つ て なぎ回り 給ふ
いかめしく立派に見えるように造った太刀を抜き、白木の柄の大長刀の鞘をはずし、（それを）左右（の手）に持って（敵を）横ざまになで切ってお

接助　格助　下二・体　係助(係)　ク・体(結)　ク・用　格助　四・未　助動・受・用　助動・完・用　助動・過・終　格助
に、 面 を 合はする 者 ぞ なき。 多く の 者ども 討た れ に けり。 新中納言、 使者 を
回りになると、正面きって立ち向かう者はいない。多くの者たちが（能登殿に）討たれてしまった。新中納言が、使者を出して、

下二・用　接助　ク・用(音)　副　四・用　補尊・四・用　終助　接　ク・体　係助　格助　四・用　助動・過・已　接助
立て て、「能登殿、 いたう 罪 な 作り 給ひ そ。 さりとて よき 敵 か。」 と のたまひ けれ ば、
「能登殿、あまり罪をお作りなさるな。そんなことをしても（今戦っているのは）ふさわしい相手か（、いや、そうでは

接　格助　四・命　(連語)　格助　下二・用　接助　ナリ・用　四・用(音)　接助　格助　格助
さては 大将軍 に 組め ごさんなれ と 心得 て、 打ち物 茎短に 取つ て、 源氏 の 舟 に
あるまい）。」とおっしゃったので、（能登殿は）それでは大将軍（＝源義経）に組めというのだなと理解して、太刀や長刀の柄を短めに持って、源氏の舟に乗り移

四·用 四·用 四·用 四·用(音) 接助 四·終 格助 四·用 補尊·四·未 助動·打·已 接助 格助 ク·体
乗り移り 乗り移り、をめき 叫ん で 攻め戦ふ。判官 を 見知り 給は ね ば、物具 の よき
り乗り移り(しながら)、大声で叫んで攻め戦う。(能登殿は)判官をご存じでいらっしゃらないので、(鎧や甲などの)武具の

格助 係助 係助 格助 格助 下二·用 接助 四·終 係助 副 下二·用 接助 格助 四·体 助動·比·用
武者 を ば 判官 か と 目 を かけ て、馳せ回る。判官 も 先に ①心得 て、面 に 立つ やうに
立派な武者を判官かとねらって、(舟から舟へ)走り回る。判官も(自分をねらっていることを)先に承知して、(源氏軍の)前

係助 サ変·用 助動·過·已 接助 副 四·用 接助 格助 係助 四·未 助動·尊·未 助動·打·終 接 副 サ変·用
は し けれ ども、とかく 違ひ て 能登殿 に は 組ま れ ず。されども いかが し
面に立つようにはしたけれど、あれやこれやと行き違って能登殿にはお組みにならない。しかしどうしたのであろうか、

助動·完·用 助動·過推·体 格助 格助 四·用(音) 接助 感 格助 格助 下二·用 接助 四·用(音) 接助 四·体 接助
たり けん、判官 の 舟 に 乗り当たつ て、あはや と 目 を かけ て 飛ん で かかる に、
(能登殿は)判官の舟に乗り当たって、やあと(判官を)ねらって飛びかかると、

四·未 助動·打推·終 格助 係助(係) 四·未 助動·尊·用 助動·過原·体(結) 格助 四·用(音) 格助 格助
判官 かなは じ と や 思は れ けん、長刀 脇 に かい挟み、味方 の 舟 の 二丈
判官は(能登殿には)かなわないとお思いになったのだろうか、長刀を脇に挟んで、味方の舟で二丈ほど離れていた

副助 四·用(音) 助動·存·用 助動·過·体 格助 副 四·用 補尊·四·用 助動·完·終 係助 係助(係) 四·未
ばかり のい たり ける に、ゆらりと 飛び乗り 給ひ ぬ。能登殿 は、早業 や 劣ら
舟に、ひらりと飛び乗りなさった。能登殿は、早業では(判官に)劣ってお

助動·尊·用 助動·存·用 助動·過原·体(結) 副 四·用(音) 接助 係助 四·用 補尊·四·未 助動·打·終 係助 副(音) 格助 四·未 助動·尊·用
れ たり けん、やがて 続い て も 飛び 給は ず。今 は かう と 思は れ
られたのだろうか、すぐに続いてもお飛びにならない。(能登殿は)今はもうこれまでとお思いになっ

助動·過·已 接助 格助 下二·用 係助 四·用(音) 接助 下二·未 助動·尊·用 助動·過·終 格助
けれ ば、太刀・長刀 海 へ 投げ入れ、甲 も 脱い で 捨て られ けり。鎧 の 草摺
たので、太刀・長刀を海へ投げ入れ、甲も脱いでお捨てになった。鎧の草摺りを引き

下二·用 副助 上一·用 接助 格助 四·用 格助 下二·用 接助 四·未 助動·尊·用 助動·完·終 副
かなぐり捨て、胴 ばかり 着 て、大童 に なり、大手 を 広げ て 立た れ たり。およそ
ちぎって捨て、胴だけを着て、ばらばらのざんばら髪になり、両手を大きく広げてお立ちになった。(その姿は)

格助　四・用(音)　接助　係助(係)　下二・用　助動・完・用　助動・過・体(結)　シク・終　副助　係助　ナリ・終
あたり を はらつ て ぞ 見え たり ける。恐ろし なんど も おろかなり。能登殿 大音声
概して威厳があって周りを圧倒するように見えた。恐ろしいなどという言葉では言い尽くせないほどである。能登殿は大声

格助　下二・用　接助　(代)　格助　四・未　助動・婉・体　係助　四・用(音)　接助　格助　四・用(音)　接助　格助　サ変・命
を あげ て、「我 と 思は ん 者ども は、寄つ て 教経 に 組ん で 生け捕り に せよ。
をあげて、「我こそは(相手になろう)と思うような者どもは、近寄って(この)教経に組みついて生け捕りにせよ。

格助　四・用(音)　接助　格助　四・用(音)　接助　四・未　助動・意・終　格助　四・体　終助　四・命　間助　四・命　格助
鎌倉 へ 下つ て、頼朝 に 会う て、もの 一言 言は ん と 思ふ ぞ。寄れ や 寄れ。」と
鎌倉へ下って、頼朝に会って、何か一言言おうと思うぞ。(さあ)寄って来い寄って来い。」と

四・已　接助　四・体　係助　ク・用　助動・過・終
のたまへ ども、寄る 者 一人 も なかり けり。
とおっしゃるけれども、近寄る者は一人もいなかった。

語句の解説 1

教114ページ

8 **およそ**　概して。一般に。

8 **矢先《やさき》**　矢面。矢が飛んで来る前方。

8 **矢《や》だねのあるほど**　手持ちの矢のある限り全部を。
「矢だね」＝箙《えびら》などに入れて用意していた矢。手持ちの矢。

11 **面《おもて》を合《あ》は《ワ》する者《もの》ぞなき**　正面きって立ち向かう者はいない。
＊「面」＝ここでは、顔、の意。「面を合はす」で、(正面切って)立ち向かう意となる。

12 **いたう《トウ》罪《つみ》な作《つく》り給《たま》ひ《イ》そ**　「いたう」は「いたく」のウ音便で、形容詞「いたし」の連用形が副詞化している。
「いたく……(打消・禁止)」＝大して。あまり。
＊「な……そ」＝禁止を表す。…するな。…してくれるな。

12 **＊さりとて**　そうであっても。ラ変動詞「さり」の終止形＋格助詞「と」＋接続助詞「て」が一語化したもの。

12 **よき敵《かたき》か**　ふさわしい相手か、いや、そうではあるまい。
「か」＝係助詞で文末用法。ここでは反語を表す。

12 **のたまひ《イ》ければ**　おっしゃったので。
「のたまふ」＝「言ふ」の尊敬語。語り手の新中納言に対する敬意を表す。

13 **ごさんなれ**　断定の助動詞「なり」の連用形＋係助詞「こそ」＋ラ変動詞「あり」の連体形＋推定の助動詞「なり」の已然形＝「にこそあるなれ」が変化した語。…ようだな。…なのだな。

14 **を《オ》めき叫《さけ》んで**　大声で叫んで。
＊「をめく」＝大声を出す。叫ぶ。

14 **見《み》知《し》り給《たま》は《ワ》ねば**　ご存じでいらっしゃらないので。
「見知る」＝ここでは、面識がある、交際がある、の意。

教115ページ

1 **物具《もののぐ》のよき武者《むしゃ》をば判官《ほうがん》かと目《め》をかけて**　能登殿は、判官がどのような見た目の人物なのかを知らなかったので、立派な武具をつけている人物が判官なのではないかと考えねらった、ということ。

＊「よし」＝ここでは、上等だ、立派だ、の意。

「目をかく」＝ここでは、ねらう、目標とする、の意。

1 **先《さき》に**　先に。前もって。

①　何を「心得」たのか。

答　能登殿が自分(＝判官)をねらっていること。

2 **面《おもて》に立《た》つやう《ヨウ》にはしけれども**　判官は陣頭に立って源氏軍を指揮していたが、能登殿とは組まないようにしていた、ということ。

2 **とかく違《ちが》ひ《イ》て**　あれやこれやと行き違って。

＊「とかく」＝ここでは、あれやこれやと、何やかやと、の意。

「違ふ」＝ここでは、行き違いになる、すれ違う、の意。

3 **いかがしたりけん**　どうしたのであろうか。語り手の挿入句。

3 **あはや《ワ》と目《め》をかけて**　やあと(判官を)ねらって。

＊「あはや」＝驚いた時や、危うい時に発する語。やあ。あれっ。

4 **判官《ほうがん》かなは《ワ》じとや思《おも》は《ワ》れけん**　判官はかなわないとお思いになったのであろうか。ここも語り手の挿入句。

5 **ゆらりと**　ひらりと。軽快に体を動かすさま。

5 **早業《はやわざ》や劣《おと》られたりけん**　早業では劣っておられたのだろうか。ここも語り手の挿入句。

「早業」＝武芸の一つ。早足や飛び越しなどをいう。

6 ＊**やがて**　ここでは、すぐに、ただちに、の意。

9 **恐《おそ》ろしなんどもおろかなり**　恐ろしいなどという言葉では言い尽くせないほどである。

「なんど」＝代名詞「なに」＋格助詞「と」の変化した形で、「など」と同じ。

＊「おろかなり」＝ここでは、言い尽くせない、表現が十分でない、の意。

【大　意】　2　教115ページ13行～116ページ8行

大力《だいぢから》の安芸太郎《あきのたろう》は、弟と郎等《ろうどう》の三人で能登殿に打ちかかるが、能登殿は少しも慌てず、郎等を海へ蹴り入れ、太郎と弟次郎を両脇に挟み、「死出の山を越える供をせよ。」と言って、海へ入ったのだった。

【品詞分解／現代語訳】

ここに〔接〕　**土佐の国**　**の**〔格助〕　**住人、**　**安芸の郷**　**を**〔格助〕　**知行し**〔サ変・用〕　**ける**〔助動・過・体〕　**安芸大領実康**　**が**〔格助〕　**子**　**に、**〔格助〕　**安芸太郎実光**　**と**〔格助〕

ところで土佐の国の住人で、安芸の郷を領有し支配していた安芸の大領実康の子に、安芸太郎実光といって、

て〔接助〕、三十人が〔格助〕力持つ〔四・用(音)〕たる〔助動・存・体〕、大力の〔格助〕剛の者あり〔ラ変・終〕。我〔(代)〕に〔格助〕ちつとも〔副〕劣ら〔四・未〕ぬ〔助動・打・体〕郎等一人、
三十人分の力を持っている、大力の武勇に優れた武士がいた。自分に少しも劣らない家来が一人(おり)、

弟の〔格助〕次郎も〔係助〕普通に〔格助〕は〔係助〕優れ〔下二・用〕たる〔助動・存・体〕したたか者なり〔助動・断・終〕。安芸太郎、能登殿を〔格助〕見〔上一・用〕奉つ〔補謙・四・用(音)〕
弟の次郎も普通(の人)よりは優れている力の強い者である。安芸太郎が、能登殿を見申しあげて申しあげたことには、

て〔接助〕申し〔四・用〕ける〔助動・過・体〕は〔係助〕、「いかに〔副〕猛う〔ク・用(音)〕まします〔補尊・四・終〕とも〔接助〕、我ら〔(代)〕三人取りつい〔四・用(音)〕たら〔助動・完・未〕ん〔助動・仮・体〕に〔格助〕、たとひ〔副〕
「どんなに勇猛でいらっしゃるとしても、我々三人が組みついたとしたら、たとえ背

丈十丈の〔格助〕鬼なり〔助動・断・終〕とも〔接助〕、などか〔副〕従へ〔下二・未〕ざる〔助動・打・体〕べき〔助動・可・体〕。」と〔格助〕て〔接助〕、主従三人小舟に〔格助〕乗つ〔四・用(音)〕て〔接助〕、
丈が十丈の鬼であっても、どうして服従させられないことがあるだろうか(、いや、必ず服従させられるはずだ)。」と言って、主従三人が

能登殿の〔格助〕舟に〔格助〕押し並べ〔下二・用〕、「えい〔感〕。」と〔格助〕言ひ〔四・用〕て〔接助〕乗り移り〔四・用〕、甲の〔格助〕錣を〔格助〕傾け〔下二・用〕、太刀を〔格助〕抜い〔四・用(音)〕て〔接助〕
小舟に乗って、能登殿の舟(の横)に押し並べ、「えいっ。」と言って(能登守の舟に)乗り移り、甲の錣を傾け、太刀を抜いて一斉に(能登守に)

一面に〔副〕討つ〔四・用(音)〕て〔接助〕かかる〔四・終〕。能登殿ちつとも〔副〕騒ぎ〔四・用〕給は〔補尊・四・未〕ず〔助動・打・用〕、真つ先に〔格助〕進ん〔四・用(音)〕だる〔助動・完・体〕安芸太郎
討ってかかる。能登殿は少しも慌てなさらず、真っ先に進んだ安芸太郎の家来を、

が〔格助〕郎等を〔格助〕、裾を〔格助〕合はせ〔下二・用〕て〔接助〕海へ〔格助〕どうど〔副〕蹴入れ〔下二・用〕給ふ〔補尊・四・終〕。続い〔四・用(音)〕て〔接助〕寄る〔四・体〕安芸太郎を〔格助〕弓手の〔格助〕
裾と裾が合うほど相手を十分に引き寄せて海へどぶんと蹴り入れなさる。続いて近寄る安芸太郎を左手の脇につかんで挟み、

脇に〔格助〕取つ〔四・用(音)〕て〔接助〕挟み〔四・用〕、弟の〔格助〕次郎を〔格助〕ば〔係助〕馬手の〔格助〕脇に〔格助〕かい挟み〔四・用(音)〕、ひと締め締め〔下二・用〕て〔接助〕、「いざうれ〔感〕、
弟の次郎を右手の脇に挟み、ぐっとひと締め締めあげて、「さあ、

さらば〔接〕おのれら〔(代)〕、死途の〔格助〕山の〔格助〕供せよ〔サ変・命〕。」と〔格助〕て〔接助〕、生年二十六にて〔格助〕海へ〔格助〕つつと〔副〕ぞ〔係助(係)〕入り〔四・用〕
それではおまえたち、(私の)死出の山(を越える旅)の供をせよ。」と言って、生年二十六歳で海へさっとお入りになる。

補尊・四・体(結)
給ふ。

語句の解説 2

13 **知行《ちぎょう》しける** 領有し支配していた。
「知行す」＝ここでは、土地を領有・支配する、の意。
14 ＊**剛《こう》の者《もの》** 武勇に優れた武士。
15 ＊**郎等《ろうどう》** ここでは、従者、家来、の意。
15 **普通《ふつう》には優《すぐ》れたる** 普通よりは優れている。
「に」＝比較を表す格助詞。…より。
15 ＊**したたか者《もの》** 力の強い者。気丈な者。「剛の者」と同じ。
16 **いかに猛《たきょウ》うましますとも** 「猛う」は「猛く」のウ音便。
「いかに」＝逆接の仮定条件(ここでは「とも」)を伴って、反語・打消の意を表す。どんなに。いかに。
＊「猛し」＝ここでは、勇猛だ、勇ましい、の意。
＊「まします」＝尊敬の補助動詞。…ていらっしゃる。…ておいでになる。安芸太郎の能登殿に対する敬意。

教 116ページ

1 **などか従《したがエ》へざるべき** どうして服従させられないことがあろうか、いや、きっと服従させられるはずだ。
「などか」＝疑問・反語を表す副詞。ここは反語。
「従ふ」＝ここでは、服従させる、意のままにする、の意。
2 **甲《かぶと》の錣《しころ》を傾《かたぶ》け** 甲をかぶった頭を前に傾け、ということ。すでに武器を捨てている能登殿に対する、三人の恐れを表している。
5 ＊**弓手《ゆんで》** (弓矢を使う時に、弓を持つ手の意味から)左手。
5 ＊**馬手《めて》** (馬に乗る時に、手綱をもつ手の意味から)右手。
6 **死途《しで》の山《やま》** 冥途に行く時に必ず越えるという険しい山。

【大　意】 3 教116ページ9行〜117ページ6行

新中納言は戦いの行方を見届けて、養育係の子の伊賀平内左衛門家長《いがのへいないざえもんいえなが》と手を取り合って海に沈んでいく。そのあとを追って二十余人の家来たちも同じところに沈んだ。海上には平家の赤旗などが捨てられ、無人の舟が風に漂い、その様子はなんとも悲しいものであった。

【品詞分解／現代語訳】

新中納言、「見る(上一・終) べき(助動・当・体) ほど の(格助) こと は(係助) 見(上一・用) つ(助動・完・終)。今 は(係助) 自害せ(サ変・未) ん(助動・意・終)。」と(格助) て(接助)、乳母子 の(格助)
新中納言は、「見なければならないくらいのことは見た。今は自害しよう。」と言って、養育係の子の伊

伊賀平内左衛門家長 を(格助) 召し(四・用) て(接助)、「いかに(感)、②約束 は(係助) 違ふ(四・終) まじき(助動・打意・体) か(係助)。」と(格助) のたまへ(四・已) ば(接助)、「子細 に(格助)
賀平内左衛門家長をお呼び寄せになって、「どうだ、約束は背くまいな。」とおっしゃると、「こまごまと申

係助(係)　四・用　補丁・四・体(結)　格助　格助　下二・用　補謙・四・用　係助　上一・用　接助　格助
や及び候ふ。」と、中納言に鎧二領着せ奉り、わが身も鎧二領着て、手を
すまでもありません。」と、新中納言に鎧二領をお着せ申しあげ、自分自身も鎧を二領着て、手を取り

四・用(音)　接助　格助　係助(係)　四・用　助動・完・用　助動・過・体(結)　(代)　格助　上一・用　接助　下二・用　補謙・四・未
取り組んで海へぞ入りにける。これを見て、侍ども二十余人後れ奉ら
組んで海に入ってしまった。これを見て、(平家の)侍ども二十余人も(新中納言に)後れ申

助動・打意・終　格助　格助　格助　四・用(音)　接助　格助　四・用　助動・過・終　(代)　格助　格助
じと、手に手を取り組んで、一所に沈みけり。その中に越中次郎兵衛・
しあげまいと、手に手を取り組んで、同じ所に沈んだ。その中で越中次郎兵衛・上総五郎兵衛・悪七兵

係助　副　サ変・用　接助　係助(係)　下二・用　助動・完・用　助動・過原・体(結)　(代)
上総五郎兵衛・悪七兵衛・飛驒四郎兵衛は、なにとしてか逃れたりけん、そこ
衛・飛驒四郎兵衛は、どのようにして逃れたのであろうか、そこ

格助　係助　副　上二・用　助動・完・用　助動・過・終　格助　係助　下二・用　下二・用　助動・完・用　助動・過・已
をもまた落ちにけり。海上には赤旗、赤印投げ捨て、かなぐり捨てたりけれ
(＝壇の浦)もまた逃げ落ちてしまった。海上には(平家の)赤旗、赤印が投げ捨て、かなぐり捨ててあったので、

接助　格助　格助　格助　四・用　助動・完・体　格助　助動・比・終　格助　下二・体　係助　格助
ば、竜田川の紅葉葉を嵐の吹き散らしたるがごとし。汀に寄する白波も、薄紅に
(その様子は)竜田川の紅葉の葉を嵐が吹き散らしたかのようである。波打ち際に打ち寄せる白波も、薄紅になって

係助(係)　四・用　助動・完・用　助動・過・体(結)　係助　ク・体　シク・体　係助　格助　四・未　助動・受・用　格助　四・用(音)　接助
ぞなりにける。主もなきむなしき舟は、潮に引かれ、風に従つて、
しまった。主人もいない空っぽの舟は、潮に引かれ、風(の吹くの)に従って、

(代)　格助　四・終　格助　係助　ク・用　四・未　助動・受・用　四・体　係助(係)　シク・已(結)
いづくをさすともなく揺られ行くこそ悲しけれ。
どこを目指すということもなく揺られていく(その様子)はなんとも悲しいものである。

(巻一一)

語句の解説 3

9 **見《み》るべきほどのことは見《み》つ**　壇の浦の合戦の行方、ひいては平家滅亡のありさまを見届けた、ということ。なお、平家一門の主な者は、一年前の「一の谷の合戦」で落命している。

❷　「約束」とは、どのようなことか。

答

死ぬときには一所(＝一つの場所)で死ぬということ。(生死をともにするということ。)

12 **違《たが》ふ《ウ》まじきか**　背くまいな。背かないつもりだな。

＊「違ふ」＝ここでは、背く、従わない、の意。

13 **子細《しさい》にや及《およ》び候《そうら》ふ《ウ》**　こまごまと申す必要がありましょうか、いや、ありません。つまり、こまごまと申すまでもない、ということ。

「や」＝反語を表す係助詞。

「候ふ」＝丁寧の補助動詞で、家長の新中納言に対する敬意。

14 **鎧《よろい》二領《にりょう》着《き》せ奉《たてまつ》り**　鎧二領をお着せ申しあげ。鎧を二領着せたのは、海から浮かび上がらないようにするため。

「奉る」＝謙譲の補助動詞で、語り手の新中納言に対する敬意。

16 **後《おく》れ奉《たてまつ》らじと**　後れ申しあげまいと。

「奉る」＝謙譲の補助動詞で、語り手の新中納言に対する敬意。

教117ページ

2 **なにとしてか逃《のが》れたりけん**　どのようにして逃れたのであろうか。語り手の挿入句。

「なにとして」＝どのようにして。どうしたわけで。

4 **汀《みぎわ》に寄《よ》する白波《しらなみ》も、薄紅《うすくれない》にぞなりにける**　白波が「薄紅」になったのは、多くの赤旗が浮かんでいるため。血で染まった意ではない。

課題

一　教経の戦いぶりを、順を追って整理してみよう。

解答例　手持ちの矢を射尽くしたのち、両手に大太刀と大長刀を持って、敵をなで切って回る。↓太刀・長刀の柄を短めに持ち、源氏方の舟を次々と乗り移りながら、判官(＝義経)を探す。↓判官の乗った舟に乗り合わすが、判官が二丈離れた舟に飛び乗ったため逃してしまう。↓今はこれまでと覚悟し、武器や武具を捨て、生け捕りにしてみよと敵を挑発する。↓討ちかかってきた大力の安芸太郎・次郎兄弟と家来の三人のうち、まず家来を海に蹴り入れ、安芸兄弟を左右の脇に挟んで締めあげ、兄弟を道連れにして海へと入った。

二　「竜田川の紅葉葉を嵐の吹き散らしたるがごとし。汀に寄する白波も、薄紅にぞなりにける」(117・4)はどのような状況を表現しているか、説明してみよう。

解答例　平氏の赤旗、赤印が投げ捨てられ海に浮かんでいるさまは、紅葉の名所の竜田川の紅葉が嵐で吹き散らされたようで、波打ち際に打ち寄せる白波も薄紅色になった、という状況。

三　知盛が「見るべきほどのことは見つ。今は自害せん」(116・9)と言った時の心情はどのようなものか、話し合ってみよう。

考え方　平家の滅亡を寂しく思う気持ち、負けて悔しく思う気持ち、すべきことは全てしたという気持ち、これで終わったのだという気持ちなど、自由に意見を出し合えばよい。

語句と表現

一 次の傍線部の音便名を答え、音便化する前の語に直してみよう。

①左右に持つてなぎ回り給ふに、(114・10)

②をめき叫んで攻め戦ふ。(114・14)

③二丈ばかりのいたりけるに、(115・4)

考え方 ①四段活用動詞「持つ」の連用形に単純接続の接続助詞「て」のついた「持ちて」が、促音便で「持つて」となっている。

②四段活用動詞「叫ぶ」の連用形に単純接続の接続助詞「て」のついた「叫びて」が、撥音便《はつおん》で「叫んて」となり、撥音便によって「て」が濁音化した。

③四段活用動詞「のく」の連用形に存続の助動詞「たり」の連用形のついた「のきたり」が、イ音便で「のいたり」となっている。

解答 ①音便名…促音便　音便化する前の語…持ち

②音便名…撥音便　音便化する前の語…叫び

③音便名…イ音便　音便化する前の語…のき

学びを広げる　古典作品の継承と改変

教科書P.118

一 『平家物語』を題材として作られた作品(謡曲、浄瑠璃、歌舞伎、現代演劇、小説、漫画、映画、ゲームなど)にはどのようなものがあるだろうか、調べてみよう。

考え方 『平家物語』が後世に与えた影響は大きく、題材とした作品も多岐にわたるので、まずは広く調べて、作品の分野を絞っていくとよいだろう。『平家物語』の成立時期は不詳だが、鎌倉中期とする説がある。鎌倉期以降の作品が対象となると考えて探すとよい。謡曲では、『敦盛《あつもり》』『船弁慶《ふなべんけい》』『巴《ともえ》』などが有名。浄瑠璃・歌舞伎では『平家女護島《へいけにょごのしま》』『義経千本桜《よしつねせんぼんざくら》』『一谷嫩軍記《いちのたにふたばぐんき》』などが現在まで上演されている。現代演劇には、一九七九年初演の木下順二《きのしたじゅんじ》作『子午線の祀《まつ》り』などがあり、二〇一七年に野村萬斎《のむらまんさい》によって再演されている。小説は小泉八雲《こいずみやくも》『耳なし芳一《ほういち》』、吉川英治《よしかわえいじ》『新・平家物語』など多数。漫画やゲームでは、古典作品を紹介するシリーズや、源平合戦を素材としたものが見つかるだろう。二〇二二年には、古《ふる》川日出男《かわひでお》が現代語訳した『平家物語』を原作としたテレビアニメも放映されている。

二 その中から一つ選び、次の点について、それぞれ指摘してみよう。

①『平家物語』を継承したと思われる部分

②新たに創作したり改変したりしたと思われる部分

考え方 題材となった『平家物語』の箇所と、その共通点・相違点を箇条書きにして整理してみよう。

三 どのような意図で創作や改変が行われたか、話し合ってみよう。

考え方 二で挙げた箇所について、調べたことをもとに意見を交換してみよう。古典作品であれば注釈書、現代の作品であれば作者の他の著作や、インターネット上の本人のコメントなども参考にできるだろう。

八 伝承・伝説

古事記《こじき》

教科書P.122～126

●『古事記』とは

神話を中心とした歴史書。和銅《わどう》五年(七一二)成立。天武《てんむ》天皇が稗《ひえ》田阿礼《だのあれ》に誦習《しょうしゅう》させていた伝承を、元明《げんめい》天皇が太安万侶《おおのやすまろ》に命じて撰《せん》録《ろく》させた。上・中・下三巻からなる構成。序文では編纂《へんさん》の動機と過程が語られている。上巻は、天地開闢《かいびゃく》以来の神の世の物語で、神話・歌謡に有機的なつながりを持たせ、高天原《たかまがはら》と出雲《いずも》・九州などを結びつけて、立体的な神話体系をなす。中巻以降は人の世の物語で、天皇一代ごとにまとめた系譜や物語を、皇位継承順に並べる構成であり、中巻は神武《じんむ》天皇から応神《おうじん》天皇の代までのことが、下巻は仁徳《にんとく》天皇から推古《すいこ》天皇までのことが記されている。中巻は神話的要素が多分に含まれているのに対し、下巻は現実性を帯びた内容となっている。

わが国現存最古の典籍として高い史的評価を得ている。神話や伝説、歌謡を豊富に含み、奈良朝までの古代人の文化と生活を広く吸収しているとされる。文体は口承性を生かした変体の漢文体。歌謡は「万葉仮名《まんようがな》」といわれる一字一音式の仮名を用いて表記されている。その後記された『日本書紀』と併せて、「記紀」と称される。

倭建《やまとたける》の東征

【大意】 1 教122ページ1～3行

倭建命《みこと》の父景行《けいこう》天皇は、命に次々と遠征を命ずる。今回も「東方の十二の国の荒ぶる神と服従せぬ者たちを従わせよ。」と命じ、派遣の折に柊《ひいらぎ》の八尋矛《やひろほこ》を下賜《かし》した。

【品詞分解／現代語訳】

天皇、また〔副〕、しきりに〔副〕倭建命 に〔格助〕 のりたまはく〔(連語)〕、「東 の〔格助〕 方 の〔格助〕 十二 の〔格助〕 道 の〔格助〕 荒ぶる〔上二・体〕 神 と〔格助〕

天皇は、また、重ねて倭建命に仰せられたことには、「東の方にある十二の国の荒れすさぶ神と

四・未　助動・打・体　格助　格助　下二・用　四・用　下二・命　格助　四・用　補尊・四・用　接助　格助
まつろはぬ人どもとを言向け和し平らげよ。」とのりたまひて、御鉏友耳建日子を
服従しない者たちとを説得して従わせて平定せよ。」とおっしゃって、御鉏友耳建日子を

下二・用　接助　四・用　助動・過・体　格助　格助　格助　四・用　助動・過・終
副へて遣はしし時に、ひひら木の八尋矛を賜ひき。
伴わせて遣わした時に、（邪気を払うとされる）柊の木で造った大きな矛をお与えになった。

語句の解説 1

教122ページ

1のりたまはく《ワ》　おっしゃったことには。四段活用動詞「のる」の連用形＋尊敬の四段活用補助動詞「たまふ」の未然形＋接尾語「く」。

＊「のる」＝「宣《の》る」「告《の》る」。言う、述べる、告げる。
「く」＝活用語についてその語を名詞化する。…ことには。

2まつろはぬ《ワ》　服従しない。

＊「まつろふ」＝従う。服従する。「服《まつろ》ふ」や「順《まつろ》ふ」という字をあてる。

【大　意】　2　教122ページ4行～123ページ2行

天皇の命令を受けて東方へ下った倭建命は、伊勢《いせ》神宮に参って叔母の倭比売《やまとひめの》命に「天皇が私に死ね、と思っているのはどういうわけか。」と嘆く。そう思う理由として「西方を征圧してすぐに兵士も下さらないで、また東方の十二の国の平定に私を遣わすのは、全く死ねと思っているのだ。」と言う。叔母は嘆き悲しむ甥《おい》に草那芸剣《くさなぎのつるぎ》を授け、また嚢《ふくろ》を授けて「もしもの時にはこの嚢の口を解け。」と言う。

【品詞分解／現代語訳】

接　格助　下二・用　接助　四・用　助動・過・体　格助　格助　格助　四・用　接助　格助　格助
故、命を受けて、まかり行きし時に、伊勢大御神の宮に参入りて、神の朝庭を
こういうわけで、（天皇の）命令を受けて、（倭建命が東方に）下っていらっしゃった時に、伊勢神宮に参って、神殿を

四・用　接助　接　（代）　格助　格助　（連語）　格助　副　（代）　格助　ナ変・命　格助　四・体
拝みて、すなはちその叔母、倭比売命に白さく、「天皇の、すでに吾を死ねと思ふゆゑ
拝んで、それからその叔母の、倭比売命に申しあげることには、「天皇が、全く私を死んでしまえと思うのは、どうしてなのでしょ

係助　（代）　格助　格助　シク・体　格助　四・用　格助　四・用　接助　四・用　四・用　カ変・未　助動・過・体　格助
や、何。西の方の悪しき人どもを撃ちに遣はして、返り参上り来し間に、
うか。西方の悪者どもを討ちに（私を）遣わして、都に帰って参りましてから、

（副）（副）（格助）（格助）（下二・未）（助動・打・体）（接助）（格助）（四・未）（助動・打・用）（接助）（副）（副）（格助）（格助）
いまだ いくばく の 時 を 経 ぬ に、軍衆 を 賜は ず して、今、さらに 東 の 方 の
まだ いくらも時は経っていないのに、兵士も下さらないで、今、重ねて東方の十二の国の悪者どもの

（格助）（格助）（シク・体）（格助）（下二・用）（格助）（四・用）（助動・完・終）（代）（格助）（四・用）（接助）（四・体）（接助）（副）（代）（格助）
十二 の 道 の 悪しき 人ども を 平らげ に 遣はし つ。①これ に より て 思ふ に、なほ 吾 を
平定に(私を)遣わしたのです。これによって考えますと、やはり私を全く死

（副）（ナ変・命）（格助）（四・終）（終助）（格助）（四・用）（接助）（四・用）（助動・過・体）（格助）（格助）
すでに 死ね と 思ほしめす ぞ。」と、憂へ泣き て まかり し 時 に、倭比売命、草那芸剣 を
んでしまえとお思いになっていらっしゃるのです。」と、嘆きながら退出しました時に、倭比売命が、草那芸剣をお授け

（四・用）（接）（格助）（四・用）（接助）（連語）（副）（ナリ・体）（ラ変・未）（接助）（代）（格助）（格助）
賜ひ、また、御嚢 を 賜ひ て、のりたまひしく、「もし 急かなる こと あら ば、こ の 嚢 の
になり、また、嚢をお授けになって、おっしゃったことには、「もし火急のことがあれば、この嚢の口を解きな

（格助）（四・命）（格助）（四・用）（補尊・四・用）（助動・過・終）
口 を 解け。」と のり たまひ き。
さい。」とおっしゃった。

語句の解説 2

5 ＊白《もう》さく　四段活用動詞「白す」の未然形＋接尾語「く」。「白す」は、申しあげる。「く」が「のたまはく」の「く」と同様の接尾語なので、ここは「申しあげることには」となる。

5 すでに　全く。既に…だ、の意ではないことに注意。

① 「これ」とは、何を指すか。

答　西国の悪者たちを征伐して都に帰ってきたばかりなのに、すぐまた東国の悪者たちを、(新たな)軍勢を下さることなく征伐に行けという(過酷な)天皇の命令。

教123ページ

1 のりたまひしく　おっしゃったことには。四段活用動詞「のる」の連用形＋尊敬の四段活用補助動詞「たまふ」の連用形＋過去の助動詞「き」の連体形＋接尾語「く」。

【大　意】　3　教123ページ3〜14行

相模国《さがみのくに》に着いた時、その国造《くにのみやつこ》が倭建命をあざむいて「野の真ん中に大きな沼がある。そこに住む神は、勢いのある荒々しい神です。」と言った。その神を見てやろうと野に入った命に国造は火を放つ。だまされたと知った命が叔母のくれた嚢の口を解くと火打ち石が入っていた。命は草那芸剣で草を刈り払い、火打ち石で火をつけて逆に火を向こうに退けて生還すると、国造たちを斬り殺し、火をつけて焼いてし

まう。これが今この地を焼遺《やきつ》というようになったもとである。

【品詞分解／現代語訳】

格助　四・用　助動・過・体　格助　(代)　格助　四・用　接助　(連語)　(代)　格助　格助　格助　ク・体
相武国 に 至り し 時 に、その 国造、詐り て 白しく、「この 野 の 中 に 大き
相模国に到着した時に、その国造が、(倭建命を)あざむいて申しあげたことには、「この野の真ん中に大きな沼があ

ラ変・終　(代)　格助　格助　格助　四・已　助動・存・体　係助　副　上二・体　終助　格助　四・用　助動・過・終　接
沼 あり。この 沼 の 中 に 住め る 神 は、甚だ ちはやぶる 神 ぞ。」と 白し き。ここに、
ります。この沼の中に住んでいる神は、たいへん勢いのある、荒々しい神です。」と申しあげた。そこで、

(代)　格助　格助　四・未　助動・意・終　格助　サ変・用　接助　(代)　格助　格助　四・用　補尊・四・用　助動・過・終　接
その 神 を みそこなはさ む と して、その 野 に 入り まし き。しかくして、
その神を御覧になろうとして、(倭建命は)その野に入っていらっしゃった。それから、

(代)　格助　格助　(代)　格助　格助　下二・用　助動・過・終　接　四・未　助動・受・用　助動・完・終　格助　四・用　接助　(代)　格助
その 国造、火 を その 野 に つけ き。故、欺か え ぬ と 知り て、その
その国造は、火をその野につけた。そこで、(倭健命は)だまされたと気づいて、その叔母の、

格助　四・已　助動・完・体　格助　格助　四・用　下二・用　接助　上一・已　接助　(代)　格助　格助　ラ変・終
叔母、倭比売命 の 賜へ る 嚢 の 口 を 解き 開け て 見れ ば、火打ち、その 内 に あり。
倭比売命が授けてくださった嚢の口を解き開けてみると、火打ち石が、その中にある。

接　副　(代)　格助　格助　四・用　接助　格助　四・用　(代)　格助　格助　四・用　接助　格助　四・用
ここに、まづ その 御刀 を もち て 草 を 刈り払ひ、その 火打ち を もち て 火 を 打ち出だし
そこで、まずその御刀で草を刈り払い、その火打ち石で火を打ち出して、

接助　格助　下二・用　接助　下二・用　下二・用　接助　副　(代)　格助　格助　四・用　接助　副
て、向かひ火 を つけ て 焼き退け、還り出で て、皆 その 国造ら を 切り滅ぼし て、すなはち 火
(その草に)向かい火をつけて火勢を向こうに退け、(そこから)脱出して帰ってきて、みんなその国造どもを斬り殺して、すぐに(死体に)火を

格助　下二・用　接助　四・用　助動・過・終　接　格助　格助　四・終
を つけ て 焼き き。故、今 に 焼遺 と いふ。
つけて焼いてしまった。それで、今その地を焼遺という。

語句の解説 3

3 白《もう》しく　申しあげたことには。四段活用動詞「白す」の連用形

+過去の助動詞「き」の連体形+接尾語「く」。

3**大《おお》き**　大きな。形容詞ク活用「大し」の連体形。形容動詞「大きなり」が使用されることが多いが「大し」も用いられた。

4**ちはやぶる**　勢いがあり荒々しい。

「ちはやぶる」＝組成は、「ち」＝霊力。「はや」＝形容詞「はやし」の語幹。「ぶる」＝動詞(上二段活用)を作る接尾語「ぶ」の連体形。連体詞ととらえる説もある。また「神」に掛かる枕詞としても有名。

4**ここに**　そこで。接続詞。場所の意の「ここ」ではない。

5**みそこなは《ワ》さむ《ン》と**　御覧になろうと。「みそなはす」と同じ。「みしおこなはす」→「みそこなはす」→「みそなはす」→「みそなふ」などと語形が転じた。「見る」の尊敬語。

5**しかくして**　このようにして。そうして。それから。漢文の訓読から生まれたもの。「而して」「然して」と書く。副詞「しか」+接尾語「く」+接続助詞「して」。音便化して「しかうして」。

6**欺《あざむ》かえぬ**　だまされた。「え」＝上代の受身・可能・自発の助動詞「ゆ」の連用形。ここは受身。中古以降は「る」が用いられた。

13**すなは《ワ》ち**　すぐに。直ちに。他に「つまり」、「そこで」などの意味がある。「すぐに」の意味になれば副詞。他は接続詞や名詞。

【大　意】　4　教124ページ4行〜125ページ1行

大和《やまと》へ向かった倭建命は三重村《みえのむら》に至る。足の傷は重く、三重に折れ曲がっていたのでその地を三重と言う。能煩野《のぼの》に来て故郷をしのぶ歌を詠み、やがて重篤となる。「をとめの……」と歌い終わってお亡くなりになった。

【品詞分解／現代語訳】

そこ(代) **より**(格助) **幸し**(四・用) **て**(接助)、**三重村** **に**(格助) **至り**(四・用) **し**(助動・過・体) **時** **に**(格助)、**また**(副)、**のりたまひしく**(連語)、「**吾**(代) **が**(格助) **足** **は**(係助)、

そこから進んでいらっしゃって、三重村に着いた時に、また、(倭建命が)おっしゃったことには、「私の足は、三重に折

三重 **に**(格助) **曲がれ**(四・已) **る**(助動・完・体) **が**(格助) **ごとく**(助動・比・用) **して**(接助)、**甚だ**(副) **疲れ**(下二・用) **たり**(助動・完・終)。」**と**(格助) **のり**(四・用) **たまひ**(補尊・四・用) **き**(助動・過・終)。**故**(接)、**そこ**(代)

れ曲がったようになって、ひどく疲れてしまった。」とおっしゃった。こういうわけ

を(格助) **名づけ**(下二・用) **て**(接助) **三重** **と**(格助) **いふ**(四・終)。**そこ**(代) **より**(格助) **幸し**(四・用) **て**(接助)、**能煩野** **に**(格助) **至り**(四・用) **し**(助動・過・体) **時** **に**(格助)、**国** **を**(格助) **思ひ**(四・用) **て**(接助)、**歌ひ**(四・用)

で、その地を名づけて三重という。そこから進んでいらっしゃって、能煩野に着いた時に、故郷をしのんで、歌っていうこと

て(接助) **いはく**(連語)、

には、

倭は 国の まほろば たたなづく 青垣 山籠れる 倭し 麗し

大和は国の中で最もよいところだ。幾重にも重なり合った青々とした垣根のような山々に囲まれた中にある大和は美しい(、と歌った)。

また、歌ひて いはく、

また、歌っていうことには、

命の 全けむ 人は たたみこも 平群の山の 熊樫が 葉を

命の無事であるような人は、平群の山の大きな樫の木の葉を

髻華に 挿せ その子

かんざしに挿せ。お前たちよ(、と歌った)。

この歌は、国思ひ歌ぞ。また、歌ひて いはく、

この歌は、望郷の歌である。また、歌っていうことには、

愛しけやし 我家の方よ 雲居 立ち来も

なつかしいことよ、わが家の方から雲が立ち昇ってくるよ(、と歌った)。

これは、片歌ぞ。

これは、片歌である。

この時に、御病、いと急かなり。しかくして、御歌に いはく、

この時に、御病気が、急変して危篤となった。そうして、お歌いになった歌にいうことには、

をとめの 床の辺に わが 置きし 剣の 太刀 その 太刀はや

妻の床のあたりに、私が置いてきた太刀(=草那芸剣)。ああ、その太刀よ(、と歌った)。

四・用　接助　副　四・用　補尊・四・用　助動・過・終　接　格助　四・用　助動・過・終
歌ひをはり　て、すなはち　崩り　まし　き。　しかくして、駅使　を　奉り　き。
歌い終わって、すぐにお亡くなりになった。そうして、（従者たちは）早馬使いを（朝廷に）参上させた。

語句の解説 4

教124ページ

4**幸《いでま》して**　進んでいらっしゃって。

＊「幸す」＝「出でます」の意。「ます」は尊敬の補助動詞。ここでは、いらっしゃる。おいでになる。

4**また**　①再び。もう一度。同じく。同様に。（副詞）②同時に。加えて。その上。あるいは。それから。（接続詞）ここでは①の意。

7**いは《ワ》く**　いうことには。四段活用動詞「言ふ」の未然形＋接尾語「く」。

8**まほろば**　最もよいところ。接頭語「ま」（＝「真」）＋優れるという意の「ほ」（＝「秀」）＋場所を表す接尾語「ろ」。「まほら」と同じ。

13**愛《は》しけやし**　なつかしいことよ。
「愛しけ」＝シク活用形容詞「愛《は》し」の連体形「愛しき」の音転。「やし」＝感動を示す上代の間投助詞。

13**方《かた》よ**　（わが家の）方から。
「よ」＝起点を示す上代の格助詞。

教125ページ

1**奉《たてまつ》りき**　参上させた。
「奉る」＝ここでは、「（人を）遣る」の謙譲語。差し上げる。参上させる。（ラ行四段。他動詞）

【大　意】　5　教125ページ2〜5行

訃報を受けた倭建命の妃たちや御子たちは能煩野《のぼの》に下り、その死をひどく悲しむ。命の霊は大きな白い鳥となって天翔《あまか》ける。

【品詞分解／現代語訳】

接　格助　四・用　助動・過去・体　格助　格助　四・用　四・用　接助　格助
ここに、倭　に　坐し　し　后たち　と　御子たち　と、もろもろ　下り　至り　て、御陵　を
そこで、大和にいらっしゃった（倭建命の）妃たちや御子たちは、みな（能煩野に）下ってきて、御陵を

四・用　接助　接　（代）　格助　格助　四・用　四・用　接助　四・用　サ変・用　接助　（連語）
作り　て、すなはち、そこ　の　なづき田　を　腹　這ひ　廻り　て　哭き、歌詠み　し　て　いはく、
作って、そして、そこにある水に浸った田を腹を地につけ這いまわって声をあげて涙を流し、歌を詠んでいうことには、

なづきの田 の〔格助〕 稲幹 に〔格助〕 稲幹 に〔格助〕 這ひ〔四・用〕 廻ろふ〔四・体〕 野老蔓

水に浸った田の稲の茎に、稲の茎に這いまわっている野老のつるのように私たちは泣いています(、と歌った)。

ここに、〔接〕 八尋 の〔格助〕 白智鳥 と〔格助〕 なり、〔四・用〕 天 に〔格助〕 翔り〔四・用〕 て、〔接助〕 浜 に〔格助〕 向かひ〔四・用〕 て〔接助〕 飛び行き〔四・用〕 き。〔助動・過・終〕

すると、(倭建命は)大きな白い鳥となって、天空に羽ばたき浜に向かって飛び去った。

語句の解説 5

2 **坐《いま》しし** いらっしゃった。
「坐す」＝①いらっしゃる(サ行四段。サ変。自動詞)。②いらっしゃるようにさせる(サ行下二段。他動詞)。ここでは①の用法。

2 **后《きさき》たち** 「たち」は敬意をこめた複数の意を表す接尾語。人や神などを表す名詞・代名詞につく。あとの「御子たち」も同じ。

3 **腹《はら》這《ば》ひ《イ》廻《めぐ》りて哭《な》き** 腹を地につけ這いまわって声をあげて涙を流して。
「哭《な》く」＝(悲しみから)声をあげて涙を流す。

【大　意】　6　教125ページ6〜8行

白い鳥となった倭建命は、そこから河内国《かわちのくに》の志幾《しき》に行って留まる。そこに御陵《みはか》を作って鎮座させ、その御陵を名づけて白鳥御陵《しらとりのみささぎ》という。しかし白い鳥はまたそこからさらに天高く飛び立っていった。

【品詞分解／現代語訳】

故、〔接〕 ②そ〔(代)〕の〔格助〕 国 より〔格助〕 飛び翔り行き〔四・用〕 て、〔接助〕 河内国 の〔格助〕 志幾 に〔格助〕 留まり〔四・用〕 き。〔助動・過・終〕

そして、その国から飛び立って行って、河内国の志幾にきてとどまった。

故、〔接〕 そこ〔(代)〕 に〔格助〕 御陵 を〔格助〕 作り〔四・用〕 て〔接助〕 鎮め〔下二・用〕 坐せ〔下二・用〕 き。〔助動・過・終〕

そこで、その地に御陵を作り(倭建命の霊を)鎮座させた。

すなはち〔接〕 そ〔(代)〕の〔格助〕 御陵 を〔格助〕 名づけ〔下二・用〕 て〔接助〕 白鳥御陵 と〔格助〕 いふ。〔四・終〕 しかれども、〔接〕 また、〔副〕

ここでその御陵を名づけて白鳥御陵という。しかしながら、(白い鳥は)

そこ〔(代)〕 より〔格助〕 さらに〔副〕 天 に〔格助〕 翔り〔四・用〕 て〔接助〕 飛び行き〔四・用〕 き。〔助動・過・終〕

また、その地からさらに天高く飛び立って行った。

語句の解説 6

② 「その国」とは、どこを指すか。

答 能煩野。（伊勢国《いせのくに》）

7 **鎮《しず》め坐《いま》せき** 鎮座させた。
「坐す」＝①いらっしゃる（サ行四段。サ変。自動詞）。②いらっしゃるようにさせる（サ行下二段。他動詞）。ここでは②の用法。

7 ***しかれども** そうではあるが。しかしながら。ラ変動詞「しかり」（もとは副詞「しか」＋ラ変動詞「あり」）の已然形＋接続助詞「ども」で一語になったもの。

課題

一 **倭建は、どこでどのような行動をとっているか、整理してみよう。**

解答例 父である天皇の命令を受けたあと、伊勢神宮に参り、叔母である倭比売命に自分の境遇を嘆くと、草那芸剣と嚢を授かる。相武国では国造にだまされて窮地に立たされるが、草を刈り、向かい火を作り出して脱出すると、国造たち全員を斬り殺して焼いた。能煩野では故郷をしのぶ歌を詠み、病が急変して亡くなる。霊は大きな白い鳥となって飛び立ち、河内国の志幾に行く。志幾には御陵が作られたが、その地からさらに天高く飛び立っていった。

二 **能煩野で歌われた四首の歌謡には、どのような心情が表れているか、説明してみよう。**

解答例
・「倭は……」→故郷の美しさを称賛する気持ちと、望郷の念。
・「命の……」→従者や故郷の人々の健康を祝福する気持ちと、望郷の念。
・「愛しけやし……」→帰郷することへの願い。
・「をとめの……」→妻への愛情や、旅の苦難を回想する気持ち。

語句と表現

一 **次の傍線部の語について、上代における意味を調べてみよう。**

①言向け和し平らげよ（122・2）
②倭し麗し（124・8）

考え方 古語辞典などを使って調べよう。

解答例 ①平和にさせる。従わせる。
②整っていて欠点がなく、気高いような美しさだ。

学びを広げる 『古事記』の登場人物

教科書P.126

『古事記』に登場する次の人物の中から一人選び、その人物に関する伝承について調べ、レポートにまとめてみよう。

①伊耶那岐命《いざなきのみこと》・伊耶那美命《いざなみ》 **②天照大神《あまてらすおおみかみ》** **③須佐之男命《すさのお》**
④大国主神《おおくにぬし》 **⑤一言主大神《ひとことぬし》**

考え方 『古事記』の注釈書などをもとに調べてまとめる。同じく神代からの歴史が記された『日本書紀』もあわせて確認するとよい。日本各地に伝承・伝説が残っているので、その土地の歴史とあわせて整理すると、現代とのつながりが見えてくるだろう。

九　和歌・連歌・俳諧

和歌・連歌・俳諧とは

「和歌」は、漢詩に対して、日本特有の詩歌であり、日本文学において計り知れないほど大きな役割を果たしてきた。その影響は歌の世界にとどまらず、日記文学や物語などの散文にも及んでいる。その長い歴史の中で、もっともよく発展した歌体は短歌(五・七・五・七・七)で、『万葉集』では九割以上が短歌であり、九〇五年成立の『古今和歌集』では短歌以外が九首、一二〇五年成立の『新古今和歌集』に至ると全てが短歌となっている。

「連歌」は、その短歌の上の句(五・七・五)と下の句(七・七)を別の人が詠むという遊びから始まった。初めは五・七・五・七・七の短連歌であったが、平安時代末期から短連歌にさらに続けて五・七・五、七・七、…と句を付けていく鎖連歌(「長連歌」ともいう)が盛んになり、百句で完結する「百韻」が一般的となった。

連歌には、前句《まえく》(先に出された句)の情景や情趣をふまえて次の句を詠むという決まりがある。この前句に付ける句を「付句《つけく》」といい、前句と付句を付け合わせることや、前句と付句を関連付ける語のことを「付合《つけあい》」という。また、付合のうち、関連性が明確な素材や語(和歌でいう「縁語」のような関係のもの)を「寄合《よりあい》」という。

「俳諧」は、「連句」や「発句」といった形式の総称である。江戸時代を通じて主流をなしたのは「連句」である。「連句」には、百韻、五十韻、世吉《よよし》(四十四句)、歌仙など多くの形式があり、そこでも「付合」が重要視されたのは連歌と同じである。また、「発句」はもともと独立性と完結性が必要とされてきた。脇を付ける人が、どのようにでも付けられるようにするためである。その独立性がさらに高まったのは、松尾芭蕉《まつおばしょう》の登場によってであり、「発句」のみが鑑賞されることも多くなっていった。

和歌集・連歌集について

『万葉集』は、現存する日本最古の歌集。全二十巻。八世紀後半の成立。編纂《へんさん》の中心は大伴家持《おおとものやかもち》とされる。歌数は約四千五百首で、長歌、短歌、旋頭歌《せどうか》、仏足石歌《ぶっそくせきか》などからなる。五七調が中心。枕詞《まくらことば》、序詞《じょことば》が多く使われ、素朴でのびやかな「ますらをぶり」が基調。

『古今和歌集』は、最初の勅撰《ちょくせん》和歌集。全二十巻。延喜《えんぎ》五年(九〇五)成立。醍醐《だいご》天皇の命により、紀貫之《きのつらゆき》、紀友則《とものり》、凡河内躬恒《おおしこうちのみつね》、壬生忠岑《みぶのただみね》が編纂。歌数は約千百首で、七五調が中心。掛詞《かけことば》、縁語、比喩などが多く使われ、理知的で、優美な「たをやめぶり」が基調。

『後撰《ごせん》和歌集』は、二番目の勅撰和歌集。全二十巻。天暦《てんりゃく》五年(九五一)以降に成立。村上天皇の命により、清原元輔《きよはらのもとすけ》、紀時文《ときぶみ》、大中臣能宣《おおなかとみのよしのぶ》、源　順《みなもとのしたごう》、坂上望城《さかのうえのもちき》が編纂。歌数は約千四百首。贈答歌や恋歌が多く、また、詞書《ことばがき》が長くて物語的であることが特徴である。

『拾遺和歌集』は、三番目の勅撰和歌集。全二十巻。寛弘《かんこう》三年(一〇〇六)前後に成立。撰者は、花山《かさん》院とその側近の歌人たちと考えられている。歌数は約千三百五十首で、屏風《びょうぶ》歌、歌合《うたあわせ》の歌など、公的な場で詠まれた歌が多い。

『後拾遺和歌集』は、四番目の勅撰和歌集。全二十巻。応徳《おうとく》三年（一〇八六）成立。白河天皇の命により藤原通俊《みちとし》が編纂。歌数は約千二百首で、女流歌人の歌が多く採られているのが特色。それまでの美意識を継承しつつも、多様な新しい歌風が模索されている。

『千載《せんざい》和歌集』は、七番目の勅撰和歌集。全二十巻。文治《ぶんじ》四年（一一八八）成立。後白河院の命により、藤原俊成《としなり》が編纂。歌数は約千二百九十首で、俊成が唱えた「幽玄」を重んじ、また、本歌取りも多く見られる。「よみ人しらず」として平氏歌人の歌も採られている。

『新古今和歌集』は、八番目の勅撰和歌集。全二十巻。元久《げんきゅう》二年（一二〇五）成立。後鳥羽《ごとば》院の命により、源通具《みちとも》、藤原有家《ありいえ》、藤原定家《さだいえ》、藤原家隆《いえたか》、藤原雅経《まさつね》、寂蓮《じゃくれん》が編纂。歌数は約千九百八十首。七五調が中心で、幽玄を基調とした余韻・余情を漂わせた歌風。本歌取り、体言止め、縁語などを用いた歌が多い。

『山家《さんか》集』は、西行《さいぎょう》法師の私家集。全三巻。成立年は未詳。諸国を旅した西行の、自然（特に「桜」と「月」）を叙情深く詠んだ歌や人生観を詠んだ歌約千五百五十首を収める。

『金槐《きんかい》和歌集』は、源実朝《さねとも》の私家集。全一巻。建保《けんぽう》元年（一二一三）頃の成立。本歌取りの歌が多いが、万葉調の歌も収められている。

『水無瀬《みなせ》三吟百韻』は、長享《ちょうきょう》二年（一四八八）の後鳥羽院の二百五十年忌に、離宮のあった水無瀬で興行し、御影堂《みえいどう》に奉納した百韻連歌。宗祇《そうぎ》と、肖柏《しょうはく》、宗長《そうちょう》の三人で詠まれ、宗祇の発句と宗長の挙句《あげく》は、ともに『新古今和歌集』に所収の後鳥羽院の歌を本歌としている。

和歌十六首

教科書P.128〜135

万葉集

【品詞分解／現代語訳】

柿本朝臣人麻呂、石見国 より（格助） 妻 を（格助） 別れ（下二・用） て（接助） 上り来る（カ変・体） 時 の（格助） 歌　　柿本《かきのもとの》人麻呂《ひとまろ》

柿本朝臣人麻呂が、石見の国から妻と別れて都へ上って来る時の歌

石見の海 角 の（格助） 浦廻 を（格助） 浦 なし（ク・終） と（格助） 人 こそ（係助（係）） 見（上一・用） らめ（助動・現推・已（結）） 潟 なし（ク・終） と（格助） 人 こそ（係助（係）） 見（上一・用）

石見の海の角の湾曲した浦を、（船をつけるよい）浦がないと人は見るだろうが、（潮干狩りをするよい）潟がないと人は見るだろうが、

らめ〔助動・現推・已(結)〕　よし〔副〕ゑ〔間助〕やし〔間助〕　浦　は〔係助〕　なく〔ク・用〕　とも〔接助〕　よし〔副〕ゑ〔間助〕やし〔間助〕　潟　は〔係助〕　なく〔ク・用〕　とも〔接助〕　いさなとり〔(枕)〕　海辺　を〔格助〕　指し〔四・用〕

ええ、ままよ。よい浦はなくても、ええ、ままよ。よい潟はなくても、海辺を指してにきたづの荒磯の辺りに、

て〔接助〕　にきたづ　の〔格助〕　荒磯　の〔格助〕　上　に〔格助〕　か青く〔ク・用〕　生ふる〔上二・体〕　玉藻　沖　つ〔格助〕　藻　朝羽振る〔四・体〕　風　こそ〔係助(係)〕　寄せ〔下二・未〕　め〔助動・推・已(結)〕

青々と生えている美しい藻や沖の藻は、朝には鳥が羽ばたくような風が強く吹きつけるだろう、

夕羽振る〔四・体〕　波　こそ〔係助(係)〕　来寄れ〔四・已(結)〕　波　の〔格助〕　むた　か〔副〕　寄り〔四・用〕　かく〔副〕　寄る〔四・体〕　玉藻なす〔(枕)〕　寄り寝〔下二・用〕　し〔助動・過・体〕　妹　を〔格助〕　露霜の〔(枕)〕　置き〔四・用〕

夕暮れ時には鳥が羽ばたくような波で寄って来るだろう。その波とともにあっちへ寄ったりこっちへ寄ったりする美しい藻のように、(私に)寄り添って寝た妻を、露霜のように

て〔接助〕　し〔副助〕　来れ〔カ変・已〕　ば〔接助〕　こ〔(代)〕　の〔格助〕　道　の〔格助〕　八十隈ごと　に〔格助〕　万たび〔副〕　かへり見　すれ〔サ変・已〕　ど〔接助〕　いや〔副〕　遠に〔副〕　里　は〔係助〕　離り〔四・用〕

(里に)置いて来てしまったので、この道の多くの曲がり角ごとに、とめどなく振り返って見るけれど、いよいよ遠く里は離れてしまった。

ぬ〔助動・完・終〕　いや〔副〕　高に〔副〕　山　も〔係助〕　越え来〔カ変・用〕　ぬ〔助動・完・終〕　夏草の〔(枕)〕　思ひしなえ〔下二・用〕　て〔接助〕　①偲ふ〔四・終〕　らむ〔助動・現推・体〕　妹　が〔格助〕　門　見〔上一・未〕　む〔助動・意・終〕

ますます高く山も越えて来てしまった。夏草のように思いしおれて私のことを恋い慕っているだろう妻の家の門を見たい。

なびけ〔四・命〕　こ〔(代)〕　の〔格助〕　山

(だから)平たくなれ、(私と妻を隔てている)この山よ。

(巻二・相聞・一三一)

語句の解説

教128ページ

2 **人《ひと》こそ見《み》らめ**　人は見るだろうが。「こそ…らめ」は係り結びで、下に逆接的につながっていく。
「らむ」＝通常は活用語の終止形(ラ変動詞は連体形)に接続するが、ここは、連用形に接続している上代の特殊な例。

3 **よしゑ《エ》やし**　ええ、ままよ。上代の副詞「よし」＋上代の詠嘆の間投助詞「ゑ」＋上代の詠嘆の間投助詞「やし」で、「ゑ」「やし」は「よし」を強調する。

4 **か青《あお》く**　青々と。
「か」＝接頭語で、主に形容詞や動詞に接続して語調を整える。

4 **沖《おき》つ藻《も》**　沖の藻。
「つ」＝連体修飾語を作る上代の格助詞。

5 **か寄《よ》りかく寄《よ》る**　あっちへ寄ったりこっちへ寄ったり。
「か」＝指示副詞。ああ、あのように、の意。

6 **妹《いも》**　男性から女性を親しんで呼ぶ語。ここでは、妻、の意。

6 **置《お》きてし来《く》れば**　置いて来てしまったので。
「し」＝強意の副助詞。
7 **離《さか》りぬ**　離れてしまった。
「離る」＝離れる。隔たる。
8 **思《おも》ひ《イ》しなえて**　思いしおれて。
「しなゆ」＝元気なくしょんぼりする様子を表す。

① **誰が誰を「偲《しの》ふ」のか。**

答 妻が私(作者)を「偲ふ」。

鑑賞　三十九句の内の二十三句の序を用いて、広大な「石見の海」から、景物を交えながら焦点を絞り込み、「玉藻」のように美しい妻を描き出している。波風に漂う藻のように自分に寄り添って寝た妻、その愛する妻と遠く隔たってしまい、思いしおれているであろう妻への痛切な思いが、「なびけこの山」という叫びとなって表現されている。「いさなとり」は「海」「浜」の、「露霜の」は「置き」の、「夏草の」は「しなゆ」の枕詞。冒頭から「玉藻なす」までは「寄り寝し」を導く序詞。体言止め。

【品詞分解／現代語訳】

反歌二首
反歌二首

石見 の(格助) や(間助) **高角山** の(格助) **木** の(格助) **間** より(格助) **我**(代) が(格助) **振る**(四・体) **袖** を(格助) **妹** **見**(上一・用) つ(助動・強・終) らむ(助動・現推・体) か(係助)　(巻二・一三二)
石見のなあ、角という地の高い山の木の間から、私の振る袖を、妻は今頃きっと見ているだろうか。

語句の解説

教129ページ
1 **反歌《はんか》**　長歌の終わりに詠み添えて、長歌の意味を締めくくったり、不足を補ったり、反復・圧縮して感情を高めたりするもの。
2 **石見《いわみ》のや**　石見のなあ。
「の」＝連体修飾格を示す格助詞。「高角山」に係る。
「や」＝詠嘆の間投助詞。
2 **我《あ》が振《ふ》る袖《そで》**　私が振る袖。袖を振るのは、別れを惜しむ気持ちを表す動作。
「我」＝自称の人称代名詞で、主に上代で使われた。
2 **妹見《いもみ》つらむ《ン》か**　妻は今頃きっと見ているだろうか。
「つらむ」＝きっと…ているだろう。
「か」＝疑問の係助詞。

鑑賞
高角山《たかつのやま》を越えると、妻の住む里が見えなくなる。そこで作者は妻に向かって袖を振る。妻は見ているだろうかと期待をこめて、最後の別れを告げるのである。思い切れぬ妻への愛情がこめられた歌である。初句切れ。

【品詞分解／現代語訳】

笹　の（格助）　葉　は（係助）　み山　も（係助）　さや（副）　に（格助）　さやげ（四・已）　ども（接助）　吾（代）　は（係助）　妹　思ふ（四・終）　別れ（下二・用）　来（カ変・用）　ぬれ（助動・完・已）　ば（接助）

笹の葉は、山全体でさやさやと音を立てているけれども、（そんな音にも煩わされることなく）私は妻のことを思っている。別れて来てしまったので。

（巻二・相聞・一三三）

語句の解説

3み山《やま》も　山をも。
「み」＝美しい、立派だ、の意の接頭語。
「も」＝強意を表す係助詞。
3さやげども　音を立てているが。
「さやぐ」＝ここでは、さやさやと音を立てる、の意。
3吾《あれ》は妹《いも》思ふ《おもウ》　下の「別れ来ぬれば」と倒置になっている。
「吾」＝自称の人称代名詞。私。

鑑賞
笹《ささ》の葉の音が山全体を覆っても、私はただ一途に妻のことを思っているという歌。倒置によって思い続けている理由を強調することで、愛情の深さを表現している。また、「さ」音の繰り返しが、笹の葉が一斉に鳴る様子を効果的に表現している。倒置。四句切れ。

古今和歌集

【品詞分解／現代語訳】

帰る（四・体）　雁　を（格助）　詠め（四・已（命））　る（助動・完・体）

春が来て北国に帰っていく雁を詠んだ（歌）

伊勢《いせ》

春霞　立つ（四・体）　を（格助）　見捨て（下二・用）　て（接助）　ゆく（四・体）　雁　は（係助）　花　なき（ク・体）　里　に（格助）　すみ（四・用）　や（係助（係））　ならへ（四・已（命））　る（助動・存・体（結））

春霞が立ち、花咲く季節になったのを見捨てて（北国へ帰って）ゆく雁は、花のない里に住み慣れているのだろうか。

（巻第一・春歌上・三一）

語句の解説

5詠《よ》める　下に「歌」を補って訳す。

6**すみやならへ《エ》る** 住み慣れているのだろうか。
「や」＝疑問の係助詞。
「ならふ」＝ここでは、慣れる、の意。

鑑賞

雁《かり》を擬人化し、せっかく春になったのに北国へ帰ってしまう雁は、花の咲かない里に住み慣れているのだろうかといぶかることで、雁の旅立ちを惜しむ気持ちと、花咲く春の訪れに弾む心を詠みこんでいる。擬人法。句切れなし。

【品詞分解／現代語訳】

志賀の山越え	にて、	石井	の	もと	にて、	もの言ひ	ける	人	の	別れ	ける	折	に、	詠め	る
	格助		格助		格助	四・用	助動・過・体		格助	下二・用	助動・過・体		格助	四・已(命)	助動・完・体

志賀の山越えの道で、(清水を石で囲んだ)井戸のもとで、話をした人と別れた時に、(作者が)詠んだ(歌)

紀貫之《きのつらゆき》

むすぶ	手	の	しづく	に	にごる	山の井	の	飽か	で	も	人	に	わかれ	ぬる	かな
四・体		格助		格助	四・体		格助	四・未	接助	係助		格助	下二・用	助動・完・体	終助

(巻第八・離別歌・四〇四)

手で水をすくうと、したたる滴で(すぐに)濁る(ほど浅くて満足するほど飲めない)山の井のように、(私は)もの足りない思いであなたと別れることになってしまったなあ。

語句の解説

8**もの言《い》ひ《イ》ける人《ひと》** 話した人。言葉を交わした人。作者の知り合い(もと恋人)、たまたま出会った人、の二通りの解釈がある。

10**しづ《ズ》くににごる** 通常の井戸よりも浅く水量も少ないため、滴が落ちるとすぐに濁ってしまうのである。

10**飽《あ》かでも** もの足りない思いで。
「飽く」＝ここでは、満足する、満ち足りる、の意。

10**わかれぬるかな** 別れることになってしまったなあ。
「かな」＝詠嘆を表す終助詞。

鑑賞

志賀《しが》寺への参詣の途中、石井(山の井)で出会った女性と別れた時の、名残惜しさを詠んだ歌。三句までの「飽かでも」を導く序詞が、石井の情景を写すものになっている(このような序を「有心の序」という)。はっとするような言葉や技巧が用いられているわけではないが、水をすくう女性の姿と、ほのかな恋情が感じられる歌である。句切れなし。

【品詞分解／現代語訳】

題	知ら	ず
	四・未	助動・打・終

よみ人しらず

題はわからない

ほととぎす	鳴く	や	五月	の	あやめ草	あやめ	も	知ら	ぬ	恋	も	する	かな
	四・体	間助		格助			係助	四・未	助動・打・体		係助	サ変・体	終助

（巻第十一・恋歌一・四六九）

ホトトギスが鳴くよ、この五月の（節句の）あやめ草（＝菖蒲）（が飾られているけれど）、（その「あやめ」という名のとおり）私は分別を失うほどの恋をすることだなあ。

語句の解説

教130ページ

1 **題知《だいし》らず**　歌の題名や作った事情がわからない、ということ。

2 **ほととぎす**　古くから夏を知らせる鳥として親しまれ、詩歌にも多く詠まれた。

2 **鳴《な》くや**　「や」は詠嘆を表す間投助詞。無理に訳さずともよい。

2 **五月《さつき》のあやめ草《ぐさ》**　陰暦五月五日の節句に用いる菖蒲《しょうぶ》。邪気を払うとされ、屋根に葺《ふ》いたり、車に挿したりする習慣があった。

2 **あやめも知《し》らぬ恋《こい》**　分別を失った恋。理性を失ってのめりこむ恋。成語として慣用されていた。あやめは「文目」で、道理のこと。

鑑賞

分別を失うほどの激しい恋情がこみ上げてくるという歌。成就する前の、苦しい恋心を詠んでいる。慣用された「あやめも知らぬ恋」をどう景物と組み合わせるかにその歌の評価がかかってくるが、五月という五月雨の続く心の晴れない季節を序詞に据えているところに独創性がある。三句までが「あやめ」を導く序詞。句切れなし。

後撰《ごせん》和歌集

【品詞分解／現代語訳】

事	出で来	て	のち	に	京極御息所	に	つかはし	ける
	カ変・用	接助		格助		格助	四・用	助動・過・体

元良親王《もとよしのみこ》

二人の関係が世間に知られて後に、京極御息所にお贈りになった（歌）

わび	ぬれ	ば	今	はた	同じ	難波	なる	み	を	つくし	て	も	逢は	む	と	ぞ	思ふ
上二・用	助動・完・已	接助		副	シク・終		助動・存在・体		格助	四・用	接助	係助	四・未	助動・意・終	格助	係助（係）	四・体（結）

すでに恋に苦しんでいるので、（二人のことが知られても）今はやはり（苦しみは）同じこと。（難波にある澪標の名のように、この）身を尽くしてもあなたに逢おうと思っている。

（巻第十三・恋五・九六〇）

語句の解説

4 **つかは《ワ》しける**　下に「歌」を補って訳す。

5 **わびぬれば**　すでに恋に苦しんでいるので。
「わぶ」＝ここでは、つらく思う、心細く思う、の意。

5 **難波《なにわ》なる**　難波にある。
「なり」＝存在の助動詞。場所を表す語に付いて、そこに存在する意を表す。

鑑賞

宇多《うだ》上皇の寵愛《ちょうあい》を受けた、京極御息所《きょうごくのみやすんどころ》との仲が露見したことにより、思いつめた心情を吐露した歌。世間からの糾弾を受けながらも、なお逢わずにはいられないという恋情が、「みをつくしても」という激しい言葉で表現され、真実のこもった緊張感のある歌になっている。「みをつくし」は「澪標《みおつくし》」と「身を尽くし」の掛詞。二句切れ。

拾遺和歌集

【品詞分解／現代語訳】

北白河 の（格助） **山庄** に（格助） **花** の（格助） **おもしろく**（ク・用） **咲き**（四・用） て（接助） **侍り**（補丁・ラ変・用） **ける**（助動・過・体） を（格助） **見**（上一・用） に、（格助） **人々** **まうで来**（カ変・用） **たり**（助動・完・用） **けれ**（助動・過・已） ば（接助）

北白川の山荘に梅の花が風情よく咲いておりましたのを見に、人々が参りましたので（詠んだ歌）

藤原公任《ふじわらのきんとう》

春 **来**（カ変・用） て（接助） ぞ（係助（係）） **人** も（係助） **訪ひ**（四・用） **ける**（助動・過・体（結）） **山里** は（係助） **花** こそ（係助（係）） **宿** の（格助） **主** **なり**（助動・断・用） **けれ**（助動・詠・已（結））

春が来て、（やっと）人も訪ねて来た。（この）山里は（人ではなく）梅の花こそが家の主人であったのだなあ。

（巻第十六・雑春・一〇一五）

語句の解説

教131ページ

1 おもしろく咲《さ》きて　風情よく咲いて。

「おもしろし」＝ここでは、風情がある、趣がある、の意。

1 まう《モウ》で来《き》たりければ　参りましたところ。

「まうで来」＝「来《く》」の丁寧語。参ります。

3 宿《やど》の主《あるじ》なりけれ　家の主人だったのだなあ。

「宿」＝ここでは、家、住居、の意。

「けり」＝詠嘆の助動詞。いわゆる「気づきの『けり』」。

鑑賞

人々は公任に会いに来たのではなく、梅の花を見に来たのだから、この山荘の主人は梅の花である、と皮肉めかして、間接的に梅の花の美しさを讃《たた》え、人の訪れを喜ぶ心情を詠んでいるのである。作者は春の花として、桜よりも梅をあげており、この歌も「公任集」の冒頭を飾っている。また、一首のうちに係り結びと「けり」が二度使われているところに独自性がある。二句切れ。

【品詞分解／現代語訳】

河原院　にて〔格助〕、**荒れ**〔下二・用〕　**たる**〔助動・完・体〕　**宿　に**〔格助〕　**秋　来**〔カ変・用〕　**たる**〔助動・完・体〕　**と**〔格助〕　**いふ**〔四・体〕　**心　を**〔格助〕　**人々　詠み**〔四・用〕　**侍り**〔補丁・ラ変・用〕　**ける**〔助動・過・体〕　**に**〔格助〕

河原院で、荒れた家に秋が来たという心を人々がお詠みになった時に(詠んだ歌)

恵慶《えぎょう》法師

八重葎　しげれ〔四・已(命)〕　**る**〔助動・存・体〕　**宿　の**〔格助〕　**さびしき**〔シク・体〕　**に**〔接助〕

幾重にもつる草が生い茂って(荒廃して)いる家は寂しいのに、

人　こそ〔係助(係)〕　**見え**〔下二・未〕　**ね**〔助動・打・已(結)〕

人の姿は見えないが、

秋　は〔係助〕　**来**〔カ変・用〕　**に**〔助動・完・用〕　**けり**〔助動・詠・終〕

秋は訪れて来たことだなあ。

(巻第三・秋・一四〇)

語句の解説

6 さびしきに　寂しいのに。

「に」＝逆接の接続助詞ととった。順接の接続助詞(…家は寂しいので)とも、(「宿の」の「の」を同格を表す格助詞と解して)場所を表す格助詞(…家で、寂しい所に)ともとれる。

6 人《ひと》こそ見《み》えね　人の姿は見えないが。

「こそ」＝強意の係助詞。結びの「ね」で文が切れず、逆接で下に続く。

6**来《き》にけり**　来たのだなあ。
「けり」＝詠嘆の助動詞で、「気づきの『けり』」。…だなあ。

鑑賞
詞書によると、秋の頃、河原《かわらの》院で文人たちが歌を詠み合った中の一首。源融《みなもとのとおる》の没後は荒廃し、訪ねて来る人もいないが、季節だけは時を違《たが》えずにやって来たというこの歌は、静寂の中にある河原院にふさわしいものだったであろう。人間と自然との対比もおもしろい。句切れなし。

後拾遺和歌集

【品詞分解／現代語訳】

男	に	忘ら	れ	て	侍り	ける	ころ、	貴船	に	参り	て、	御手洗川	に	蛍	の	とび	侍り
	格助	四・未	助動・受・用	接助	補丁・ラ変・用	助動・過・体			格助	四・用	接助		格助		格助	四・用	補丁・ラ変・用

男に忘られておりました頃、貴船神社に参詣して、御手洗川に蛍が飛んでいましたのを見て詠んだ(歌)

ける	を	見	て	詠め	る
助動・過・体	格助	上一・用	接助	四・已(命)	助動・完・体

和泉《いずみ》式部

もの思へ	ば	沢	の	蛍	も	我	が	身	より	あくがれ出づる	魂	か	と	ぞ	見る
四・已	接助		格助		係助	(代)	格助		格助	下二・体		係助	格助	係助(係)	上一・体(結)

思い悩んでいると、沢辺を飛ぶ蛍(の光)も、私の身から抜け出してさまよう魂ではないかと(思って)見ることだよ。

(巻第二十・雑六・一一六二)

語句の解説

10**もの思《おも》へ《エ》ば**　思い悩んでいると。
「もの思ふ」＝(いろいろと)思い悩む。思いにふける。
「ば」＝順接の確定条件。ここは偶然条件を表す。…と。
10**あくがれ出《い》づ《ズ》る**　抜け出してさまよう。
「あくがる」＝ここでは、魂が身から離れてさまよう、遊離する、の意。

鑑賞
男の不実を嘆き、思い悩む心を詠んだ歌。当時は、魂が肉体から遊離して人に憑《と》りつく「生《い》き霊《すだま》」の存在が信じられていた。この歌でも、蛍の光を自分の体から遊離した魂ではないかと詠むことで、その嘆きの深さを表現しているのである。なお、この歌の次に、貴船の明神が返したという歌「奥山にたぎりて落つる滝つ瀬のたまちるばかりものな思ひそ」が載せられている。句切れなし。

千載《せんざい》和歌集

【品詞分解／現代語訳】

崇徳院 に 百首歌 奉り ける 時 詠め る　藤原俊成《ふじわらのとしなり》

格助　四・用　助動・過・体　四・已(命)　助動・完・体

崇徳院に百首の歌を差しあげた時に詠んだ(歌)

五月雨 は たく 藻 の 煙 うちしめり しほたれまさる 須磨 の 浦人

係助　四・体　格助　四・用　四・体　格助

五月雨は、製塩のために海水を含んだ藻を焼く、その煙を湿らせて降り、人の心も湿らせて、嘆き悲しみ涙でぬれた袖をいっそうぬらす須磨の海辺で暮らす人であるよ。

(巻第三・夏歌・一八三)

語句の解説

教132ページ

2しほ《オ》たれまさる　涙でぬれた袖をいっそうぬらす。

2浦人《うらびと》　海岸に住む人。ここでは、須磨に流された貴人のこと。

鑑賞

都から流された貴人は、その悲しみで涙にくれ、すでに袖をぬらしているのに、五月雨が降ってさらにぐっしょりとぬらしているという、流人の悲哀を詠んだ歌。『千載和歌集』が編まれたのは、源平の争乱のさなかであり、その前後に流刑に処された貴人も少なくない(詞書の崇徳院《すとくいん》は、保元《ほうげん》の乱を起こして敗れ、讃岐《さぬき》に流刑となった)。作者はその人たちの悲嘆に暮れる姿を思いやったのであろう。体言止め。句切れなし。

【品詞分解／現代語訳】

二月 ばかり、月 明かき 夜、二条院 にて 人々 あまた 居明かし て 物語 など し 侍り ける に、

副助　ク・体　格助　副　四・用　接助　副助　サ変・用　補丁・ラ変・用　助動・過・体　格助

二月頃、月が明るい夜に、二条院で人々がたくさん起きたままで夜を明かして話などをしておりました時に、

内侍周防、寄り臥し て「枕 もがな。」と 忍びやかに 言ふ を 聞き て、大納言忠家、「これ を 枕 に。」と

四・用　接助　終助　格助　ナリ・用　四・体　格助　四・用　接助　(代)　格助　格助　格助

内侍周防が、物にもたれて横たわって「枕があればいいのになあ。」とこっそり言うのを聞いて、大納言忠家が、「これを枕に(してください)。」と

て、腕 を 御簾 の 下 より 差し入れ て 侍り けれ ば、詠み 侍り ける　周防内侍《すおうのないし》

接助　格助　格助　格助　下二・用　接助　補丁・ラ変・用　助動・過・已　接助　四・用　補丁・ラ変・用　助動・過・体

言って、腕を御簾の下から差し入れましたので、詠みました(歌)

春	の	夜	の	夢	ばかり	なる	手枕	に	かひなく	立た	む	名	こそ	惜しけれ
	格助		格助		副助	助動・断・体		格助	ク・用	四・未	助動・仮・体		係助(係)	シク・已(結)

春の夜のはかない夢のような(戯れの)あなたの手枕ですのに、(うっかりお借りして、恋の)甲斐のない浮き名が立つなら惜しまれることです。

(巻第十六・雑歌上・九六四)

語句の解説

4 **二月《きさらぎ》ばかり**　陰暦二月頃。陰暦二月は春の季節である。
「ばかり」＝程度・範囲を表す副助詞。…頃。…くらい。

4 **居明《いあ》かして**　起きたままで夜を明かして。
「居明かす」＝起きたまま夜を明かす。寝ずに朝を迎える。

5 **枕《まくら》もがな**　枕があればいいのになあ。
「もがな」＝願望の終助詞。…があればいいのになあ。

8 **春《はる》の夜《よ》の夢《ゆめ》**　春の夜に見る夢。短くはかないもののたとえに用いられる。

8 **かひ《イ》なく**　浮き名が立つほどの甲斐《かい》がない、ということ。

鑑賞

周防内侍がふと「枕があればいいのに」とつぶやいたのを聞いた忠家《ただいえ》が、「これを枕に」と御簾《みす》の下から腕を差し入れたのに、すかさず切り返した歌である。座興であろう忠家の行動に、興をそらすことなく、しかも掛詞を詠みこんだ歌でいなした作者の手腕は見事である。二条院で繰り広げられていたであろう「雅《みやび》」の世界を彷彿《ほうふつ》とさせるものがある。「かひなく」は「甲斐なく」と「腕《かいな》」の掛詞。句切れなし。

新古今和歌集

【品詞分解／現代語訳】

守覚法親王、五十首歌	詠ま	せ	侍り	ける	に
	四・未	助動・使・用	補丁・ラ変・用	助動・過・体	格助

守覚法親王が、五十首歌を詠ませました時に(詠んだ歌)

藤原定家《さだいえ》

春	の	夜	の	夢	の	浮橋	とだえし	て	峰	に	わかるる	横雲	の	空
	格助		格助		格助		サ変・用	接助		格助	下二・体		格助	

春の夜のはかない夢が途切れて、(起き上がって外を見ると)横にたなびく雲が峰から離れていく、明け方の空であることだ。

(巻第一・春歌上・三八)

語句の解説

10 **詠《よ》ませ侍《はべ》りけるに**　詠ませました時に。「ける」の下に「時」、「に」の下に「詠める歌」などを補うとよい。

11 **峰《みね》にわかるる**　峰から離れていく。雲が夜明けとともに山を離れ、夕暮れに山に帰るものとして歌われるのは、漢詩の影響である。

11 **横雲《よこぐも》**　横に細長くたなびく雲。明け方に東の空にたなびく雲をいう。

鑑賞　「春の夜の夢の浮橋」は、春の夜の短くはかない夢をいったものだが、そこに『源氏物語』の薫君《かおるのきみ》と浮舟《うきふね》の悲恋を思い起こさせるのは言うまでもない。下の句の「峰にわかるる」は恋の終わりを暗示する慣用句であり、この二つが二重写しになって、妖艶な世界を作り出している。短い春の夜の夢がふと途切れ、まだ覚めやらぬ心地で空を見ると、恋の行方を暗示するかのように横雲が峰から離れていく。体言止めによる余情表現も効果的である。本歌取り。体言止め。「とだえ」と「橋」は縁語。句切れなし。

【品詞分解／現代語訳】

摂政太政大臣家歌合	に、	湖上	の	冬月
	格助		格助	

藤原家隆《いえたか》

摂政太政大臣家の歌合で、（琵琶）湖上の冬月（という題で詠んだ歌）

志賀の浦	や	遠ざかりゆく	波間	より	凍り	て	出づる	有明け	の	月
	間助	四・体		格助	四・用	接助	下二・体		格助	

志賀の浦よ、（夜が更けるにつれて岸辺から凍ってゆき、沖へと）遠ざかってゆく波間から、凍ったように（冷たい光を放って）出た有明けの月よ。

（巻第六・冬歌・六三九）

語句の解説

教133ページ

2 **遠《とお》ざかりゆく**　湖の岸辺からしだいに凍って、波の形が沖へ遠ざかっていく、ということ。

2 **有明《ありあ》けの月《つき》**　陰暦十六日過ぎ（特に二十日過ぎ）の、夜に入って昇る下弦の月。夜が明けたのに空にまだ残っている月をいう。

鑑賞　作者家隆が頭の中で作りあげた想像の情景である。本歌の世界に冷たい月の光を加えることで、歌に奥行きと広がり、立体感を与え、独特の情景にしている。本歌取り。体言止め。初句切れ。

山《さん》家《か》集

【品詞分解／現代語訳】

花	の	歌	あまた	詠み	ける	に
	格助		副	四・用	助動・過・体	格助

西行法師《さいぎょうほうし》

桜の花の歌をたくさん詠んだ時に（詠んだ歌）

(連語) 係助 格助 格助 ナ変・未 助動・意・終 (代) 格助 格助 格助

願はく は 花 の 下 にて 春 死な む その 如月 の 望月 の ころ

(私が)願うことは、桜の花の下で春死にたい(ということだ)。(釈迦が入滅した)その(陰暦)二月十五日の満月の頃に。

(上・春・七七)

語句の解説

5 **願《ねが》は《ワ》くは** (私が)願うことは。「願ふ」の未然形「願は」+接尾語「く」(「願ふ」を名詞化したもの)+係助詞「は」。いわゆるク語法の語。

5 **望月《もちづき》** 陰暦十五日の夜の月。満月。

鑑賞

この歌からは、西行が桜と月をこよなく愛し、無常観の中で仏教にも深く傾倒していたことがうかがえる。西行は諸国を行脚《あんぎゃ》し、この歌の願いどおり、文治《ぶんじ》六年(一一九〇)二月十六日に七十三歳で入寂した。倒置。体言止め。三句切れ。

金槐《きんかい》和歌集

【品詞分解/現代語訳】

格助 格助 下二・用 接助 上一・已 接助 格助 四・体 ラ変・終

箱根 の 山 を うち出で て 見れ ば 波 の 寄る 小島 あり。

箱根の山を(越えて)出て見ると、海には波の寄っている小島がある。

格助 格助 (代) 格助 格助 係助 四・体

供 の 者 に 「こ の 浦 の 名 は 知る

供の者に「この海の名は知っているか。」と尋ねたところ、

係助 格助 下二・用 助動・過・已 接助 格助 格助 係助(係) 四・体(結) 格助 下二・用 補丁・ラ変・用 助動・過・体 格助 四・用 接助

や。」 と 尋ね しか ば、「伊豆 の 海 と なむ 申す。」 と 答へ 侍り し を 聞き て

「伊豆の海と申します。」と答えましたのを聞いて(詠んだ歌)

源実朝《みなもとのさねとも》

格助 (代) 格助 カ変・已 格助 格助 間助 格助 格助 格助 四・体 下二・終

箱根路 を わ が 越えくれ ば 伊豆 の 海 や 沖 の 小島 に 波 の 寄る 見ゆ

箱根路を私が越えてくると、伊豆の海(が眼前に広がっている)よ、沖の小島に波が寄せているのが見えることだ。

(巻之下・雑部・五九三)

語句の解説

教134ページ

1 **うち出《い》でて** 山を越えて、海の見えるところに出ることをいう。

2 **知《し》るや** 知っているか。「や」=疑問を表す係助詞。文末用法。

2 **尋《たず》ねしかば** 尋ねたところ。「しかば」は、已然形+「ば」の確定条件。

2 **答《いら》へ《エ》侍《はべ》りしを** 答えましたのを。「し」は過去の助動詞「き」の

連体形。よって、下に「こと」「の」などを補って訳す。

「侍り」＝丁寧の補助動詞。…(で)ございます。…ます。

4伊豆《いず》の海《うみ》や　伊豆の海よ。

「や」＝詠嘆を表す間投助詞。

4見《み》ゆ　「見る」の未然形＋上代の自発の助動詞「ゆ」で、自発の意を含むことから、見える、の意になる。

鑑賞

この歌は、実朝が箱根権現に参詣した途次に詠まれたものである。箱根の険しい山路を越えて山を出ると、突然目の前に紺碧《こんぺき》の海が飛び込んでくる。その感動が「伊豆の海や」という字余りによって表現されている。広々とした海と、沖に見える小島との対照的な美しさ。頭の中で想像した風景を詠む歌が多い中、この歌は実景をもとにした感動が、おおらかな万葉調で詠まれ、実朝の代表歌となっている。三句切れ。

課題

一　**それぞれの歌を、句切れやリズムに注意して朗読してみよう。**

考え方　それぞれの歌の鑑賞を参照のこと。

二　**それぞれの歌には、どのような景物や心情が詠まれているか、説明してみよう。**

考え方　それぞれの歌の鑑賞を参照のこと。

解答例　「石見の海……」の歌＝石見の海の磯《いそ》に生える藻が波風に揺れる様子や道に置く露霜に、自分に寄り添ってきた妻を残してきてしまった悲しみを表し、しおれた夏草にしょんぼりとしている妻の姿を重ね、二人を隔てる山に平たくなれと叫ぶことで、妻への痛切な思いが詠まれている。

「石見のや……」の歌＝石見の高い山の木の間から妻に向かって手を振り、最後の別れを告げる。妻への愛情が詠まれている。

「笹の葉は……」の歌＝山全体でさやさやと音を立てる笹の葉にも煩わされず、一途に妻を思い続ける心が詠まれている。

「春霞……」の歌＝これから咲こうとする花を待たずに北国へ飛び立つ雁。その雁の心をいぶかることで、春の華やぎを心待ちにする思いが詠まれている。

「むすぶ手の……」の歌＝女性との別れへの名残惜しさが、石井の情景を写す「有心の序」を用いて詠まれている。

「ほととぎす……」の歌＝五月の節句の「あやめ草」によって、「あやめも知らぬ恋」(ものの道理もわからなくなるような恋)をしているという、激しく苦しい恋の思いが詠まれている。

「わびぬれば……」の歌＝「澪標」によって、「みをつくしても逢はむ」(わが身の全てを尽くしてもあなたに逢おう)という激しい恋情が詠まれている。

「春来てぞ……」の歌＝春が来て梅の花が咲いた山荘に人々が訪れたが、人々は自分に会いに来たのではなく、花を見に来たのだと皮肉りながらも、梅の花の美しさを讃《たた》え、人の訪れを喜ぶ気持ちが詠まれている。

「八重葎……」の歌＝つる草が生い茂って荒れ果てている家に秋が

来た。人は訪れることはないが、秋という季節は違《たが》わずにやって来たのだなあという思いが詠まれている。

「もの思へば……」の歌＝蛍の光を、思い悩む自分の身体から抜け出した魂ではないかと詠み、男の不実に深く悩む心を表している。

「五月雨は……」の歌＝海藻を焼く、その煙までも湿らせてしまう五月雨が涙にぬれた袖をさらにぬらす。須磨に流された貴人の悲哀の思いが詠まれている。

「春の夜の夢ばかりなる……」の歌＝たわむれに差し出された手枕をはかない春の夢のようだとし、甲斐のない浮き名を立てるのは惜しいといなしている。

「春の夜の夢の浮橋……」の歌＝横雲が峰から離れていく明け方の空。春の夜の夢のはかなさ、恋のはかなさが詠まれている。

「志賀の浦や……」の歌＝湖の岸から凍って離れてゆく波間から出た月。冬の明け方の凛《りん》とした寒さと静寂の中に出た月の光の冷たい美しさへの感動が詠まれている。

「願はくは……」の歌＝満開の桜と満月の下で死にたいという願いが詠まれている。これには作者の、花と月をこよなく愛する心や仏教への傾倒が表れている。

「箱根路を……」の歌＝箱根路を越えると眼前に広がる、伊豆の青い海。広大な海と、沖の小島の美しさに対する感動が詠まれている。

三 十六首の中から一首を選び、鑑賞文を書いてみよう。

考え方 鑑賞文を書く上での大前提は、歌を正しく解釈することである。歌にこめられた思いが、どのように表現されているか、用いられている表現技法やその効果も押さえて書くとよいだろう。

語句と表現

一 それぞれの歌の中に用いられている修辞法を指摘してみよう。

考え方 それぞれの歌の 鑑賞 を参照のこと。

参考　古今和歌集仮名序《かなじょ》　やまと歌は　紀貫之《きのつらゆき》

教科書P.136

【大意】 1 教136ページ1〜6行

和歌は人の心をもととして言葉になったものである。この世に生を受けているものは全て歌を詠む。神々や鬼神《おにがみ》を感動させ、男女の仲を親しくし、勇猛な武士の心を和らげるのは歌である。

【品詞分解／現代語訳】

やまと歌	は、	人	の	心	を	種	と	し	て、	よろづ	の	言の葉	と	ぞ	なれ	り	ける。
	係助		格助		格助		格助	サ変・用	接助		格助		格助	係助(係)	四・已(命)	助動・完・用	助動・過・体(結)

和歌は、人の心をもとにして、いろいろな言葉になった(ものである)。

世の中 に〔格助〕 ある〔ラ変・体〕 人、事、業、繁き〔ク・体〕 もの なれ〔助動・断・已〕 ば、〔接助〕 心 に〔格助〕 思ふ〔四・体〕 こと を、〔格助〕 見る〔上一・体〕 もの 聞く〔四・体〕 もの に〔格助〕

(この)世の中に生きている人は、できごとと行為がたくさんあるので、心に思うことを、見るもの聞くものに託して、

つけ〔下二・用〕 て、〔接助〕 言ひ出だせ〔四・已(命)〕 る〔助動・存・体〕 なり。〔助動・断・終〕 花 に〔格助〕 鳴く〔四・体〕 鶯、水 に〔格助〕 すむ〔四・体〕 蛙 の〔格助〕 声 を〔格助〕 聞け〔四・已〕 ば、〔接助〕 生き〔四・用〕 と〔格助〕 し〔副助〕

言葉に表しているのである。(梅の)花で鳴く鶯、水にすむ河鹿蛙の声を聞くと、この世に生を受け

生け〔四・已(命)〕 る〔助動・存・体〕 もの、いづれ〔(代)〕 か〔係助(係)〕 歌 を〔格助〕 詠ま〔四・未〕 ざり〔助動・打・用〕 ける。〔助動・詠・体(結)〕 力 を〔格助〕 も〔係助〕 入れ〔下二・未〕 ず〔助動・打・用〕 して〔接助〕 天地

ているもの全て、どれが歌を詠まないことがあろうか(、いや、皆詠むのである)。力も入れないで天地(の神々)を感動させ、

を〔格助〕 動かし、〔四・用〕 目 に〔格助〕 見え〔下二・未〕 ぬ〔助動・打・体〕 鬼神 を〔格助〕 も〔係助〕 あはれ〔ナリ(語幹)〕 と〔格助〕 思は〔四・未〕 せ、〔助動・使・用〕 男女 の〔格助〕 仲 を〔格助〕 も〔係助〕 和らげ、〔下二・用〕

目に見えない鬼神をもしみじみとした思いにさせ、男女の仲をも親しくさせ、

猛き〔ク・体〕 武人 の〔格助〕 心 を〔格助〕 も〔係助〕 慰むる〔下二・体〕 は、〔係助〕 歌 なり。〔助動・断・終〕

勇猛な武士の心をも和らげるのは、歌なのである。

語句の解説 1

教136ページ

1 **人《ひと》の心《こころ》を種《たね》として**　人の心をもととして。「人の心」を植物の種にたとえ、言葉を種から生じる植物の葉にたとえている。

1 **よろづ《ズ》**　多数、いろいろ、の意。

2 **繁《しげ》きものなれば**　たくさんあるので。
「繁し」＝たくさんある、多く生じる、の意。

3 **言《い》ひ出《い》だせるなり**　言葉に表しているのである。
「言ひ出だす」＝言葉に表す、口に出して言う、の意。

3 **蛙《かわず》**　河鹿蛙《かじかがえる》。春に鳴く鶯《うぐいす》に対して、秋の例としていう。春と秋で四季を代表させ、四季を示すことで自然を表している。

4 **生《い》きとし生《い》けるもの**　この世に生を受けているもの全て。
「と」＝同一の動詞を重ねて意味を強める用法を持つ格助詞。
「し」＝強意の副助詞。

4 **いづ《ズ》れか歌《うた》を詠《よ》まざりける**　生きるものの全ての声を「歌」としてとらえた表現。
「いづれ」＝指示代名詞。どれ、誰、の意。
「か……ける」＝係り結びで、ここは反語の用法。

5 **天地《あめつち》を動《うご》かし**　天地の神々を感動させ。
「天地」＝天地の神々。後の「鬼神」に対していう。
「動かす」＝感動させる、の意。

5 **鬼神《おにがみ》**　荒々しく恐ろしい神。

5 あは《ワ》れと思《おも》は《ワ》せ 「あはれ」は形容動詞「あはれなり」の語幹。「あはれなり」＝ここでは、しみじみとした思い、の意。「せ」＝使役の助動詞「す」の連用形。

6 和《やわ》らげ 親しくさせ。「和らぐ」＝親しくさせる、むつまじくさせる、の意。

6 猛《たけ》き武人《もののふ》の心《こころ》をも慰《なぐさ》むる 勇猛な武士の心をも和らげる。「猛し」＝勇ましい、勇猛だ、の意。「慰む」＝心を穏やかにする、和らげる、の意。

【大 意】 2 教136ページ7〜11行

歌は天地ができた時よりあるが、三十一文字になったのは素盞嗚尊《すさのおのみこと》からである。

【品詞分解／現代語訳】

こ(代) **の**(格助) **歌、天地** **の**(格助) **開け**(下二・用) **始まり**(四・用) **ける**(助動・過・体) **時** **より**(格助) **出で来**(カ変・用) **に**(助動・完・用) **けり**(助動・過・終)**。** **しか**(副) **あれ**(ラ変・已) **ども**(接助)**、世** **に**(格助) **伝はる**(四・体) **こと** **は**(係助)**、ひさかたの**(枕) **天** **に**(格助) **し**(サ変・用) **て**(接助) **は**(係助) **下照姫** **に**(格助) **始まり**(四・用)**、あらかねの**(枕) **地** **に**(格助) **し**(サ変・用) **て**(接助) **は**(係助) **素盞嗚尊** **より**(格助) **ぞ**(係助(係)) **起こり**(四・用) **ける**(助動・過・体(結))**。**

この歌は、天地の開け始まった時より生まれた。そうではあるが、世に伝わることは、天上においては下照姫(の歌)に始まり、地上にあっては素盞嗚尊より起こったのである。

ちはやぶる(枕) **神世** **に**(格助) **は**(係助)**、歌** **の**(格助) **文字** **も**(係助) **定まら**(四・未) **ず**(助動・打・用)**、素直に**(ナリ・用) **して**(接助)**、事** **の**(格助) **心** **分きがたかり**(ク・用) **けらし**(連語)**。** **人** **の**(格助) **世** **と**(格助) **なり**(四・用) **て**(接助)**、素盞嗚尊** **より**(格助) **ぞ**(係助(係))**、三十文字あまり一文字** **は**(係助) **詠み**(四・用) **ける**(助動・過・体(結))**。**

神世には、歌の音の数も決まらず、飾り気がなくありのままに(歌ったので)、言っていることの内容が判断しにくかったらしい。人の世になって、素盞嗚尊から、三十一文字(の歌)は詠むようになった。

語句の解説 2

7 出《い》で来《き》にけり 生まれた。ここでは、(歌が)詠み出された、の意。

7 しかあれども 副詞「しか」＋ラ変動詞「あり」の已然形「あれ」＋逆接の接続助詞「ども」。(前に述べられたことを指して)そうではあるが。

8 天《あめ》にしては 神々のすむ天上の世界では、ということ。

9 地《つち》にしては 天上の世界に対して、人間の住む地上の世界をいう。

10 素《す》直《なお》にして 飾り気がなくありのままに。

「素直なり」＝飾り気がなくありのままだ、素朴だ、の意。

10分《わ》きがたかりけらし　判断しにくかったらしい。

「けらし」＝過去の助動詞「けり」の連体形「ける」＋推定の助動詞「らし」→「けるらし」の「る」が脱落したもの。…たらしい。…たようだ。

水《み》無《な》瀬《せ》三吟百韻

教科書P.138〜139

【品詞分解／現代語訳】

雪　ながら（接助）　山もと　霞む（四・体）　夕べ　かな（終助）　宗祇《そうぎ》（発句）

（峰には）雪が残っているままに、山の麓が霞んでいる夕方であるなあ。

語句の解説

教138ページ

1ながら　継続を表す接続助詞。…ままに。

1山《やま》もと　山の麓。

1かな　切れ字。詠嘆の意を表す。

鑑賞

連歌の発句（一句目）では、眼前の眺望とその季節を詠むのが決まりであり、また、内容を一句で完結させるために、句末には切れ字を用いることも要求される。この句では、「かな」が用いられている。季語＝霞む（春）

【品詞分解／現代語訳】

行く（四・体）　水　遠く（ク・用）　梅　にほふ（四・体）　里　肖柏《しょうはく》（脇）

雪解けの水は遠く流れ、梅がほのかに香る里であるよ。

語句の解説

2行《ゆ》く水《みず》　流れゆく水。発句の「雪」から、ここでは雪解けの水と解す。

2にほ《オ》ふ《ウ》　ここでは、香気が漂う、良い香りがする、の意。

鑑賞

脇（二句目）は、発句と同じ季節を詠み、体言止めにするのが普通である。その中で、発句の遠景に対して近景、視覚に対して嗅覚を詠み、体言止めを用いて余韻を出している。「雪」と「梅」が寄合《よりあい》（本書194ページ「●和歌・連歌・俳諧とは」を参照のこと）。季語＝梅（春）

【品詞分解／現代語訳】

川風　に（格助）　一むら　柳　春　見え（下二・用）　て（接助）　宗長《そうちょう》（第三）

川風に一群の柳が揺れると、新緑の春らしい色が目に鮮やかに見えて、

語句の解説

3一《ひと》むら　ひと群れ。ひとかたまり。

3春見《はるみ》えて　柳の新緑の鮮やかな情景を表したもの。

鑑賞

第三(三句目)の「川風に……」も発句・脇と同じ春の景色を詠んでいる。川を吹き抜ける風を感じ、柳の枝に春の芽吹きを見るという、句の中に動きが感じられ、脇の梅＝紅に対して、柳＝緑を対照させている。また、第三は自然な形で脇とつながるようにするという決まりがあるため、「て」で止めている。「梅」と「柳」が寄合。「行く水」に「川」の付合《つけあい》(本書194ページ「●和歌・連歌・俳諧とは」を参照のこと)。季語＝春・柳(春)

【品詞分解／現代語訳】

舟 さす（四・体） **音 も**（係助） **しるき**（ク・体） **明けがた**　　**祇**

船頭が棹をさして舟を出す音もはっきり聞こえる明け方である。

語句の解説

4 **しるき**　ク活用形容詞「しるし」の連体形。
「しるし」＝ここでは、はっきりしている、際立っている、の意。

鑑賞

発句の「夕べ」から、第三の描写を受けて、時分を「明けがた」とし、また季節を離れて雑《ぞう》(無季)の句となっている。「川」と「舟」が寄合。

【品詞分解／現代語訳】

月 や（係助(係)） **猶**（副） **霧 わたる**（四・体） **夜 に**（格助） **残る**（四・終） **らん**（助動・現推・体(結)）　　**柏**

月はまだ一面に霧のかかっている夜空に残っているようだ。

語句の解説

5 **月《つき》や**　月は。「や」は疑問の係助詞。
5 **猶《なお》**　ここでは、まだ、依前として、の意。
5 **残《のこ》るらん**　残っているようだ。「らん」は現在推量の助動詞。「や」と係り結びで、普通は疑問の意を表すが、ここでは、たちこめる夜霧の中に、月がおぼろに見えている情景と解して、婉曲的に訳す。

鑑賞

発句から第三までの春の景色から、秋の夜に景色を転じ、「月」と「霧」を詠み込んでいる。また「霧」のかかっていることが、第四の「舟さす音」がはっきり聞こえる理由ともなっている。「音もしるき」に「霧わたる」の付合。季語＝月・霧(秋)

【品詞分解／現代語訳】

霜 おく（四・体） **野原 秋 は**（係助） **暮れ**（下二・用） **けり**（助動・詠・終）　　**長**

白々と野原に霜が降り、秋はもう暮れたのだなあ。

語句の解説

6 **秋《あき》は暮《く》れけり**　秋は暮れたのだなあ。
「暮る」＝ここでは、季節が過ぎる、終わる、の意。
「けり」＝切れ字。

鑑賞

「霜」は冬の季語だが、句全体としては五句目と同じく秋を詠む。晩秋の句で、霜の降りた朝の野原の寂しい景色を見て、過ぎゆく秋を惜しむ一句となっている。「月」と「霜」が寄合。

【品詞分解／現代語訳】

鳴く（四・体） 虫 の（格助） 心 と（格助） も（係助） なく（ク・用） 草 枯れ（下二・用） て（接助）　祇

鳴く虫の心にかまうことなく、草は枯れてゆき、

語句の解説

教139ページ

1 **鳴《な》く虫《むし》**　枯れてゆく草の中で虫が鳴いているという意味。

1 **心《こころ》ともなく**　「虫」に心があるかのように表現した擬人法。

鑑賞

六句目と同じく晩秋の句。秋を惜しんで鳴く虫。本来は茂った草むらの中で鳴くものであるが、枯れてゆく草の中で寂しげに鳴いているという聴覚に訴える句。「心ともなく」という擬人法が寂しさを強調している。「て」で止めて言い残しの句。「霜」と「草枯れ」が寄合。季語＝虫（秋）

【品詞分解／現代語訳】

垣根 を（格助） 訪へ（四・已） ば（接助） あらはなる（ナリ・体） 道　柏

（ある人の住む）垣根を訪ねると、道は地肌が露出している。

語句の解説

2 **垣根《かきね》を訪《と》へ《エ》ば**　垣根の隙間からこっそりのぞくという意味（垣間《かいま》見《み》）、垣根沿いの道を訪ねるという意味にもとれる。

2 **あらはなる《ワ》道《みち》**　地肌が露出した道。

「あらはなり」＝丸見えである、はっきり見える、の意。ここでは、前句の「草枯れて」から、地肌が露出している意とした。

鑑賞

ある人を訪ねて、垣根のところまで行くと、草が枯れて地肌が露出していた、という意味。季語はないが、「あらはなる道」で前句と同じ季節を表している。「草枯れて」に「あらはなる道」の付合。

課題

一　発句・脇・第三の連続した流れの中には、次の二首の短歌が作られている。それぞれの歌に詠まれた情景を、違いに注目しながら説明してみよう。

（発句・脇）雪ながら山もと霞む夕べかな　行く水遠く梅にほふ里

（脇・第三）川風に一むら柳春見えて　行く水遠く梅にほふ里

解答例　「雪ながら……」の歌＝夕暮れ時、峰に雪を残し、麓に春の霞が広がった山が遠く見え、梅がほのかに香っている。冬の名残はあるが、確実に春は訪れているのだと感じられる情景。

「川風に……」の歌＝川風に揺れる柳の鮮やかな新緑が目に映り、梅がほのかに香っている。春の訪れがはっきりと感じられる情景。

二　脇以降の連続する三句を選び、そこで作られている二首の短歌の情景について説明してみよう。

解答例　「川風に……」から連続する三句を選んだ場合。

「川風に一むら柳春見えて　舟さす音もしるき明けがた」＝川風にゆらゆら揺れる柳の新緑が目に鮮やかで、春の訪れをはっきり知らせている。そんな春の明け方、舟を出す棹《さお》の音もはっきりと聞こえてくる、といった春を迎えた喜び、躍動感が感じられる情景。

「月や猶霧わたる夜に残るらん　舟さす音もしるき明けがた」＝まだうす暗い明け方の空に、霧がかかった月がぼんやりと残っている。秋の霧で視界が悪い中、舟を出す棹の音がはっきりと聞こえてくる、といった幻想的な秋の明け方の情景。

語句と表現

一　次の傍線部を現代語訳してみよう。

①雪ながら山もと霞む夕べかな（138・1）

②月や猶霧わたる夜に残るらん（138・5）

解答例　①雪が残っているままに。

②一面に霧がかかっている。

俳諧二十句

教科書P.140～143

【品詞分解／現代語訳】

霞　さへ　まだらに　立つ　や　とら　の　年　　**松永貞徳《まつながていとく》**

（さへ＝副助　まだらに＝ナリ・用　立つ＝四・終　や＝間助　の＝格助）

新年がやって来たが、春霞までもが虎の毛のようにまだらに立っているよ、今年は寅年なので。

語句の解説

教140ページ

1 **霞《かすみ》さへ《エ》**　春霞までもが。

「霞」＝上代には春・秋の両方に用いられたが、平安時代以降春の景物として詠まれ、俳諧でも春の季語となった。

「さへ」＝添加の副助詞。…までも。

1 **まだらに**　いろいろな色や、色の濃淡が交じって、ということ。

「とら」の縁語。

1 **立《た》つや**　立っているよ。

「立つ」＝「霞が立つ」と「年が立つ」（＝新年になる）の掛詞《かけことば》。

「や」＝詠嘆の間投助詞。切れ字。

鑑賞

新年になり、春霞が立つおだやかな情景を、寅《とら》年にかけて、虎のまだら模様のように霞がたなびいていると洒落《しゃれ》て詠んだもの。縁語や掛詞など和歌的な技法を用いているが、虎のまだら模様を霞のたなびく様子と結びつけているところに、俳諧のおもしろみがある。和歌の伝統を意識し、俳言《はいごん》（俗語的表現）を含めることを重んじた貞徳らしい一句。季語＝霞（春）　切れ字＝や

【品詞分解／現代語訳】

世の中　や　蝶々　とまれ　かく　も　あれ　　**西山宗因《にしやまそういん》**

（や＝間助　とまれ＝四・命　かく＝副　も＝係助　あれ＝ラ変・命）

世の中というものは、ともかくもなんとかなっていくものだ。「蝶々とまれ」と戯れて楽しく過ごそうではないか。

語句の解説

2 **世《よ》の中《なか》や**　世の中というものは。

「や」＝詠嘆の間投助詞。切れ字。

2 **蝶々《ちょうちょう》とまれ**　蝶に呼びかけている言葉。子どもが蝶と戯れているような、のどかで楽しげな様子が思い浮かぶ表現。

2 **とまれかくもあれ**　通常は「ともあれかくもあれ」「とまれかくまれ」という言い方をするが、音数を整えるため、こうしている。

鑑賞

冒頭に「世の中や」という硬い言葉と句切れを持ってきて詠嘆しているが、それを「蝶々とまれ」「とまれかくもあれ」という掛詞の言葉遊びのような言葉でさらりと受けているところに滑稽味がある。「なんとかなるさ」という楽観的な気分と、「戯れ楽しもう」という享楽的な雰囲気がよくマッチし、ゆとりを感じさせる句となっている。季語＝蝶々(春)　切れ字＝や

【品詞分解／現代語訳】

大晦日	定め	なき	世	の	定め	かな
		ク・体		格助		終助

井原西鶴《いはらさいかく》

無常な世の中にも、決まってやってくる大晦日は、定めなき世の定めだなあ。

語句の解説

3 **大晦日《おおみそか》**　代金をまとめてあとで清算する「掛け売り」が一般的だった江戸時代において、大晦日は一年の総決算日として重要だった。

3 **定《さだ》めなき世《よ》**　何が起こるかわからず、絶えず変化している世の中。もとは仏教用語。

3 **定《さだ》めかな**＝定めだなあ。

「かな」＝詠嘆の終助詞。切れ字。

鑑賞

無常な世の中にも、決まってやってくるもの、それは一年の総決算日、大晦日である。商業都市である大坂に生まれ、「西鶴諸国話《さいかくしょこくばなし》」「世間胸算用《せけんむねさんよう》」などで、大晦日を舞台にしたやり取りを描いた西鶴らしい句といえる。季語＝大晦日　切れ字＝かな

【品詞分解／現代語訳】

行水	も	日まぜ	に	なり	ぬ	虫	の	こゑ
	係助		格助	四・用	助動・完・終		格助	

小西来山《こにしらいざん》

(夏の間は毎日していた)行水も、(秋の涼しさに)一日おきになっていたなあ。虫の声が聞こえているよ。

語句の解説

4 **行水《ぎょうずい》**　庭先などで盥《たらい》に水や湯を入れて体を洗うこと。水浴び。夏の季語だが、この句では「虫のこゑ」が季語となる。

4 **日《ひ》まぜになりぬ**　一日おきになっていたなあ。

「ぬ」＝完了の助動詞だが、一日おきになっていたことに気づいた、軽い詠嘆の気持ちを添える。切れ字。

鑑賞

夏の間は毎日していた行水が、ふと気づくと一日おきになっていて、庭の草むらからは虫の声が聞こえてくる。季節が秋になっていたことを、普段の生活の中の変化と自然からとらえた句である。暑い暑いと思っていた夏が過ぎたことにほっとしながらも、なんとなく寂しいような微妙な思いにとらわれる。季語＝虫のこゑ(秋)　切れ字＝ぬ

【品詞分解／現代語訳】

凩 の(格助) 果て は(係助) あり(ラ変・用) けり(助動・詠・終) 海 の(格助) 音　池西言水《いけにしごんすい》

木枯らしには、どこまで吹くという果てなどないと思っていたが、荒れる海鳴りの音を聞くと、この海が木枯らしの行き着く果てだったのだなあ。

語句の解説

5**凩《こがらし》**　木枯らし。秋の末から初冬にかけて吹く、強く冷たい風。

5**果《は》てはありけり**　果てがあったのだなあ。

「果て」＝ここでは、終点、行き着く先、限り、の意。

「けり」＝詠嘆の助動詞。木枯らしに果てがあったことに気づいた驚きと詠嘆がこめられている。切れ字。

5**海《うみ》の音《おと》**　海鳴りの音。海から響いてくる低い遠雷や凩のような音。

「海」＝前書きには「湖上眺望」とある。おそらく琵琶《びわ》湖のことだろうが、ここでは特に限定する必要はない。

鑑賞

荒れる海鳴りの音から、吹きすさぶ木枯らしを連想し、山野や家々を吹き荒れた木枯らしが行き着いた果てが、この海だったのだと感じたのである。自然を大胆に、直観的にとらえた句である。季語＝凩(冬)　切れ字＝けり

【品詞分解／現代語訳】

枯れ枝 に(格助) 烏 の(格助) とまり(四・用) けり(助動・詠・終) 秋 の(格助) 暮れ　松尾芭蕉《まつおばしょう》

(葉の落ちた)枯れ枝に烏がとまっているよ。寂しさが身にしむ秋の夕暮れ時である。

語句の解説

教141ページ

1**枯《か》れ枝《えだ》**　葉の落ちた枝。立ったまま枯れている枝、という解釈もあるが、ここではとらない。

1**烏《からす》**　群れをなして、カアカアと騒がしく鳴いている烏ではなく、一羽ぽつんととまっている烏である。

1**とまりけり**　とまっているよ。

「けり」＝詠嘆の助動詞。切れ字。

1**秋《あき》の暮《く》れ**　晩秋、の意、秋の日の夕暮れ、の意のどちらにも用いられるが、ここでは後者。

鑑賞

秋の夕暮れの寂しさを、水墨画の画題などにある「寒鴉《かんあ》古木《こぼく》」に見いだした句。秋の夕暮れ時に一羽の烏が枯れ枝にとまっているというもの寂しい情景に情緒を感じたのである。初案では「とまりたるや」となっていたが、その後「さび」の境地に至るに及んで「とまりけり」と素直な表現に改めたという。秋の夕暮れ時のもの寂しさが見事に表現されている。季語＝秋の暮れ(秋)　切れ字＝けり

【品詞分解／現代語訳】

海 暮れ(下二・用) て(接助) 鴨 の(格助) 声 ほのかに(ナリ・用) 白し(ク・終)　同

海辺では日が暮れて、薄暗くなってきている。鴨の声が聞こえてくるが、その声はほんのりと白く感じられた。

語句の解説

2**海《うみ》暮《く》れて**　海辺で日が暮れて、夕闇に包まれようとしている様子。

2鴨《かも》　冬に日本にやって来る渡り鳥。旅の象徴としても用いられ、旅の途中にある作者の姿や漂泊の思いが重ねられている。
2ほのかに白《しろ》し　ほんのりと白く感じられた。そう感じられたのは「鴨の声」。「白し」の「し」（形容詞の活用語尾）が切れ字。

鑑賞
『野ざらし紀行』に収められた、旅の途中で詠まれた句。作者らは師走の海を見ようと舟を出したらしい。薄暮の微妙な一瞬をとらえた句であるが、主観的な言葉はなく、あえて五・五・七という破調の形を用い、暮れゆく海ではなく、「鴨の声」という聴覚的素材を、「白し」と視覚的にとらえたことを強調している。漢文訓読のような調子もあり、大胆で斬新な句となっている。季語＝鴨（冬）切れ字＝し（形容詞の終止形活用語尾）

【品詞分解／現代語訳】
古池　や（間助）　蛙　飛びこむ（四・体）　水　の（格助）　おと　同
ひっそりと静まりかえっている古池。そこに蛙が飛び込む音がした（そして、またもとの静寂に戻っていく）。

語句の解説
3古池《ふるいけ》や　「や」は切れ字。ここで切ることで、古池とその周辺の様子を浮かび上がらせている。人気がなく、しんとした静けさの中にある、やや荒れた古池であろう。

鑑賞
芭蕉の代表作の一つ。有名な句で今日でもいろいろな解釈がされている。この句で特筆すべきは「飛ぶ」蛙であろう。伝統的な和歌の世界では、蛙は「鳴く」ものであった。しかし芭蕉は「飛ぶ」蛙という伝統を打ち破った発想で、閑寂な世界を生み出しているのである。蛙が池に飛び込む音で、一瞬静寂が破られる。それによって、いっそう閑寂さが際立つ。淡々とした句であるが、読む者にさまざまな心象を呼び起こす力がある。季語＝蛙（春）　切れ字＝や

【品詞分解／現代語訳】
梅　が（格助）　香　に（格助）　のつと（副）　日　の（格助）　出る（下一・体）　山路　かな（終助）　同
（寒さの残る早春の夜明け前に）山道を歩いていると、どこからともなく梅の香りが漂ってきた。そこに突然、のっと太陽が昇ってきた。

語句の解説
4梅《うめ》が香《か》に　梅が香っている所に。

「に」＝場所を表す格助詞。

4のつと《ッ》日《ひ》の出《で》る　突然、のっと太陽が昇ってきた。

「のつと」＝突然、太陽が昇った様子を表す。擬態語。「ぬっと」に近い。

「出る」＝口語体である。

4山路《やまじ》かな　直訳すると、山道であるなあ、となる。ここでは、山道を踏み進む姿が表されている。

「かな」＝詠嘆の終助詞。切れ字。

鑑賞
山道を歩いていると梅の香りが漂ってきた。それに気をとられたその時、突然太陽が昇ってきた、という句である。和歌でよく詠まれる梅の香りに、「のつと」という俗語的な語を続けたところに新

しさがあり、また、一種の風雅が感じられる。この句は芭蕉が亡くなる年に作られたが、晩年の芭蕉は「軽み」（身近な事象のうちに詩的な美をとらえ、内に深みを蔵しながら平淡に表現しようとした理念）を目指したといわれ、その代表作とされるのがこの句である。
季語＝梅（春）　切れ字＝かな

【品詞分解／現代語訳】

越後屋　に（格助）　きぬ　さく（四・体）　音　や（間助）　衣更　　**宝井其角《たからいきかく》**

夏の衣更えの季節になった。（江戸の代表的呉服店）越後屋では、絹を引き裂く音が（店の前まで）聞こえている。

語句の解説

5 **越後屋《えちごや》**　当時の呉服店では反物単位の販売しか行っていなかったが、越後屋では切り売りをし、庶民の好評を得ていた。

5 **きぬさく音《おと》や**　夏用の袷《あわせ》（裏地のついた着物。近世では陰暦四月一日から五月四日まで着る風習があった）を仕立てるために、絹を切っている音。呉服店のにぎわいを絹を裂く音で表現したもの。
「や」＝詠嘆の間投助詞。切れ字。

5 **衣更《ころもがえ》**　陰暦四月一日と十月一日に、綿入れを袷に、袷を綿入れにと着替える風習があった。この句では夏を迎えての衣更えのこと。

鑑賞

実在する呉服店の名を読み込んだところに新鮮味がある。そして、呉服店のにぎわいと衣更えという季節の移り変わりを、「きぬさく音」という耳に心地よい音で表現することで、初夏のさわやかさまでも感じられる句となっている。ただの珍しい句に終わらず、大都市江戸のにぎわいと季節感を見事に表現した、感覚の鋭さが感じられる句である。季語＝衣更（夏）　切れ字＝や

【品詞分解／現代語訳】

梅　一輪　一りん　ほど　の（格助）　あたたかさ　　**服部嵐雪《はっとりらんせつ》**

（まだまだ寒さが続く中）梅が一輪花をつけた。（そのほのかな色合いや香りに）一輪分ぐらいの暖かさが感じられる。

語句の解説

教142ページ

1 **梅《うめ》**　春の季語であるが、嵐雪の一周忌追善集『遠のく』に、「寒梅」の前書きがある。よってこの「梅」は寒梅であり、季節は冬とする。

1 **一《いち》りんほどの**　一輪分ぐらいの。ほんの僅かの、ということ。

鑑賞

「梅一輪一りん」と続けて読めば、梅が一輪ずつ開くにつれて暖かさが増すという意味になり、平凡なおもしろみのない春の句になってしまう。ここは「梅一輪」で切って、たった一輪開いた梅に、ほんの僅かだがしみじみとした暖かさを感じると解釈するのがよい。そして、この僅かな暖かさに、嵐雪は春の訪れの遠くないことを感じ取っているのである。季語＝梅（冬）　切れ字＝なし（初句切れ）

【品詞分解／現代語訳】

応々	と	いへ	ど	たたく	や	雪	の	門
感	格助	四・已	接助	四・終	間助		格助	

向井去来《むかいきょらい》

(雪の降る中、誰かが訪ねて来たらしく、門をしきりにたたくので)「おうおう」と返事をするのだが、聞こえないのか、なおも門をたたいているよ。

語句の解説

2 **応々《おうおう》と**　返事の声。返事をしながら門を開けに行こうとしている、動きのある情景が浮かんでくる。

2 **たたくや**　たたいているよ。
「や」＝詠嘆の間投助詞。切れ字。

鑑賞

「応々」という返事の声が、句に生き生きとしたリズムを与えているが、「たたくや」までは、なぜ返事しているのか、誰が何をたたいているのかわからない。「雪の門」になって、門の外にいる人が門をたたいているのであり、それに対して内から返事していることが明らかになる。門を間に挟んで内と外という二つの場面があり、内外の動きが巧みに表現されて秀逸である。また、返事をしたのになぜたたき続けているのかはっきりとしないが、ここでは雪にかき消されて聞こえないと解し、現代語訳にも「雪の降る中」と記した。他にも「(聞こえてはいるが)寒さのために待ちかねて」といった解釈も可能であろう。季語＝雪(冬)　切れ字＝や

【品詞分解／現代語訳】

月	天心	貧しき	町	を	通り	けり
		シク・体		格助	四・用	助動・詠・終

与謝蕪村《よさぶそん》

月が空の中心に皓々と輝いて懸かっている。(その月光に照らされ、清められたかのような)貧しい町を、私は一人通り過ぎたのだ。

語句の解説

3 **通《とお》りけり**　通り過ぎたのだ。
「けり」＝詠嘆の助動詞。切れ字。

鑑賞

漢語の使用は俳諧ならではのもので、また漢語を用いて叙情的な雰囲気を作り上げるのは、蕪村の得意とするところであった。この句も「月天心」という漢語が使われているが、この言葉で月の位置と時刻(深夜十二時)が明らかになり、その月の作る影は短く、地上はより明るく感じられることがわかるのである。空の中心に懸かる月の皓々《こうこう》たる光を浴びて、昼間は雑然としているだろう「貧しき町」も洗い清められたかのように見える。その様子をあまねく表現した句である。季語＝月(秋)　切れ字＝けり

【品詞分解／現代語訳】

凧	きのふ	の	空	の	ありどころ
		格助		格助	

同

凧が空に揚がっている。昨日も空の同じ所に揚がっていたなあ。

語句の解説

4 **凧《いかのぼり》**　たこ。凧《たこ》揚げは正月の子どもの遊びであり、風物詩でもある。
「凧」で切れる。

4ありどころ　物のある所。ありか。

鑑賞

情景としては、昨日と同じ所に凧が揚がっているというだけだが、昨日と同じ所に揚がった凧を見つめていると、まるで時間が止まったかのように感じられることだ、というようにも読める。また、「凧」を正月の子どもの遊びととり、「きのふ」を広く過去の時間(特に少年の日々)を指すととれば、春の青空に揚がる凧を見て、過ぎ去りし少年の日々に思いをはせていると読むこともでき、あるいは、空に揚がっているのが「ただ一つの」凧ととれば、時間の流れの中に一人だけ取り残された孤独感、寂しさといったものを象徴しているとも読むことができる。読む者がそれぞれに解釈してよい。季語＝凧(春)　切れ字＝なし(初句切れ)

【品詞分解／現代語訳】

牡丹　散り(四・用)　て(接助)　うち重なり(四・用)　ぬ(助動・存・終)　二三片　同

咲き誇っていた牡丹の花びらが散り落ちて、二、三片重なっている。

語句の解説

5牡丹《ぼたん》　五月頃、紅・紫・白などの大形の美しい花が咲く。中国では花の王とされ、江戸時代には牡丹の栽培が流行した。

5うち重《かさ》なりぬ　重なっている。「うち」は接頭語。

「ぬ」＝存続の助動詞。切れ字。

5二三片《にさんぺん》　二、三枚の花びら。牡丹の花びらは大きくて重みがあり、スプーンのようにくぼんだ方を上にして、一枚一枚散る。

鑑賞

蕪村の代表作として有名な句である。牡丹は花の王といわれ、その豪華な美しさでよく知られている花だが、蕪村は咲き誇る花の美しさではなく、地上に散り落ちた花びらに焦点を当てて詠んでいる。語句の解説でもふれたように、牡丹の花びらは重量感があり、一枚一枚ぱらりと散る。その重量感を「うち」という接頭語と「ぬ」で表し、また「二三枚」ではなく、漢詩調の「二三片」と「ん」の音を用いることで、きりりとした句に仕上げ、散り落ちてもなおその美しさを失わない牡丹を見事に表現している。画家でもあった蕪村は、こうした写生の句で独自の句境を切り開いた人でもあった。季語＝牡丹(夏)　切れ字＝ぬ

【品詞分解／現代語訳】

五月雨　や(間助)　大河　を(格助)　前　に(格助)　家二軒　同

五月雨が降り続いているよ。(増水し濁流となった)大河を前にして、家が二軒、心細そうに寄り添って立っている。

語句の解説

6五月雨《さみだれ》や　五月雨が降り続いているよ。

「五月雨」＝現在の梅雨のこと。

「や」＝詠嘆の間投助詞。切れ字。

6大河《たいが》　ここでは、増水し濁流となって流れている河。

6家二軒《いえにけん》　下に「あり」を補う。実景はどうかわからないが、「二軒」としたことで、濁流を前に、心細く寄り添って立つ家の情景が表現されている。

鑑賞

降り続く雨で増水し、濁流となって流れる河と、堤が決壊すればひとたまりもなく流されてしまうであろう二軒の家との対比が鮮やかである。また、「大河を前に」という表現が大河と向き合う緊迫感を、「一軒」でも「三軒」でもなく、「二軒」という数が危うさと心細さを見事に表現している。絵画的、客観的描写でありながら、これらを全て表現した、スケールの大きな句である。季語＝五月雨(夏)　切れ字＝や

【品詞分解／現代語訳】

これ(代)　**が**(格助)　**まあ**(感)　**終**　**の**(格助)　**栖**　**か**(終助)　**雪五尺**　　**小林一茶《こばやしいっさ》**

これ(＝この地)がなんとまあ、自分の最後の住みかとなるのだなあ。眼前の雪は五尺も降り積もっていることだ。

語句の解説

7**これ**　故郷の柏原《かしわばら》(現長野県上水内郡《かみみのちぐん》信濃町《しなのまち》大字《おおあざ》柏原)の地。一茶は、文化《ぶんか》九年(一八一二)の冬、継母《ままはは》、異母弟たちとの十三年に及ぶ遺産相続問題に決着をつけるため、故郷に帰っている。

7**終《つい》の栖《すみか》か**　最後の住みかとなるのだなあ。

「終の栖」＝最後の落ち着き場所。最後の住みか。

「か」＝詠嘆の終助詞。切れ字。

7**雪五尺《ゆきごしゃく》**　故郷が雪深い所であることをいう。

鑑賞

語句の解説でもふれたが、この句は一茶が遺産相続問題に決着をつけるべく故郷の柏原に帰った折のもの。雪国の雪の恐ろしさや厳しさを熟知している一茶にとって、五尺も積もるところが「終の栖」になるのかという慨嘆が、「これがまあ」という表現に表れている。しかし、それは、懐かしい故郷であるからこそつける悪態であり、そこには帰郷したという安堵《あんど》感をも感じることができるのである。

季語＝雪(冬)　切れ字＝か

【品詞分解／現代語訳】

こ(代)　**の**(格助)　**やうな**(助動・比・体)　**末世**　**を**(格助)　**桜だらけ**　**かな**(終助)　　**同**

このような乱れた世の中であるのに、美しい桜がたくさん咲いていることよ。

語句の解説

8**このやう《ヨウ》な末世《まっせ》**　このような乱れた世の中。一茶が生きている時代を表す。

「やうな」＝比況の助動詞「やうなり」の連体形「やうなる」から「る」が脱落している。口語的な表現。

「末世」＝仏法の衰えた末の世。ここでは、乱れた世の中のこと。

8**桜《さくら》だらけかな**　美しい桜がたくさん咲いていることよ。

「だらけ」＝そのことやものがたくさんあるさまを表す接尾語。

「かな」＝詠嘆の終助詞。切れ字。

鑑賞

今の世の中(一茶の生きている時代)は、世も末だと思える乱れようであるのに、そんなことも関係なく桜の花がたくさん咲いていることよと、咲き誇る桜に対する素直な感動を詠んだ句ともとれる。しかし、独特の主観を強く示した一茶であるから、現世を憂うことのない人々を桜にたとえ、世の乱れを気にもとめず、気楽なものだ

よと、斜に構え皮肉っている句とも解釈できる。季語＝桜(春)　切れ字＝かな

【品詞分解／現代語訳】

痩蛙　まける(下一・終)　な(終助)　一茶　是(代)　に(格助)　有り(ラ変・終)　同

(一匹の雌蛙をめぐって雄蛙が群れをなして争っている。負けそうな)痩せ蛙よ、負けるな。この一茶がここにいて応援しているぞ。

語句の解説

教143ページ

1 **痩蛙《やせがえる》**　痩せた蛙。

1 **まけるな**　負けるな。口語である。

「な」＝禁止の終助詞。切れ字。

1 **一茶《いっさ》是《これ》に有《あ》り**　一茶がここにい(て応援してい)るぞ。軍記物語などで名のりをあげるような口調で、滑稽味を出している。

鑑賞

前書きに「蛙たゝかひ見にまかる」とある句。「蛙たゝかひ」とは、雄蛙たちが一匹の雌蛙をめぐって戦う群婚のこと。そこで一匹の痩せた雄蛙が押しのけられたのが目にとまったのである。「痩蛙」という弱者に自分自身を重ね、「一茶是に有り」と応援の言葉をかけるのである。自分の名を詠み込むという、大胆で滑稽味のある句である。季語＝蛙(春)　切れ字＝な(中間切れ)

【品詞分解／現代語訳】

名月　を(格助)　取つ(四・用(音))　て(接助)　くれろ(下二・命)　と(格助)　泣く(四・体)　子　かな(終助)　同

中秋の名月。あのすばらしい月を取っておくれと、子どもが(だだをこねて)泣いていることだよ。

語句の解説

2 **名月《めいげつ》**　陰暦八月十五日の月。中秋の名月。

2 **取《と》つ《ッ》てくれろ**　取っておくれ。子どもの言った言葉をそのまま用いている。

2 **泣《な》く子《こ》かな**　子どもが(だだをこねて)泣いていることだよ。

「かな」＝詠嘆の終助詞。切れ字。

鑑賞

名月を観賞するのは古《いにしえ》から風流な行いとされているが、子どもにとってはそんなことは関係がない。ただ美しい月を見て、あれがほしいとだだをこねて泣く。そんな子どもの純真さに、改めて月の美しさを教えられたのである。五十歳で故郷の柏原に帰り、二年後に結婚した一茶は三男一女をもうけるが、いずれも夭逝《ようせつ》している。この句に出てくる子どもは、一茶が溺愛したといわれる「さと」。だだをこねて泣く「さと」を抱きあやしながら月を眺める一茶の、わが子に対する深い愛情と優しいまなざしが伝わってくる句である。季語＝名月(秋)　切れ字＝かな

課題

一　**それぞれの句には、どのような情景や心情が詠まれているか、説明してみよう。**

考え方　それぞれ、語句の解説と鑑賞を参考にしよう。

解答例　「霞さへ……」の句＝新年を迎えた穏やかな情景。

「世の中や……」の句＝人生はなんとかなるものさ、だから楽しんで生きよう、という楽観的で享楽的な心情。

「大晦日……」の句＝無常な世の中にも決まってやってくる大晦日を「定めなき世の定め」と表現している。

「行水も……」の句＝夏の終わったことを生活と自然に見つけ、ほっとしたような惜しむような微妙な心情。

「凩の……」の句＝吹きすさぶ木枯らしと、海鳴りのする冬の海の情景。

「枯れ枝に……」の句＝秋の日の夕暮れの寂しい情景。

「海暮れて……」の句＝夕闇が迫る冬の海に、鴨の鳴く声が聞こえる寂しい情景。

「古池や……」の句＝静かな池に蛙の飛び込む音が聞こえ、再び静寂が訪れる情景。

「梅が香に……」の句＝山道で梅の香りが漂ってきたと感じたその時、突然太陽が昇ってきた驚き。

「越後屋に……」の句＝江戸の町のにぎやかな様子と、初夏を迎えたさわやかさ。

「梅一輪……」の句＝咲いた一輪の梅に暖かさを感じ、春の訪れの近いことを予感している。

「応々と……」の句＝雪の降る夜に、外でしきりに門をたたく人と、内で返事をする人との対比。

「月天心……」の句＝空の中心に浮かぶ満月、その月光によって洗い清められたかのように見える貧しい町並みの情景。

「凩……」の句＝凩が昨日と同じ所に揚がっていて、まるで時が止まってしまったかのように感じられたという心情（あるいは、過ぎ去りし少年の頃に思いをはせる心情）。

「牡丹散りて……」の句＝咲き誇る牡丹の花ではなく、散り落ちてうち重なる牡丹の花びらの優美な姿。

「五月雨や……」の句＝増水し濁流となった大河を前に、寄り添うように心細げに立っている二軒の家の情景。

「これがまあ……」の句＝自分の最後の住みかは雪に閉じ込められる場所なのだという慨嘆と、故郷に帰ってきたという安堵感。

「このやうな……」の句＝乱れた世の中で、しかしそんなことにも関係なく桜が美しく咲き乱れている情景。

「痩蛙……」の句＝痩蛙に自分を重ね、応援する思い。

「名月を……」の句＝子どもの純真さに感動するとともに、その子をいとおしく思う心情。

二　**芭蕉・蕪村・一茶の句を読み比べて、それぞれの俳人の作風の違いについて、話し合ってみよう。**

考え方　それぞれの句の鑑賞を参照しながらそれぞれの俳人の句の特徴や傾向をとらえ、その違いを話し合おう。

語句と表現

一　**それぞれの句に用いられている季語とその季節を指摘してみよう。**

解答例　それぞれの句の鑑賞を参照のこと。